KB200688

학문의 이해
6

종교학의 이해

현대사회의 종교학

종교학의 이해

현대사회의 종교학

초판 1쇄 발행 2020년 09월 11일
초판 2쇄 발행 2023년 03월 15일

–

지은이 유요한
펴낸이 이방원
책임편집 송원빈   **책임디자인** 박혜옥
마케팅 최성수·김 준   **경영지원** 이병은

–

펴낸곳 세창출판사

신고번호 제1990-000013호 주소 03736 서울특별시 서대문구 경기대로 58 경기빌딩 602호

전화 02-723-8660 팩스 02-720-4579 **이메일** edit@sechangpub.co.kr **홈페이지** http://www.sechangpub.co.kr

블로그 blog.naver.com/scpc1992 **페이스북** fb.me/Sechangofficial **인스타그램** @sechang_official

–

ISBN 978-89-8411-984-0 93200

이 도서의 국립중앙도서관 출판시도서목록(CIP)은 서지정보유통지원시스템 홈페이지(http://seoji.nl.go.kr)와
국가자료공동목록시스템(http://www.nl.go.kr/kolisnet)에서 이용하실 수 있습니다. (CIP제어번호: CIP2020037301)

이 책은 2017년 정부(교육부)의 재원으로 한국연구재단의 지원을 받아 수행된 연구임 (NRF-2017S1A6A4A01020211)

학문의 이해
6

종교학의 이해

현대사회의 종교학

유요한 지음

세창출판사

이 책의 내용은 주로 서양의 학자들이 주도한 종교학의 역사 및 이론적 쟁점 위주로 구성되었지만, 가까운 장래에는 우리나라의 종교학자들이 새로운 이론을 제시하며 전 세계 종교학 연구에 기여하게 될 것이라고 확신한다. 학문적 종교 연구의 중요성이 폭넓게 인정되거나 동의를 얻지 못하는 우리나라의 척박한 상황에서 종교학자가 되기로 결정하는 것은 결코 쉽지 않은 일이다. 종교학 연구의 동지들에게 존경을 표하고 싶다. 종교학이라는 학문 분야가 이 땅에 뿌리내리도록 하기 위해 외롭게 땀 흘리신 선배님들, 다른 사람들이 주목하지 않는 종교 자료들과 씨름하며 그 속에 담긴 인간의 꿈의 흔적을 탐색하는 동료들, 그리고 앞으로 함께 이 길을 걸어갈 후배들에게 신뢰와 감사를 전한다. 동지들과 함께, 인간을 깊이 이해하기 위해서는 학문적 종교 연구가 필수적이라는 것을 설득력 있게 보여 주기 위한 노력을 쉬지 않겠다고 다짐한다. 그것이 서울대학교에서 종교학 교수 직위를 가지고 있는 부족한 말학이 해야 할 일일 것이다.

2020년 8월
유요한

차례

1장

서론:
종교학으로 종교 설명하기

1) 현대사회에서도 종교를 연구해야 하는가

이 책의 목표는 종교학이 어떤 학문인지 보여 주는 것이다. 종교 자체가 아니라 종교를 학문적인 관점으로 이해하고 분석하고 설명하는 학문 분야가 이 책의 주요 관심 대상이다. 과학의 논리가 절대적인 기준으로 견고히 자리 잡은 현대사회에서, 비합리적인 사유와 행위로 구성된 것처럼 보이는 종교를 연구하는 학문이 무슨 가치가 있는지 쉽게 납득하지 못하는 사람들이 적지 않을 것이다. 그래서 이 책이 성공적으로 종교학에 대해 설명하기 위해서는 현대사회에서도 종교는 여전히 의미가 있으며 이를 연구하는 종교학은 현대인에게 반드시 필요한 안목을 제공한다는 점을 먼저 보여야 한다.

현대인의 삶에서 종교의 비중이 점점 줄어들고 있다는 관찰,

또는 종교가 쇠퇴할 것이라는 예견은 근대 이후 여러 학자들에 의해 끊임없이 제시되어 왔다. 18세기 이후 데이비드 흄(David Hume), 루트 비히 포이어바흐(Ludwig A. Feuerbach), 오귀스트 콩트(Auguste Comte), 카를 마르크스(Karl Marx), 제임스 조지 프레이저(James George Frazer) 등 수많은 서구의 학자들이 종교의 시대가 가고 과학의 시대가 도래할 것을 예언하거나 종교의 시대가 이미 끝났다고 선언했다. 1960년대 중반 이후 "세속화 이론"을 주창한 서구 학자들은 근대 이후 종교가 계속해서 약화되어 왔다고 지적하며, 머지않아 종교는 공적 영역에서 더 이상 영향력을 발휘하지 못하게 될 것이고 결국은 없어지게 될 것이라고 주장했다.[01] 2015년 인구주택총조사에 따르면 우리나라에서 종교를 가지고 있다고 응답한 사람의 비율은 43.9%로 2005년에 비해 9.0%나 줄었고, 20대 중 64.9%, 30대 중 62.0%가 종교가 없는 것으로 나타난다. 학자들의 예견처럼 종교의 종말이 이루어진 것은 아니지만, 우리나라에서도 세속화의 추세는 부인할 수 없는 것으로 보인다.

그럼에도 불구하고 이 책에서 나는 2020년대를 살고 있는 우리에게도 종교가 여전히 중요하며 종교를 연구하는 종교학 역시 반드시 필요하다고 주장하고자 한다. 몇 가지 이유만 나열해 보자. 첫째, 종교의 소멸 또는 쇠퇴는 단지 교회나 절에 다니는 사람이 줄었다는 수치를 근거로 쉽게 진단할 수 있는 것이 아니다. 1980년대 이후 여러 서구 학자들이 세속화 이론의 결론이 너무 성급했다고 평가

---

01 세속화 논쟁은 1966년 브라이언 윌슨이 『세속사회의 종교』를 출간한 무렵부터 본격적으로 시작되었다. Bryan R. Wilson, *Religion in Secular Society* (Oxford: Oxford University Press, 2016[1966])를 참조할 것.

하며 이를 보완하는 "탈세속화 이론"을 발전시켰음을 상기할 필요가 있다. 종교의 위력은 아직 무시할 수 있는 수준이 아니다. 여러 비서구 국가에서 이슬람교와 힌두교 등 전통종교의 영향력은 오히려 강화되는 추세를 보이기도 한다. 2019년 퓨 리서치 센터의 조사에 따르면 현대문명이 가장 발달한 나라라고 할 수 있을 미국에서 자신을 그리스도교 신자라고 밝히는 사람의 비율은 10년 전보다 12%나 줄어든 65%였으나, 신의 존재를 믿는다고 응답한 사람은 90%에 달했다. 새 대통령들이 취임식에서 항상 성서에 손을 얹고 선서를 하지만 미국 국민들은 별 이의를 제기하지 않는다. 세계에서 가장 영향력 있는 여성으로 꼽히기도 했던 오프라 윈프리가 자신의 이름을 내건 토크쇼에서 신이 기도에 응답해 주었고 예수 그리스도가 힘을 주었다고 공공연히 이야기하며 찬송가를 불러도 크게 이의가 제기되지 않았다.

종교를 연구 대상으로 삼는 종교학이 가치가 있다고 말할 수 있는 두 번째 이유는, '인간의 이해'라는 인문학의 기본 목표를 달성하기 위해서는 반드시 종교에 대한 학문적 접근이 필요하다는 것이다. 많은 학자들이 인간의 역사와 문화를 형성하고 만들어 온 가장 중요한 요소로 종교를 꼽는다. 이전 시대의 포이어바흐, 마르크스, 지크문트 프로이트(Sigmund Freud), 그리고 최근 활발히 활동하고 있는 리처드 도킨스(Richard Dawkins)와 같이 종교의 철폐를 주장하거나 종교의 가치를 부정하는 학자들도 인간에게는 어떤 방식으로든 종교적인 성향이 있음을 인정한다. 최근 한국에서 두터운 독자층을 확보하고 있는 유발 하라리(Yuval Harari)는 진화론적 관점에서 인류의 역사를 풀어 가면서도 호모 사피엔스가 지구에서 성공적으로 존속할 수 있었던 가장 중요한 이유가 종교와 신화라고 단언한다. 또한, 종교는 전통문화의 구성 요소 중 핵심적인 위치를 차지한다. 한국을 방문한 외국인들에게 한국의 전통문화를 보여 주기 위해 반드시 가야 하는 곳으로 사찰이나 사당 등 종교와 관련된 장소를 꼽지 않을 수 없을 것이다. 도심에 있는 궁궐 역시 왕의 통치 및 거주 공간이면서, 국가 의례가 거행되는 엄숙한 종교적 공간이자 세계의 중심 역할을 하는 상징적 공간이기도 하다. 또한 종교는 오랜 역사를 거치며 학문과 사상의 기초를 제공해 왔고, 인간의 문화와 문명의 핵심적인 요소였다. 서구의 오래된 유명 대학교들은 신학대학에서 시작되었고, 동양에서도 가장 높은 수준의 교육과 연구는 종교의 이념을 중심으로 이루어졌다.

셋째, 특정한 종교 교단에 소속되어 있지 않은 수많은 현대인들의 사고 및 행위 방식에서 '종교적'이라고 할 수 있는 면모들을 많이 찾을 수 있다. 이 책의 후반부에서 자세히 다루겠지만, 영화, 만화, 소설 등의 대중문화작품들 속에 종교적이고 신화적인 내용이 다양한 방식으로 포함될 뿐 아니라 많은 경우 중심적인 위치를 차지하고 있다. 종교가 없다고 응답한 수많은 사람들이 입시철이면 절이나 교회에 모여 자녀를 위해 간절히 소원을 빌고, 입춘절에는 전국각지의 사찰에 화를 피하고 복을 받고 싶어 하는 사람들이 모여든다. 2019년 12월, 자신이 시바 신의 현신이라고 주장하는 사람이 여러 환자들에게 30여 억 원을 갈취하는 사건이 국내 언론에 보도되었는데, 힌두교의 영향력이 미미한 우리 사회에서도 이런 어처구니없는 사기가 통한 것은 어려운 상황에 처하면 초월적 존재에게 의지하려는 태도가 현대인에게도 남아 있기 때문이라고 할 수 있다.[02]

이 책을 읽는 독자들이 먼저 종교가 인간과 사회를 구성하는 중요한 요소이며, 종교의 학문적 설명은 현대인과 현대사회를 이해하기 위해서도 반드시 필요하다는 것, 그래서 특정한 종교의 관점이 아니라 객관적이고 체계적으로 설명하려는 학문적인 시도가 요청된다는 것을 어느 정도라도 수긍할 수 있기를 기대한다. 이러한 이해를 바탕으로 해야 종교학이라는 학문 분야가 추구해 온 목표, 사용해 온 연구 방법과 축적해 온 성과, 앞으로의 방향과 전망에 대한 이 책의 서술이 의미 있게 읽힐 수 있을 것이다.

2) 종교가 학문적 연구의 대상이어야 하는가

종교를 문화의 일부로 보는 견해가 있다. 『표준국어대사전』에 따르면, 문화는 "자연 상태에서 벗어나 일정한 목적 또는 생활 이상을 실현하고자 사회 구성원에 의하여 습득, 공유, 전달되는 행동 양식이나 생활 양식의 과정 및 그 과정에서 이룩하여 낸 물질적, 정신적 소득을 통틀어 이르는 말"로, "의식주를 비롯하여 언어, 풍습, 종교, 학문, 예술, 제도 따위를 모두 포함"한다고 정의된다. 이러한 포괄적인 정의는 문화인류학의 아버지라 불리는 에드워드 버넷 타일러(Edward B. Tylor)가 『원시문화』(*Primitive Culture*, 1871)에서 "지식, 신앙, 예술, 법률, 도덕, 관습 등 사회의 구성원으로서 인간에 의해 획득된 모

---

02 정진호, 「약사, 병원장도 속았다」, 『중앙일보』, 2019년 12월 7일.

든 능력과 관습의 복합적 총체"로 문화를 규정한 후 일반적으로 받아들여지고 있다.[03] 간단히 말해서, 문화는 자연 그대로가 아니라 인간의 작용이 들어간 것, 인간의 활동이 반영된 것 전부를 아우른다. 이렇게 광범위한 문화 개념에 따르면 종교 역시 문화의 일부라고 할 수있다. 그러나 문화 또는 사회가 종교를 비롯한 모든 인간 활동의 근원이자 총합이라고 보는 관점에 반대하는 종교학자들의 목소리에도 귀를 기울일 필요가 있다.[04] 종교를 문화의 부분집합으로만 간주한다면, 종종 문화와 사회를 통제해 오고 문명을 만들어 내기도 한 독자적 범주로서의 종교의 위치는 무시될 수밖에 없기 때문이다. 우리는 종교가 인류의 긴 역사 속에서 인간의 인식체계와 세계관에 가장 큰 영향을 끼쳐 왔다는 것을 간과해서는 안 된다.

지금까지 발견된 인류 최초의 문명의 흔적이라 할 수 있을 괴베클리 테페(Göbekli Tepe) 유적에 대해 생각해 보자. "배꼽 모양의 언덕"이라는 뜻의 괴베클리 테페는 터키 남동부 지역에서 1963년 처음 발견되었고 1994년부터 2014년까지 조사가 이루어졌다. 여기서 상형문자와 각종 동물 모양의 부조가 새겨진 기둥을 갖춘 원형 구조물들이 다수 발굴되었는데, 그중에는 폭 30m에 무게 50톤에 이르는 거대한 돌기둥들도 포함되어 있다. 이 구조물들이 조성된 시기는 기원전 9천 5백 년 전부터 기원전 7천 3백 년 사이라고 하니, 지금으로부터 고대 메소포타미아 문명이나 이집트 문명까지 이르는 시기보다,

03 Edward B. Tylor, *Primitive Culture: Researches into the Development of Mythology, Philosophy, Religion, Art, and Custom* (New York: Harper, 1958[1871]), p.1.
04 예를 들어, William Paden, *Interpreting the Sacred: Ways of Viewing Religion* (Boston: Beacon Press, 2003[1992]), pp.44–47을 참조할 것.

괴베클리 테페의 초기 구조물 조성기에서부터 두 고대문명까지 이르는 시기가 훨씬 더 멀리 떨어져 있는 셈이다. 이 구조물은 돌을 다듬고 갈아서 만들어졌다는 점에서 신석기에 속한다고 할 수 있으나, 이 유적을 남긴 사람들은 아직 수렵·채집 경제의 단계를 벗어나지는 못했다. 소위 "토기 없는 신석기" 시대의 유적인 것이다. 많은 학자들은 이 거대한 구조물들이 종교제의를 위해 만들어진 사원이라는 데 동의한다. 유발 하라리는 다음과 같이 정리한다.

> 괴베클리 테페라는 문화적 중심지는 인류에 의한 밀의 작물과, 밀에 의한 인간 길들이기와 어떻게든 연관되어 있었을 가능성이 높다… 어쩌면 수렵채집인들이 야생 밀 채취에서 집약적인 밀 경작으로 전환한 목적은 정상적인 식량공급을 늘리기 위해서가 아니라 사원의 건설과 운영에 필요한 식량을 공급하기 위해서였는지도 모른다… 먼저 사원이 세워지고 나중에 그 주위에 마을이 형성되었다.[05]

인간이 경작을 시작하기 전부터 공동체 차원에서 영위되는 종교를 가지고 있었다는 것은 구석기 시대의 동굴벽화를 통해서 이미 널리 알려져 있다. 최초의 문명 유적지 괴베클리 테페는 한걸음 더 나아가, 사람들이 경작을 시작하면서 농업혁명이 발생한 이유가 바로 종교의례를 수행하기 위해서였음을 보여 준다. 다른 사회문화적

05 유발 하라리, 『사피엔스』, 조현욱 역(파주: 김영사, 2015[2011]), 140쪽.

괴베클리 테페 유적지

조건들이 종교를 발생시킨 것이 아니라, 종교 때문에 인류의 가장 중요한 문화적 도약이 발생했다는 말이다. 종교를 문화 안에 들어 있는 여러 요소 중 하나로만 보기보다는 독립적인 범주로 간주해야 할 필요가 여기 있는 것이다.

종교가 정치, 사회, 학문 등 문화의 다른 요소들과 구별되어 인식된 것은 근대 이후의 일이다. 그러나 근대 이전의 사람들이 생각하고 행동하는 삶의 모든 순간들에는 오늘날 우리가 '종교적'이라고 이름 붙일 만한 것이 가득 차 있었고, 현대인에게도 종교적인 면은 여전히 남아 있다. 그래서 미르체아 엘리아데(Mircea Eliade)를 비롯한 여러 종교학자들은 인간을 '호모 렐리기오수스(*homo religiosus*)', 즉 '종교적 인간'으로 불러 왔다.[06] 이 책에 등장하는 학자들은 종교를 주된 연구의 대상으로 삼고, 이를 설명하기 위한 지적인 노력을 해 온 사람들이다. '종교'라는 범주에 포함되어 온 인간 개인 및 집단이 세계를 이해하는 방식, 그리고 세계 속에서 살아온 여러 방식들에 주목하고, 이를 특정 종교의 입장이 아닌 객관적 관점으로 설명한다.

처음 종교의 학문적 연구에 뛰어든 학자들은 종교가 독자적인 연구의 대상이며 따라서 종교를 연구하는 종교학을 독립된 학문 분야로 정립해야 한다고 생각했다. 그들의 노력은 상당히 성공적이어서, 19세기 후반 이후 유럽의 주요 대학들에 '신학'과 구별되는 '종교학' 전공과목들이 개설되었고, 이는 오늘날 미국과 일본 등 세계 여러 나라의 주요 대학에 종교학과나 종교학 프로그램이 설립되는 것으로 이어졌다. 지금 우리나라에는 종교학과가 있는 대학교가 많지 않으나, 21세기에 계속될 문명의 충돌과 사회적 정체성의 문제에 종교가 차지하는 비중을 생각한다면 더 많은 대학에서 종교학을 교육하고 연구해야 할 것이라고 본다.

종교가 독자적인 연구의 대상이라는 말은, 종교를 사회와 문화의 여러 다른 요소들과 완전히 구별된 범주로 이해하는 것과는 전혀 다른 의미라는 점을 주의해야 할 것이다. 인간 삶과 관련된 어떤 것이 경제의 영향 아래 있지 않을 수 있고, 정치와 관련이 없으며, 문화의 복잡한 망에서 벗어날 수 있겠는가. 종교의 연구가 역사적, 사

06 Mircea Eliade, *The Sacred and the Profane: The Nature of Religion*, translated by Willard Trask (New York: Harvest, 1957), p.15.

회적, 문화적, 정치적, 경제적 맥락을 충분히 고려하지 않고는 이루어
질 수 없는 것은 너무나 당연한 일이다. 이 책에서 나는 종교를 주된
연구의 대상으로 삼는 종교학이 인간 사회와 문화를 구성하는 복잡
한 연결망을 이해하는 데에 반드시 필요하다는 것을 강조하고자 하
는 것이다.

2장

종교의 개념과 정의

1) '종교'라는 용어에 대하여

종교를 한마디로 정의하는 일은 결코 쉽지 않다. 윌프레드 캔트웰 스미스(Wilfred Cantwell Smith)는 종교현상이 너무나 다양하고 시간의 흐름에 따라 끊임없이 변형되기 때문에 종교의 범주를 정하고 포괄적으로 정의하는 일이 매우 어렵다고 지적했다.[01] 우리나라의 "종교"라는 단어는 영어 단어인 religion의 번역어인데, 라틴어 *religio*에서 비롯된 것으로 알려져 있다. 스미스는 고대 로마사회에서 *religio*가 '밖에 있는 어떤 존재에 관한 것', '인간 내부의 태도', '의례를 행할 때 취하는 태도' 등 다양한 뜻으로 사용되었다고 설명한다. 오늘날에

---

01   윌프레드 캔트웰 스미스의 종교 정의 관련 설명은 Wilfred Cantwell Smith, *The Meaning and End of Religion* (Minneapolis: Fortress Press, 1991[1962])의 2장과 3장을 볼 것.

도 '종교'라는 말은 하나의 명확한 의미로 사용되지 않는다. 때로는 개인의 신앙이나 경건성을 가리키기도 하고, 그리스도교, 불교, 이슬람교 등 개별 종교들을 뜻하기도 하고, 여러 종교들을 아우르는 일반 개념으로 사용되기도 한다. 어떤 개신교 목사는 "기독교는 종교가 아니다"라고 설교하는 반면, "기독교만이 참 종교다"라고 가르치는 목사도 있다. 아마 앞의 진술에서 종교는 '신이 직접 개입하지 않는 제도적인 종교'의 의미를 지니고 있을 것이고, 뒤의 진술에서는 '다른 종교들보다 우월하고 이상적인 종교'라는 뜻일 것이다. 종교학 수업을 수강하는 개신교인 학생들을 대상으로 조사해 보면, 이 상반되는 진술 중 하나를 교회에서 들어 봤다고 말하는 학생들이 적지 않다. 같은 종교 또는 교파 내에서도 종교라는 말이 전혀 다른 의미로 사용되고 있는 셈이다. 그래서 스미스는 종교라는 용어가 전통의 변화와 개인적 차이로 인한 종교현상의 다양성과 유동성을 보이는 데 적합지 않다고 지적하며, '종교'라는 말을 쓰는 대신 '신앙'과 '축적된 전통'으로 나누어 부르자고 제안했다. 심지어 그는 1962년에 출간된 책에서 '종교'라는 용어가 25년 뒤에는 없어질 것이라는 성급한 예언을 하기도 했다. 아직 종교라는 말이 계속 사용되고 있으니 스미스의 예언은 틀렸지만, 그가 종교라는 용어의 문제점들을 확실히 인식시키는 데는 성공했다고 볼 수 있다.

　　종교라는 말이 없을 때에도 종교적인 삶은 항상 존재했다. 종교 개념은 근대 이후에 설정된 것으로, 종교가 정치, 경제, 문화 등을 아우르는 삶의 전체와 밀접한 관련을 맺고 있던 근대 이전의 사회에서는 현대적 의미의 종교 범주를 구별하는 일이 어렵다. 또한 여전히 종교가 사회 전반의 기준으로 작용하는 오늘날 지구상의 여러 지역에서도 현대 학문에서 말하는 종교 정의를 적용하기가 쉽지 않다. 그러나 예전에도 여러 종교가 공존하는 상황에서는 종교 또는 이와 유사한 범주가 요청되었던 것은 분명하다. 스미스는 4세기까지 그리스도교 문헌에 *religio*라는 말이 많이 사용되었다가, 5세기 그리스도교가 국교화된 이후로는 사용의 빈도가 줄어들고 결국 그리스도교 세계에서 사라지다시피 했음을 지적했다. 여러 종교가 한 사회 내에서 공존하는 경우, 특히 여러 종교들이 경쟁관계에 있다면 자신의 종교에 해당하는 다른 종교를 가리키거나 이들을 포괄하는 범주가 필요하게 되는 것이다. 서양인들은 근대 이후, 자신의 종교가 아닌 다른 종교들과 접할 기회를 많이 갖게 되었다. 그들이 자신의 종교를 세계의 구성요소이자 배경으로 당연히 받아들이던 자세에서 벗어나 이를 연구의 대상으로 상대화하게 되면서 종교의 개념이 정립될 필요가 생겼던 것이다. 특정한 종교의 그 세계관만이 자신을 둘러싼 우주의 전부를 보는 틀인 사람에게는 그것만이 단 하나의 삶의 방식을 구성하는 기준이고, 따라서 종교라는 용어나 개념이 별 의미가 없다. 그러나 타자와 만나는 자리에서는 '그들의 것에 해당하는 우리의 것'을 인식하는 동시에 '그들의 것과 구별되는 우리의 것'을 인식해야 한다. 종교 일반의 개념과 개별적인 종교들의 개념이 함께 발생하게 되는 것이다.

1980년대 서구 학자들은 서구에서 비롯된 종교 개념은 서구의 관점을 과도하게 적용하여 일반적인 개념으로 만들어진 것이라고 주장했다. 물론 '종교'라는 말이 근대 서구에서 비롯된 것은 분명하다.

그러나 얼핏 보기에 서구 학계의 자기반성적인 이 주장은, 동양을 비롯한 비서구의 사람들을 서구의 개념을 그대로 받아들이는 수동적인 존재로 규정한다는 점에서 오히려 서구 우월적이다. 종교적 현상들은 우리 인류가 살아온 역사 속에 편재했고, 동양에도 여러 종교들이 한 사회 내에 공존하는 일이 종종 있었다. 중국과 한국을 비롯한 동아시아에서 '종(宗)', '교(敎)', '도(道)', '술(術)' 등의 다양한 용어들이, 구별된 종교 공동체나 이들의 신앙, 가르침, 행위 방식 등을 가리키기 위해 사용되었다. 『삼국사기』(三國史記, 1145)에 실려 전해지는 「난랑비서문」(鸞郎碑序文)에서 최치원(崔致遠)이 사용한 '삼교(三敎)'라는 용어는 통일신라의 지식인들이 유교, 불교, 도교가 같은 유형에 속하는 범주라고 인식하고 있었고 이를 가리키기 위해 '교(敎)'라는 용어를 사용했음을 보여 준다.

'종교'를 정의하는 일이 매우 어려운 것은 사실이고, '종교'라는 용어가 근대 서구에서 형성된 말의 번역어라는 데 이의를 달 수는 없을 것이다. 그러나 세계의 각 곳에서 상황에 따라 종교라는 개념을 범주화하여 이해해 온 전례가 폭넓게 존재하고 있었던 것도 부인할 수 없다. 또한 오늘날 종교의 요소로 분류되는 다양한 신앙, 행위, 조직 등은 근대적인 맥락에서 이 용어가 사용되기 전부터 있었던 것 역시 분명하다. 종교라는 말이 너무 다양한 현상을 아우르며 계속 변하는 개념이라고 해도, 이는 인간현상을 가리키는 대부분의 개념어들에 적용되는 문제일 것이다. 우리는 이 용어를 받아들이고, 인간의 종교적 열망, 태도, 신앙, 사고, 행위 등을 효율적으로 아우를 수 있는 정의를 모색해야 한다. 하나의 절대적인 정의를 찾으려 할 것이 아니라,

학문의 장에서 받아들여질 만한 설득력을 지니고 있으면서 연구자의 목적에 가장 유용하게 적용될 수 있는 정의를 찾아야 할 것이다.

2) 다양한 관점의 다양한 정의들 [02]

19세기 말 종교학을 처음 주도한 학자들은 종교의 본질이 무엇인지를 규명하려 노력했다. 오늘날의 학자들은 종교의 어느 한 요소를 종교의 본질이나 핵심으로 규정하는 것을 주저한다. 모든 요소들이 서로 유기적으로 연결되어 종교를 구성한다는 데 동의하기 때문이다. 이러한 문제는 종교의 뜻과 범위를 명확히 밝히는 정의를 제시하고자 할 때 다시 부각될 수밖에 없다. 종교를 정의하려는 학자들은, 신앙을 본질로 볼 것인가, 신자들이 반복하는 행위를 중심에 놓을 것인가, 아니면 범위를 최대한 확장하여 세계를 이해하는 모든 방식들을 종교라고 할 것인가 등의 질문을 던지고 그 답을 찾아야 한다. 그러나 앞서 말했듯이 종교는 인류의 오랜 역사 속에서 삶의 다른 영역과 구별되지 않아 왔기에, 종교를 다른 것과 구별하고 그 범위를 제한하여 정의를 내리는 작업은 어려울 수밖에 없는 것이다. 그래서 일부 학자들은 종교를 정의하는 일을 보류하고, 종교라는 이름 아래 둘 수 있는 모든 것을 폭넓게 포함해서 서술하자고 제안했던 것이다.

02 종교 정의의 문제는 유요한, 『종교 상징의 이해』(서울: 세창출판사, 2021), 2장에서 다룬 바 있다. 여기 기술되는 내용이 위 책에 포함된 것과 상당히 겹치는 것은 분명하나, 전에는 종교가 무엇인지에 초점을 맞추었다면 여기서는 여러 종교 정의들의 학문적 유용성에 비중을 두고자 했다.

널리 알려진 종교 정의 중 몇 가지를 살펴보자. 타일러가 말한 "영적 존재에 대한 믿음"이나 폴 틸리히(Paul Tillich)의 "궁극적인 관심(ultimate concern)"은 자신들이 종교의 본질이라고 생각하는 요소를 제시한 것이라고 할 수 있다. 종교의 핵심적인 기능을 강조하는 정의들도 있다. 프로이트 등의 정신분석학자는 신경증 해소를 위한 장치로서의 기능이, 에밀 뒤르켐(Emile Durkheim) 등의 사회학자들은 사회통합 기능이 종교의 가장 중요한 기능이자 핵심이라 보았고, 이것이 종교의 정의인 것처럼 말한다. 또한 헤라르뒤스 반 데르 레이우(Gerardus van der Leeuw)는 종교는 참여자들의 입장에서 볼 때 "구원의 길"이라고 말한 반면, 마르크스는 민중들이 부조리한 세상을 받아들이도록 하는 "민중의 아편"이라고 주장했다. 그러나 이러한 단순한 정의들은 종교의 특정 요소를 종교 자체와 동일시한다는 점에서 학문적 연구에 유용하게 적용되기 어렵다.

종교와 관련된 인간의 경험을 종교의 핵심으로 규정하는 시도도 있었다. 엘리아데는 종교학의 주요 관심이 "종교적 인간이 어떤 방식으로 가능한 한 성스러운 우주에 머무르려고 시도하며, 따라서 그 삶의 총체적 경험이 종교적이지 않은 사람들의 경험과 어떻게 비교되는지"를 보이는 데 있다고 말했다.[03] 그에게 종교의 핵심은 종교적 인간이 성스러운 우주에 있고자 하는 방식들과 그러한 삶의 경험

---

03 Eliade, *The Sacred and the Profane*, p.13. 여기서, 엘리아데가 성스러움이 실제로 존재한다는 전제를 가지고 있다고 단정할 수 없다는 것에 주의해야 한다. 그는 현상학적 방법을 채용하여 종종 종교 참여자들의 입장에서 기술하기는 했지만, 종교학은 "성스러움이 현실에 나타난 것, 혹은 나타났다고 믿는 것"에 주목한다고 말했던 것을 참조하면(*The Sacred and the Profane*, p.12), 이러한 진술이 참여자들의 믿음의 맥락에 제한되고 있음 역시 인식하고 있었음을 알 수 있다.

인 것이다. 요아힘 바흐(Joachim Wach)의 기술도 종교경험에 초점을 맞추고 있다. 바흐는 자신의 비교종교학 연구 대상을 "인간 종교경험의 이론적, 실천적, 공동체적 표현"으로 요약했다.[04] 종교를 구성하는 이론적, 실천적, 공동체적 요소들을 "인간 종교경험의 표현"에 포함시킴으로써, 종교의 핵심을 인간의 종교경험이라고 규정한 셈이다. 이는 결국 성스러움의 경험 또는 종교경험이 종교의 본질이라고 보는 것이어서, 앞서 언급했던 단순한 정의와 크게 다르지 않다. 더구나 근대 이후의 사회에서 많은 사람들이 성스러움을 인정하지 않는 이른바 "탈신성화"가 진행되면서 이러한 정의를 현대사회에 그대로 적용하는 것이 더 어려워졌다.

클리포드 기어츠(Clifford Geertz)는 종교를 일종의 상징체계로 간주했다. 그는 종교를 "존재의 일반적인 질서 개념을 형성하며 이것에 사실성을 부여함으로써 인간에게 강력하고 지속적인 기분과 동기를 부여하는 상징체계"로 정의했다.[05] 종교가 상징체계로서 인간에게 영향을 끼치는 방식을 명시한, 상당히 잘 다듬어진 정의라 할 수 있다. 그러나 탈랄 아사드(Talal Asad)는 기어츠의 정의가 종교의 내면적 요소를 강조하고 행위와 공동체 등을 무시하는 개신교적 성향을 지니고 있다고 비판했으며,[06] 그 이후 기어츠의 종교 정의가 지닌 한계가 분명히 드러났다고 평가받는다. 이 정의 역시 서양인들이 흔히 지니고

04 Joachim Wach, *The Comparative Study of Religion* (New York: Columbia University Press, 1969[1958]), pp.59–145.
05 Clifford Geertz, *The Interpretation of Cultures* (New York: Basic Books, 1973), p.90.
06 Talal Asad, *Genealogies of Religion: Discipline and Reasons of Power in Christianity and Islam* (Baltimore: Johns Hopkins University Press, 1993), pp.43–54.

있는 서구 중심적 관점의 한계를 고스란히 담고 있다는 것이다.

종교를 구성하는 주요 요소들을 나열하고 이를 설명하는 것으로 정의를 대신하는 학자도 있다. 니니안 스마트(Ninian Smart)는 종교의 테두리를 제한하고 그 뜻을 명확하게 제한하는 것이 불가능하다고 보고, 종교의 여섯 가지 특징적 요소들(dimensions)을 서술하는 방식으로 종교의 정의를 대신했다.[07] 이 여섯 가지 요소들 중 첫째는 종교의 중심 사상과 가르침, 그리고 이를 체계화하고 정교화한 것을 가리키는 "교리적, 철학적 요소"이다. "신화적, 서사적 요소"는 종교 공동체의 기원, 상황, 그리고 강조하고자 하는 가치들이 설명되는 이야기를 아우른다. 종교는 나름의 윤리적 가치를 지니고 있고, 때로는 이를 성문화된 율법체계로 발전시키는데, 이를 "윤리적, 율법적 요소"라 할 수 있다. 어느 종교에나 있는 반복적이고 의미가 담긴 행위 체계는 "의례적, 실천적 요소"이며, 종교의 창시자나 예언자는 물론 참여자들이 신을 만나거나 진리를 깨닫고, 또는 신의 뜻을 이해하게 되는 경험과 이때 수반되는 감정을 "경험적, 감정적 요소"에 포함시킨다. 또한 종교의 공동체적 차원, 조직체, 그리고 사제 등의 종교전문인 집단 등과 관련된 것을 "사회적, 조직적 요소"라 할 수 있다. 스마트는 이러한 요소들의 역동적이고 변증법적인 상호작용에 주목함으로써, 종교 자체의 요소들을 가지고 종교 내에 어떤 일이 어떻게 그리고 왜 생겨나는지 설명해 냈다는 칭송을 받기도 했다.[08] 그러나 종교

07 Ninian Smart, *Worldviews: Crosscultural Explorations of Human Beliefs* (Upper Saddle River: Prentice Hall, 2000[1983]), pp.3–10.

08 Ivan Strenski, *Thinking about Religion: An Historical Introduction to Theories of Religion* (Malden, MA: Blackwell, 2006), pp.191–195.

의 구성요소들을 기술하는 것으로 그 뜻을 명확히 밝히고 규명하는 정의를 대신하기는 어렵다. 이후 스마트는 이 여섯 요소에 "물질적, 감각적 요소"를 더하여 일곱 개의 구성 요소로 확대하여 설명했다.[09] 이는 기존 설명을 교정할 수 있음을 보여 준다는 점에서 긍정적으로 평가할 수도 있지만, 한편으로는 불완전한 범주를 제시하여 종교의 의미를 명확히 규정하는 데 성공하지 못했다고 볼 수도 있다.

종교의 정의 자체를 목적으로 하는 것이 아니라, 개별적인 연구의 정합성을 확보하기 위해 작업가설적 정의를 제시하는 학자들도 있다. 이들은 대개, 다루고자 하는 주제에 대해 논하기에 앞서 자신이 생각하는 종교의 정의를 말한다. 예를 들어 조나단 스미스(Jonathan Z. Smith)는 장소에 대한 종교적인 인식에 관한 논의를 전개하기 전에 먼저 자신이 생각하는 종교 정의를 짤막하게 제시했다. 여기서 그는 종교를 "인간이 문화적으로 유형화된 수단으로 문화적으로 상정된 성스러운 힘에 접근하거나 이를 피하는 데 이용하는 공동의 그리고 개인적인 다양한 기술"이라고 정의한 바 있다.[10] 스미스의 이 정의는 사람들이 성스러운 힘과 관련을 맺는 수단은 물론 성스러운 힘 자체도 문화적으로 상정된 것으로 규정한다는 점에서, 종교는 "문화적으로 조건 지어진 초인간적인 존재와의, 문화적으로 유형화된 상호 행위로 구성된 제도"라는 멜포드 스피로(Melford E. Spiro)의 종교 정의와 연속선상에 있다고 할 것이다.[11] 물론 스미스는 한 세대 전에 나온 스

---

09 Ninian Smart, *Dimensions of the Sacred: An Anatomy of the World's Religions* (London: Harper Collins, 1996), pp.275-288.

10 Jonathan Z. Smith, *Relating Religion: Essays in the Study of Religion* (Chicago: University of Chicago Press, 2004), p.323.

피로의 정의에 자신의 관점을 반영하여 좀 더 섬세하게 다듬어진 정의를 제시했다고 할 수 있다. 스피로가 "초인간적 존재와의 상호 행위"라고 다소 모호하게 표현한 반면, 성스러운 힘에 접근하는 것만이 아니라 이를 피하는 것 역시 종교에 포함되어야 함을 명시했다. 또한 종교를 제도라는 다소 단순한 말로 규정하는 대신, 공동체와 개인이 종교 행위의 주체로서 이용하는 방식들을 아울러 지칭했다.

조나단 스미스의 종교 정의는 종교를 철저히 외부에서 바라보는 입장에 근거한 것이다. 스미스는 몇몇 연구에서 자신은 종교를 외부에서 바라보는 관점을 취한다고 명확히 밝힌 바 있다.[12] 요컨대, 조나단 스미스에게 종교인들의 삶은 객관적으로 관찰하고, 분석하고, 설명해야 하는 자료들이다. 물론 엄정한 학문적 연구에 필수적인 태도라는 것은 분명하다. 그러나 종교학자들은 철저하게 객관적인 태도를 견지하는 동시에 종교와 관련된 인간의 열망, 사고, 행위를 깊이 있게 이해하는 두 가지 목적을 동시에 충족시켜야 한다는 점을 생각해 보자. 여기서 우리는 조나단 스미스의 철저한 외부적인 관점이 종교에 참여하는 인간을 이해하고자 하는 목적에도 가장 적합한 것인가라는 질문을 던져야 한다. 참여자의 입장을 배제한 객관적 관점만으로는 인간의 이해에 한계가 있다고 보며, 종교에 참여하는 사람들

---

11 Melford E. Spiro, "Religion: Problems of Definition and Explanation", in Michael Banton (ed.), *Anthropological Approaches to the Study of Religion* (London: Tavistock, 1966), p.96.

12 Jonathan Z. Smith, *Map is Not Territory* (Chicago: University of Chicago Press, 1978), p.ix; *To Take Place: Toward Theory in Ritual* (Chicago: University of Chicago Press, 1987), pp.98–99; "The Domestication of Sacrifice: Discussion", in Robert Hamerton-Kelly (ed.), *Violent Origins: Walter Burkert, Rene Girard, and Jonathan Z. Smith on Ritual Killing and Cultural Formation* (Stanford: Stanford University Press, 1987), p.205.

의 입장을 고려하지 않으면 결국 종교에서 가장 중요한 것을 놓치고 만다는 윌프레드 캔트웰 스미스 등의 지적도 무시할 수는 없다. 결국 종교 참여자 또는 신봉자들의 입장을 어떻게 수용할 것인지의 문제가 남아 있게 되는 것이다.

조나단 스미스는 종교의 속성과 성스러움에 대한 이해를 기준으로 종교학자들을 두 부류로 나눈다. 첫째는 종교를 실재에 기반을 둔 것으로 생각하고 성스러움을 실존하는 힘이자 실재로 간주하는 부류이고, 둘째는 종교를 언어와 표상의 문제로 여기고 성과 속이 분류를 위해 설정된 개념 또는 장소적인 개념으로 이해하는 입장의 학자들이다.[13] 스미스 자신은 후자의 입장을 지니고 있음을 분명히 밝힌다. 어떠한 전제도 없이 대상에 접근해야 하며 입증 가능한 것만 연구 대상으로 삼는 현대학문의 관점에서 보면 스미스의 입장은 당연한 것으로 보일 수 있다. 그러나 인간 경험에 대한 논의는 입증 가능한 것만 논해야 한다는 당위적 명제보다 좀 더 복잡한 구조를 가지고 있다. 예컨대, 지금도 종교경험을 한다는 사람들이 있는 것 역시 분명한 사실이다. 이들의 종교경험이 실재에 대한 것이 아니라고 본다면, 전부 허구라고 전제해야 할 것인가, 아니면 철저히 논의에서 배제해야 할 것인가? 조나단 스미스처럼 현대학문으로서 종교학 연구를 수행하며 엄격한 역사적, 객관적 연구 방법만 사용한다면, 인간의 갈망과 지향, 의미와 가치의 문제를 어떻게 다룰 수 있을 것인가? 인간의 상상력이 만들어 낸 세계를 연구에서 배제하고도 인간을 철저하

---

13 Smith, *Relating Religion*, pp.102-103, 363.

고 깊이 이해하고 있다고 할 수 있을 것인가? 여기서는 스미스에 반대하는 견해를 지닌 학자들도 있다는 것만 언급하고 넘어가도록 하자. 뒤에서 조나단 스미스의 입장에 대한 웬디 도니거(Wendy Doniger)의 비판을 다루면서 이 문제를 다시 검토하게 될 것이다.

3) 포괄적이고 설득력 있는 종교 정의 찾기

지금까지 살펴본 바와 같이, 종교의 정의는 학자의 관점에 따라 달라질 수밖에 없다. 어떤 정의의 평가는 그 정의가 얼마나 명징하고 완결된 형태로 종교의 주요 의미와 특징을 포괄하는지 여부와 더불어 다양한 종교현상들을 설명하는 데 얼마나 설득력 있고 유용하게 적용될 수 있는지에 달려 있다고 할 수 있을 것이다.

종교의 정의에서 먼저 기억해야 할 점은 종교는 매우 포괄적인 범위의 현상을 아우르기 때문에, "윤리", "신앙", "궁극적 관심" 등 종교의 일부 요소로는 정의될 수 없다는 것이다. '경제적 불평등을 잊게 하는 수단', '사회통합의 도구', '신경증 해소를 위한 장치' 등과 같이 종교의 특정 기능을 강조하는 정의들도 종교의 일부 요소만 강조하는 문제를 안고 있다. 서양인이 경험하는 종교에만 적용될 수 있는 정의 역시 포괄적이고 다양한 종교의 속성을 보여 주는 데 유용한 정의가 되지 못한다. 틸리히가 제시한 "궁극적 관심"이라는 정의를 예로 들어 보자. 여기서 '궁극'이라는 개념은 서구 그리스도교 신학의 영향을 받은 것으로, 동양의 여러 종교의 경우에는 적용되기 어렵다.

또한 무엇이 '궁극'인지를 다시 설명해야 한다는 점에서 미완의 정의라고도 할 수 있을 것이다. "무한에의 인식이 도덕적 특성에 영향을 끼칠 수 있도록 표명된 것"이라는 프리드리히 막스 뮐러(Friedrich Max Müller)의 종교 정의도 점검해 보자. 여기서 '무한'은 인간 내부의 성스러운 속성이나, 제한된 능력을 지닌 친근한 신격들과 조상신 등이 주를 이루는 동양 종교의 관심사와는 거리가 먼 개념이다. 또한 '도덕'을 종교의 기준으로 삼게 되면 서구인들의 윤리적 기준을 충족시키지 않는 여러 종교는 종교가 아닌 것으로 규정될 수 있다는 점에서도 서구인의 관점에 근거한 정의라고 할 수 있을 것이다.

이미 100년도 전에 제시되었으나 지금도 가장 널리 사용되는 종교 정의 중 하나인 뒤르켐의 종교 정의를 검토해 보자. 뒤르켐의 정의는 종교의 특정 요소 하나가 우위를 차지하여 종교의 본질인 것처럼 자리매김되지 않고, 세 가지 필수적인 요소들이 매끄럽게 연결되어 있다는 장점이 뚜렷하다. 뒤르켐은 종교가 "성스러운 것, 즉 격리되고 금지된 것과 관련된 신앙과 행위의 통합 체계인데, 이 신앙과 행위는 추종자들을 교회라고 하는 단일한 도덕 공동체로 묶는다"고 말했다.[14] 그는 종교의 대상을 '성스러운 것'으로 명시하고, 이와 관련된 '신앙'과 '행위'의 체계, 그리고 이 체계가 통합시키는 '공동체'를 아우르는 포괄적인 정의를 제시한 것이다. 오늘날에도 대부분의 학자들이 신앙, 행위, 공동체 중 한 요소가 빠지면 종교라고 보기 어렵다는 데 동의한다.

14 Émile Durkheim, *The Elementary Forms of Religious Life*, translated by Carol Cosman (Oxford: Oxford University Press, 2001[1912]), p.46.

하지만 이 정의가 완결되기 위해서는 '성스러운 것' 또는 '성스러움'이 무엇인지 설명되어야 한다. 뒤르켐은 성스러운 것이 사회에 의해 그리고 사회를 위해 격리되고 금지되는, 본질적으로 사회적인 것이라고 보았다. 종교도 사회의 산물이자 사회의 표상이다. 뒤르켐 역시 자신의 사회학적 관점을 근거로 종교의 정의를 발전시킨 것이다. 이 정의에는 개인적인 종교인의 종교적 지향, 소망, 태도 등이 고려될 수 있는 여지가 없다. 개인적 갈망에서 비롯된 신앙과 행위, 그리고 이를 통해 형성될 수 있는 신화, 교리, 사상, 윤리 등 종교의 수많은 중요 요소는 이 정의에서 배제되는 것이다. 역으로 생각하면, 뒤르켐의 '성스러움'의 개념을 확장하여 사회와 개인 모두와 관련된 것으로 설명한다면 이 정의는 더 폭넓게 적용될 수 있을 것이다. 성스러움을 어떻게 규정하는지에 따라 종교의 정의가 완전히 달라질 수 있는 것이다.

4) '성스러움'으로 경험되는 대상에 대하여

방금 지적했듯이, 종교를 정의하는 일은 종교인들의 신앙과 행위의 대상을 규명하는 작업을 수반해야 한다. '성스러움'은 종교를 통해 인간과 상호관계를 맺는다고 여겨지는 초월적 존재, 힘, 세계의 속성을 가리키는 말이다. 많은 사람들은 '신(들)' 또는 타일러가 말한 '영적 존재'가 그 실존 여부와 상관없이 종교의 본질, 다시 말해 종교가 성립되기 위해 반드시 필요한 근본적인 성질인 것으로 생각하기도 한다. 윌프레드 캔트웰 스미스 역시 종교에서 본질이라고 할 수 있는 것은 신이라고 여긴 것으로 보인다. 앞에서도 언급했지만, 그는 종교를 신앙과 축적된 전통으로 나누어 부르자고 제안했다. 신앙은 개인의 인격적이고 내면적인 성질이나 체험으로, 기도, 의례, 도덕, 공동체 등으로 표현된다. 그가 말하는 축적된 전통은 표현된 신앙이 쌓인 것으로, 변화되어 가는 세속 세계의 역사적이고 가변적인 부분이다. 그가 개인의 내면적인 신앙이 어느 종교에나 있다고 말한 것은 사실이나, 동시에 모든 개인의 신앙이 다를 수밖에 없다는 것을 명확히 지적하기도 한다. 아사드는 스미스가 반본질주의를 추구하면서 신앙을 종교의 본질로 위치시키는 모순을 보인다고 비판한 바 있다.[15] 이 비판은 학계에서 널리 받아들여졌지만, 스미스의 이론에서 신앙이 종교의 본질인지의 여부는 재고의 여지가 있다. 스미스는 신앙이 개인마다 다르며 시간의 흐름 속에서 변화하는 것이라고 규정함으로써, 보편적이고 지속적이라고 규정되는 본질과 신앙을 구별하려 했기 때문이다. 이러한 입장이 자주 나타나지는 않지만, "신앙은 신학 너머에, 인간에게 있다. 진리는 신앙 너머에, 신에게 있다… 전통은 전개되어 간다. 인간의 신앙은 각기 다르다. 신만이 지속한다"고 명확히 기술되기도 했다.[16] 스미스는 보편적이고 지속적인 것은 전통이나 신앙이 아닌 신뿐이라고 말하고 있다. 그러나 객관적인 학문을 추

---

15 Talal Asad, "Reading a Modern Classic: W. C. Smith's *The Meaning and End of Religion*", *History of Religions* 40.3 (2001), pp.205–222.

16 Wilfred Cantwell Smith, *The Meaning and End of Religion*, pp.185, 192. 길희성은 "God endures"를 "하느님은 항존한다"로 번역했다. 윌프레드 캔트웰 스미스, 『종교의 의미와 목적』, 길희성 역(왜관: 분도출판사, 1991[1962]), 255쪽.

구하는 종교학자로서 신을 연구 대상에 포함시키지는 않았다. 그는 종교학을 종교를 연구하는 학문이 아니라 종교를 통해 인간이 어떻게 살고 있는가를 연구하는 학문으로 보았기 때문이다.

서양의 학자들은 그리스도교 전통의 전유물로 여겨져 온 '하느님(God)'이라는 단어의 사용을 피하기 위해 포괄적이고 중립적인 용어를 만들어 내려 노력했다. 예를 들어 서양 학자들이 종종 사용하는 '궁극적 실재(The Ultimate Reality)'라는 용어의 경우, 특정한 종교와 관련이 없는 표현이라는 점에서 종교를 객관적으로 서술하기에 무리가 없는 것으로 보이기도 한다. 그러나 '최고', '최상', 또는 '최종'의 의미가 담긴 '궁극적'이라는 단어 역시 유일신교의 맥락에 적합한 것으로, 비서구권의 종교들에 적용되기에는 무리가 있는 용어이다.

20세기 초에 활동한 독일의 신학자이자 종교학자 루돌프 오토(Rudolf Otto)는 『성스러움의 의미』(Das Heilige, 1917)에서 그리스도교에만 국한되지 않고 모든 종교를 이해하는 데 적용될 수 있는 종교 이론을 확립하고자 했다. 이를 위해서는 먼저 종교인들이 경험하는 대상을 서술하기 위한 용어를 제시하는 작업이 필요했다.[17] 그는 '거룩한', '신성한', 또는 '성스러운'으로 번역될 수 있는 단어(heilig: holy)가 오해를 불러일으킬 수 있다고 보고 새로운 단어를 만들어 냈다. 원래 이 단어는 윤리적인 의미와 상관이 없었으나, 서양에서 신과 관련된 의미로 사용되면서 선함 또는 절대적인 선 개념이 담기게 되었다는 것이다. 그는 종교경험을 다른 어떤 경험과도 다른 독자적인 것으로 보

---

17 더 자세한 내용을 위해서는 루돌프 오토, 『성스러움의 의미(Das Heilige)』, 길희성 역(왜관: 분도출판사, 1987[1917]), 33–74쪽을 볼 것.

고, 이를 라틴어 '누멘(numen: 신성, 신적 힘, 절대타자)'에 반응하는 감정 혹은 체험인 '누미노제(das Numinöse: 누멘적인 것, 신성한 것, 영미권에서는 흔히 numinose로 쓴다)'로 명명했다. 이 단어는 명사인 누멘을 형용사 누미노제(numinöse)로 파생시키고 이를 다시 추상명사화하여 만들어 낸 것이다. 형용사 '누미노제'는 신을 비롯한 신성한 존재에만 적용되는 말

루돌프 오토

은 아니다. 어떤 대상을 명사 '누미노제' 즉 성스러움으로 경험할 때, 그 대상뿐 아니라 경험하는 사람의 마음도 형용사 '누미노제'의 상태라고 할 수 있다.

　　종교인은 '누미노제' 경험을 통해 누멘의 무한한 가치를 보고, 자신의 허무함을 깨달으며, 자신이 경험하는 누멘이 무한하고 유일한 성스러운 존재라고 고백하게 된다. 『신약성서』에서 예수(Jesus Christ)의 신성을 확인한 베드로(Peter)가 예수 앞에 엎드려 죄인인 자신이 도저히 거룩한 예수와 함께 있을 수 없으니 떠나 달라고 고백한 것이나, 바울(Paul)이 다마스쿠스로 가는 길에 예수를 만나고 그 신성 앞에서 눈이 멀게 되었던 것이 그 예라 할 것이다. 힌두교 신화에서 크리슈나(Krishna) 신의 신성을 보게 된 아르주나(Arjuna)와 어린 크리슈나의 입에서 우주를 본 모친의 반응 역시 마찬가지였다. 이러한 성스러움은 '신

비'라는 성격을 지니고 있다. 성스러움을 경험하는 사람은 그 대상이
자신과 이해가 불가능할 정도로 전혀 다른 존재라고 여기며(이질적),
기존의 사고 범주가 혼란스럽게 되고(역설적), 상식적인 사고와 모순되
게(이율배반적) 사고한다. 또한 성스러움 경험의 대상을 두려워할 수밖
에 없으면서 동시에 강하게 끌리게 되기 때문에, 성스러움은 인간의
정신 속에서 '두려움'과 '매혹'의 성격이 덧붙여진다고 할 수 있다.

오토는 누미노제 경험의 대상이 실재한다는 것을 전제로 논의
를 전개했으며, 두려움이나 매혹 등 인간의 주관적 감정 역시 성스러
운 존재의 위대함을 경험하면서 생겨나는 것으로 보았다. 따라서 그
의 성스러움 개념은 당대 그리스도교 신학자들이 설명한 신의 속성
과 크게 다르지 않다. 물론 '신령'이나 '귀신'은 물론 서양 신비주의의
'무(nihil)'와 불교의 '공(空, sunyata)'도 성스러움의 범주에 포함시키려 시
도하기도 한다. 그러나 이러한 단어들 역시 전혀 다른 것 앞에서 갖
게 되는 신비의 경험에 대한 표현으로 규정함으로써, 그리스도교의
관점을 비그리스도교의 개념에 적용하는 셈이 되었다.

오토와 비슷한 시기에 주 저서 『종교 생활의 기본 형태들』(Les
formes élémentaires de la vie religieuse, 1912)을 출간했던 뒤르켐은 성스러움
의 속성을 전혀 다른 방향에서 설명했다. 앞서 살펴보았듯이 뒤르켐
역시 '성스러움'의 개념을 중심으로 종교를 정의했지만, 뒤르켐이 말
하는 '성스러움'은 사회에 의해 구성된 것이라는 점에서 오토의 개념
과는 완전히 다르다. 그는 오스트레일리아 원주민들과 같은 소위 '원
시인'은 자연 자체와 자연을 초월한 존재를 구별하지 않았다고 지적
하며, 종교를 '초월적 존재에 대한 신앙'으로 정의해 온 것을 비판했

다. 또한 초자연을 믿으면서도 신은 믿지 않는 종교적인 사람들이 있다고 주장하며 종래의 '신' 개념을 종교 정의에 적용하는 것도 반대했다. 뒤르켐은 인간의 집단적인 정신이 모든 사물을 '성'과 '속'이라는 두 범주로 구분하는 태도가 종교의 기반이 된다고 주장했다. 성스러운 것은 사회 전체의 유지와 이익을 위한 것이며, 이는 도덕적으로 선한 속성을 지닐 수도 있지만 인간 도덕의 관점에서는 나쁜 속성을 지니고 있을 수도 있다. 반면 범속한 것은 사적인 것, 개인적인 것이다. 신 개념은 성스러움의 개념이 체계화되면서 생겨난 부산물로, 사회는 신이나 초자연적인 존재를 통해 효율적으로 구성원을 통제하고 제재를 가할 수 있다. 뒤르켐은 종교의 권위가 집단의 권위에 기반을 두고 있으며, 따라서 종교가 사회의 힘에 의해 작동되는 것이라고 보았다. 종교가 구성원들에게 부과하는 의무들은 사회의 권위 때문에 강제될 수 있는 것이다. 뒤르켐은 성스러움을 실재하는 초월적 존재나 힘을 가리키는 것으로 보지 않았으며, 동시에 존재하지 않는 것에 대한 환상이나 망상이라고 간주하지도 않았다. 그에게 성스러움은 공동체의 공유된 의식과 합의에 의해 생성된 '사회적 실재'인 것이다.

오토는 성스러움을 실재하는 대상의 경험과 관련된 것

에밀 뒤르켐

으로 본 반면, 뒤르켐은 성스러움을 인간의 집합의식(collective conscious ness)의 산물로 여겼다. 성스러움을 실재하는 초월적 존재의 속성으로 규정하거나 사회의 기능을 위해 만들어진 개념으로만 제한하는 것 둘 다 학문적 연구로서 한계가 있다. 전자는 인간 개인의 경험을 강조하지만 경험의 대상이 실재하는 것은 논증할 수 없다는 점에서, 같은 전제를 공유하지 않는 사람들에게 설득력 있는 설명이 될 수 없다. 후자의 경우 성스러움을 사회과학적 연구의 범주로 가져오는 데 성공했지만, 개별적인 인간의 지향이나 갈망을 사회 작용의 부산물로 간주하거나 완전히 배제하는 결과를 낳는다. 여기서 우리는, 오토가 말한 실재하는 대상에 대한 경험의 측면과 뒤르켐이 말한 인간의 집단적인 정신이 구분하는 성속 구조를 결합하여, 보다 포괄적인 종교의 이해를 위해 사용할 수 있을지 물어야 하는 지점에 이른다.

엘리아데는 오토의 개념과 뒤르켐의 개념을 결합하여 성스러움의 의미를 확장하려 함으로써, 이러한 질문에 나름 성공적인 답변을 제시한 학자 중 한 사람이다. 엘리아데에 따르면, 가변적이고 불안정하며 무기력한 범속함의 세계를 살아가는 인간은 종교경험을 통해서 인간의 세계와는 구별되는 성스러움을 보게 된다. 시간 속에서 변해 가며 결국 소멸을 맞게 되는 인간이 영원하고 안정적이며 강력한 영원불멸의 존재를 경험하는 것이다. 인간은 속의 세계에 살고 있기 때문에, 일상적인 세계와 구별되는 성스러움을 경험하려면, 속의 세계의 어떤 것을 통해서만 가능하다. 따라서 인간이 경험하는 성스러움은 그 반대인 속을 통해서 드러나게 되는데, 엘리아데는 이 과정을 '성스러움의 변증법', '성속의 변증법' 또는 '**성현(聖顯, hierophany)**

의 변증법'이라고 불렀다. '성현'은 성스러움이 인간에게 드러나는 것,
바꿔 말하면 인간이 성스러움을 경험하고 인식하는 것을 가리킨다.

　　지금까지 많은 학자들이 엘리아데의 성스러움 개념을 다양한
방식으로 비판하거나 지지해 왔다. 이들은 자신의 논점에 따라 엘리
아데의 성스러움 이론에 대한 다양하고 상이한 견해들을 제시했다.[18]
일부 학자는 엘리아데가 존재론적이고 신학적인 태도를 취했다고 말
한다.[19] 조나단 스미스는 엘리아데의 학문적 가치를 인정하면서도, 엘
리아데가 오토의 신학적 성스러움 개념과 뒤르켐의 공간적이고 사회
적인 성스러움 개념을 결합하려는 과정에서 신의 실재를 인정하는
존재론을 옹호하는 바람에 인간 중심의 연구는 손상되었다고 비판했
다.[20] 같은 맥락에서 킴벌리 패튼(Kimberley C. Patton) 역시 엘리아데가 성
스러움의 경험을 인간의 인식 및 문화적 표현으로 설명하는 것을 넘
어서 신학적인 의미에서 성스러움의 직접적 경험을 강조했다고 말했
다.[21] 반면 윌리엄 페이든(William E. Paden)은 엘리아데가 오토보다는 뒤
르켐의 영향을 더 많이 받았다고 본다. 따라서 엘리아데의 성스러움
을 인간 활동의 산물로 이해할 수 있다는 것이다. 그는 엘리아데가
"다양한 세계를 구성하는 인간의 능력"을 강조했다고 말하며, 엘리아

18　엘리아데의 성스러움 개념에 대한 부분은 유요한, 「거인 엘리아데의 어깨 위에서: 엘리아데
　　비판에 대한 엘리아데 관점의 답변」, 『종교학연구』 30(2012), 55–74쪽에서 다룬 내용을 정리
　　한 것이다.

19　예를 들어, Steven M. Wasserstrom, *Religion after Religion: Gersham Scholem, Mircea
　　Eliade, and Henry Corbin at Eranos* (Princeton: Princeton University Press, 1999),
　　pp.102, 239–249, 260을 볼 것.

20　Smith, *Relating Religion*, pp.94–96, 102–103.

21　Kimberley C. Patton, *The Sea Can Wash Away All Evils* (New York: Columbia University
　　Press, 2007), p.18.

데의 성스러움은 신성을 가리키는 칭호가 아니라 "인간의 가치"를 가리키는 개념이라고 주장한다.[22]

　엘리아데의 성스러움에 대한 설명에 다양한 해석의 여지가 있는 것은 분명하며, 따라서 여러 견해들 중 어떤 한 가지가 절대적으로 옳지 않다고 할 수는 없을 것이다. 이전에 다른 곳에서도 언급했듯이, 나는 엘리아데가 오토와 뒤르켐의 성스러움 개념을 결합하려 했다는 스미스의 주장에 동의한다. 또한 인간에 주목하면서 성스러움이 인간의 능력 및 가치와 관련되었다고 본다면 그의 이론은 인간과 종교를 깊이 이해하는 데 매우 유용한 학문적 도구가 될 수 있으며, 그의 저술 여러 군데에서 뒷받침할 근거를 찾을 수 있다는 것 역시 분명하다고 본다.[23]

　엘리아데는 인간이 성과 속을 구별하는 활동을 강조했다는 점에서 뒤르켐의 성속 이분법을 수용했으나, 성스러움을 사회의 산물로만 보는 것에는 동의하지 않았다. 성스러움은 인간이 사회적으로는 물론 개인적으로도 범속한 일상과 그 너머를 구별하는 태도에 근거하여 이해되어야 할 것이다. 이렇게 확장된 성스러움 개념에 근거하여 종교를 정의하면, 좀 더 포괄적으로, 더 많은 사람들에게 설득력

22　William E. Paden, "The Concept of World Inhabitation: Eliadean Linkages with a New Comparativism", in Brian Rennie (ed.), *Changing Religious World: The Meaning and End of Mircea Eliade* (Albany: SUNY Press, 2001), pp.250–251.

23　유요한, 『종교 상징의 이해』, 2장 및 3장 참조. 엘리아데의 저술 전반을 이런 관점에서 해석할 수 있겠으나, 좀 더 구체적으로는 Mircea Eliade, "Methodological Remarks on the Study of Religious Symbolism", in Mircea Eliade & Joseph M. Kitagawa, (eds.), *The History of Religions: Essays in Methodology* (Chicago: University of Chicago Press, 1959), p.95; "Preface", *The Quest* (Chicago: University of Chicago Press, 1969), p.v; *Ordeal by Labyrinth: Conversation with Claude-Henri Rocquet*, translated by Derek Coltman (Chicago: University of Chicago Press, 1982[1978]), p.154 등을 볼 것.

을 가질 수 있는 학문적 종교의 이해가 가능해진다. 다만 속과 구별되는 성스러움은 종교 전통에 따라 다르게 이해되었다는 점에 주의해야 한다. 예컨대, 성과 속을 구별하는 종교적 인간들 중에는 속의 경험을 최소화하거나 없애고, 성스러움의 경험만을 남기고자 하는 사람들도 있었다. 속의 세계 속에서 성을 경험하는 일반적인 구조와 다르지 않다고 볼 수 있으나, 적어도 자신의 경험에서는 속의 세계의 소멸을 추구하는 것이다. 또한 일부 동양 전통의 종교 엘리트들은 성스러움을 자기 안에서 발견하려 했다. 달리 말해, 자신들이 성스러움 경험의 주체인 동시에 대상이라고 여겼던 것이다. 자기 안에 있는 성스러움을 찾아내는 것은, 자신과 구별되는 성스러운 존재를 경험하는 것과 다른 구조를 지니고 있다고 할 수 있다. 성속 이론은 인간과 문화를 설명하는 다른 이론들과 마찬가지로, 모든 사례에 똑같이 매끄럽게 적용될 수는 없다는 말이다. 종교를 효율적으로 설명하기 위한 틀 또는 도구로 생각하자.

5) '종교학'의 명칭

2장에서는 지금까지 종교학의 연구 대상인 '종교'의 정의와 개념에 집중했다. 이 장을 마무리하며, '종교학'으로 초점을 옮겨 보자. 종교학의 특징, 내용, 방법론에 대해서는 이 책 전체를 통해 논해야 할 터이지만, 종교에 대한 다양한 개념과 정의를 검토하는 이 장의 말미에 '종교학'의 범위와 개념을 요약적으로 설명하는 것도 의미 있는 일일 것이기 때문이다. 여기서는 종교학이 태동하고 발전한 서양의 지식 전통에서 사용되어 온 종교학의 명칭을 중심으로, 종교학이 어떤 학문으로 이해되어 왔는지를 간략히 살펴보고자 한다.

19세기 후반 영국 학계에서 활동하며 종교를 연구하는 학문이 독립된 분야로 정립될 필요가 있다고 강력히 주장했던 독일 출신의 종교학자 막스 뮐러는 『종교학입문』(Introduction to Science of Religion, 1873)에서 종교학을 '종교의 과학(Science of Religion: Religionswissenschaft)'이라는 이름으로 불렀다. 지성에 근거하여 탐구하기 어려운 것으로 여겨지던 종교를 과학적인 학문의 연구 대상으로 삼은 초기 종교학자들의 의도가 담겨있는 명칭이라 하겠다. 찰스 다윈(Charles Darwin)의 『종의 기원』(The Origin of Species, 1859)이 학계 전반에 큰 영향을 끼치게 된 이후, 초기 종교 연구자들 역시 다위니즘 진화론을 이용하여 종교를 과학적으로 연구하려 노력했다. 이들은 자연과학자들이 생물의 진화를 파헤치는 것과 같이 종교의 태동, 성장, 발전을 밝혀내려 했다. 초기 종교학자들의 야심 찬 기획은 그다지 성공적이지 못했으나, 이후 학문적 종교 연구 분야의 발전에 초석이 된 것도 사실이다. 이 명칭은 진화론의 방법을 도입하여 종교의 기원을 설명하고자 했던 연구의 실효성이 의심을 받기 시작하면서 학문 분야 전체를 대표하는 이름의 지위를 잃게 된다.

'종교의 과학'보다 더 먼저 사용되기 시작하였을 뿐 아니라, 더 널리 그리고 더 지속적으로 사용된 명칭은 '비교종교학(Comparative Study of Religion 또는 Comparative Religion)'이다. 애초부터 종교학은 그리스도교 내부의 관점에서 벗어나 종교를 객관적으로 연구하기 위해 생겨났기 때문에, 여러 종교의 자료들을 대등한 위치에 놓고 비교하는 방법이 가장 많이 사용되었고, 이를 통해 특정 종교에 국한되지 않는 일반적인 설명을 도출해 내고자 했다. 막스 뮐러 역시 종교와 신화는 비교를 통해서만 제대로 이해될 수 있다고 믿었고 '종교의 과학'과 더불어 '비교종교학'이라는 명칭을 자주 사용했다. 그가 종교의 연구에 비교 방법이 필수적이라고 주장할 때면 늘 반복했던 "하나만 아는 사람은 아무것도 모른다"라는 말은 지금도 많은 종교학도들에게 일종의 격언처럼 기억된다.

　'비교종교학'은 1980년대까지도 종교를 연구하는 학문 분야로서 '종교학'의 동의어로 사용되었다. 에릭 샤프(Eric J. Sharpe)의 『종교학의 전개』는 종교인류학, 종교사회학, 종교심리학 등 종교를 연구하는 분야를 폭넓게 아울러 기술한 종교학사(宗敎學史) 교과서이다. 이 책의 원제는 『비교종교학: 역사서』(Comparative Religion: A History, 1975)이다. 그는 첫 장에서 비교종교학을 "세계의 여러 종교를 비판적인 관점에서, 또 역사학적 방법에 근거하여 비교 연구하는 학문 분야"라고 정의하여 종교 연구 전반을 포괄하는 개념으로 사용했다.[24] 하나의 종교를 그 내부의 관점에서 기술하는 대신, 여러 종교들에 나타나는 공통적인 속성을 찾아내고 일반적인 특징을 설명하려 노력했던 초기 종교학자들의 태도를 이어받은 것이다. 이런 의미에서 보면 종교인류학자인 타일러나 프레이저, 종교심리학자인 프로이트 역시 비교종교학 연

24　Eric J. Sharpe, *Comparative Religion: A History* (London: Duckworth, 1986[1975]), p.1. 이 책은 국내에서 에릭 샤프, 『종교학의 전개』, 유요한 · 윤원철 역(서울: 시그마프레스, 2017)로 번역 출간되었다.

구를 한 셈이다. 프레이저 자신이 『황금가지』(The Golden Bough) 2판 서문에서 자신의 작업을 '비교종교 연구'라고 지칭한 것을 보면, 샤프의 개념은 초기 종교 연구자들 사이에서 상당한 정도로 공유되고 있었던 것으로 보인다.[25] 20세기 초반과 중반에 활동한 종교현상학자들과 종교해석학자들 역시 자신의 연구가 비교종교학 분야에 속한 것임을 인식하고 있었다. 니니안 스마트는 반 데르 레이우나 게오 비덴그렌(Geo Widengren) 등 스스로 '종교현상학자'라는 정체성을 가지고 있던 학자의 저술들도 비교종교학 연구서로 보는 것이 더 정확할 것이라고 지적하기도 했다.[26] 이들의 연구는 종교 또는 종교의 요소들을 여러 유형으로 분류하고 그 유형들의 속성을 기술하는 유형론(typology)이나 종교와 관련된 사물, 행위, 사고 등이 드러나는 모습을 기술하고 일종의 기준점인 원형과의 관계를 중심으로 그 형태의 계통을 밝히는 형태론(morphology)의 방법이 중심을 이루고 있는데, 이는 전형적인 비교종교학의 특징이라는 것이다. 종교해석학자들 역시 자신들의 연구가 비교종교학에 속한다는 것을 인식하고 있었다. 해석학적 방법론을 강조한 바흐의 주 저작 중 한 권의 제목이 『비교종교학』(The Comparative Study of Religions, 1958)이며, '창조적 종교해석학'을 강조한 엘리아데의 가장 중요한 저서로 꼽히는 『종교형태론』의 영어판 제목을 거칠게 번역하면 『비교종교학에 나타나는 형태들』(Patterns in Comparative Religion,

25 James George Frazer, "Preface to the Second Edition, September 1900, *The Golden Bough*", in Jacques Waardenburg (ed.), *Classical Approaches to the Study of Religion: Aims, Methods and Theories of Research* vol.1 (The Hague, Netherlands: Mouton, 1973[1900]), p.253.
26 Smart, *Worldviews*, p.17.

1958(1949))이다.

1970년대 후반부터 포스트모더니즘이라고 불린 비판적 관점이 서구 학계를 휩쓸면서 여러 종교의 맥락을 무시하고 종교 전체에 적용되는 보편적 요소를 찾으려 한 기존 비교종교학 연구는 영향력을 잃게 되었다. 이후로는 훨씬 더 포괄적인 명칭인 '종교에 관한 연구들(Religious Studies)', 그리고 좀 더 드물게는 '종교의 연구(The Study of Religion)'가 이 학문 분야를 가리키게 되었다. '종교에 관한 연구들'은 종교의 일반적인 면에 대한 이론적 연구는 물론, 종교심리학, 종교철학, 종교사회학 등 종교학 이외의 학문적 시각을 바탕으로 종교를 설명하려는 시도들, 그리고 다양한 개별 종교 전통들에 대한 연구들을 모두 아우른다. 물론 종교학에서 이루어진 종교 전통에 관한 연구는 특정 종교 내부의 관점과 태도를 수용하지 않으며 객관적이고 체계적으로 이루어져야 한다는 것은 굳이 덧붙이지 않아도 될 것이다. 샤프는 1986년에 『종교학의 전개』 개정판을 내면서 마지막 장으로 「비교종교학에서 종교에 관한 연구들로」(From Comparative Religion to Religious Studies)를 덧붙여 이러한 추세를 보여 주었다. 약 10년 후에 나온 월터 캡스(Walter Capps)의 종교학사 교과서의 제목도 『종교에 관한 연구들: 학문 분야의 형성』(Religious Studies: The Making of A Discipline, 1995)이다.

뒤에서 살펴보겠지만, 포스트모더니즘의 비판을 거친 이후 비교 방법은 더 엄밀하고 정교하게 다듬어져서 종교 연구의 장에 다시 등장한다. '비교종교학'은 학문 분야 전체를 아우르는 힘을 잃고 종교학의 한 분야를 가리키는 명칭으로 축소되었다. 예컨대, 미국종교학회, 유럽종교학회, 한국종교학회 등 주요 종교학회에는 '비교종교학'

분과가 있고, 여러 대학에 설치된 종교학과에는 비교종교학을 담당하는 교수가 따로 있는 경우가 많다.

한편 요아힘 바흐 이후 미르체아 엘리아데, 조지프 키타가와(Joseph M. Kitagawa), 그리고 조나단 스미스 등 시카고 대학의 종교학자들은 자신들의 연구 분야를 가리키기 위해 '비교종교학'과 더불어 '종교의 역사(The History of Religions)'라는 명칭을 사용해 왔다. 이때 '종교의 역사'는 특정 종교의 역사를 통시적으로 서술하는, 말 그대로 종교사(宗敎史) 연구를 가리키는 것이 아니라, 종교학이라는 학문 분야를 지칭한다. 이들은 '종교의 역사'라는 명칭을 통해 자신들의 연구가 신앙에 근거하여 사변을 전개하는 신학과는 완전히 다른 것으로, 명확한 자료를 근거로 엄밀한 객관적 태도를 유지하는 역사학적 연구라는 의식을 표출하고 있다고 하겠다. 좀 더 엄밀하게 구별하는 학자들은 '종교의 역사'를 넓은 의미의 종교학인 '종교에 관한 연구들'에 포함될 수 있는 분과처럼 여겨서, '신화, 의례, 교리, 종교 윤리 등 종교의 일반적 요소들에 대한 연구'라는 뜻으로 사용하기도 한다.[27] 비교종교학과 마찬가지로 '종교의 역사' 역시 '종교에 관한 연구들'이라는 포괄적인 학문 영역의 하위 분야로 여겨지고 있는 것이다.

그러나 '비교종교학'이나 '종교의 역사'가 종교학이라는 큰 학문 분야의 하위 분과의 개념이라는 데 동의하지 않는 학자들도 있다. 예를 들어 다이아나 에크(Diana L. Eck)는 "'비교에 근거한' 그리고 '역사적인' 연구들이라는 말이 더 이상 단순히 종교학의 하위 분야를 의미

27 Wendy Doniger, *The Implied Spider: Politics and Theology in Myth* (New York: Columbia University Press, 1998), p.2.

하지 않는다"고 지적했다. 에크에 따르면, "이 단어들은 종교학의 모든 영역에서 배양되어야 하는 지적인 관점들을 가리킨다."[28] 에크는 비교종교학이나 종교의 역사를 종교학의 동의어로 사용하지는 않으나, 종교학 연구자라면 누구나 비교 및 역사의 관점을 가지고 있어야 한다고 주장함으로써, 모든 종교학 연구에 이 방법들이 필수적이라는 입장은 견지하고 있는 셈이다.

지금까지 간략하게나마 종교학의 명칭이 변화되어 온 과정을 살펴보았다. 종교학 명칭의 변화는 결국 종교학이라는 학문 분야의 개념, 범위, 관심의 변화를 반영한다. 간략히 요약하자면, 대부분의 초기 종교학자들이 여러 종교들의 자료를 모으고 비교하여 일반적인 개념과 이론을 도출하고자 했던 반면, 최근에는 개별 종교들을 객관적으로 더 깊이 있게 분석하는 연구들이 더 주를 이루게 되었다고 할 수 있겠다.

이 장에서는 종교학에 대한 설명을 종교의 정의에 덧붙여 짧게 기술했으나, 이 책의 초점은 '종교' 자체가 아니라 '종교학'이다. 종교학 연구에 동원된 관점이나 방법에 대해서는 이 책의 가장 긴 부분이라 할 수 있을 4~6장에서 집중적으로 다룰 것이다. 이 세 장에서는 지금까지 종교학자들이 학문적 종교 연구를 위해 어떤 관점에 근거해서, 또 어떤 방법을 사용하여 종교 자료를 해석하고 설명했는지, 그리고 오늘날의 종교학자들은 종교를 설명하기 위해 종교 자료를 어

28 Diana L. Eck, "Dialogue and Method: Reconstructing the Study of Religion", in Kimberley C. Patton & Benjamin C. Ray (eds.), *A Magic Still Dwells: Comparative Religion in the Postmodern Age* (Berkeley: University of California Press, 2000), p.131.

떻게 사용하는지 등을 검토하도록 하겠다. 그러나 이에 앞서, 종교학의 연구 대상이자 자료이며 내용인, 다시 말해 종교학의 출발과 끝이라 할 수 있을 '종교' 자체에 조금 더 지면을 할애하고자 한다. 종교 전통을 논의의 장으로 가져오는 일 자체가 종교학의 가장 중요한 작업이기 때문이다. 다음 장에서는 다양한 종교들이 학문의 영역에서 어떻게 분류되어 왔고 또 어떤 모양으로 단순화되어 제시되었는지 살펴보도록 하겠다.

3장

세계의 종교들:
연구의 편의를 위한 종교의 분류

1) 종교의 분류

아주 예외적인 상황을 배제할 수는 없겠지만, 세계의 모든 지역에 그리고 인류의 역사 전 과정에 종교가 있어 왔다고 말할 수 있다. 19세기 후반 인류학 분야를 개척했던 타일러는 어떤 인간 사회에서나 종교를 찾을 수 있다고 단언했다.[01] 21세기에도 종교의 보편성에 대한 주장은 계속되어, 프랑스 출신의 인류학자 르네 지라르(René Girard)는 "종교는 모든 것의 기원이며 모든 것의 핵심"이고, "인간을 인간으로 만든 것은 종교"라고 주장했다. 그는 또 "우리의 의식은 선

---

01 Tylor, *Primitive Culture*, pp.22–24. 이 밖에도, 앙리 베르그송(Henri Bergson)은 "종교가 없는 사회는 존재하지 않았다"고 주장했고, 로버트 매럿(Robert Marett)은 "인간은 이성적 인간이라기보다 종교적 인간이다"라고 말했으며, 레이몬드 퍼스(Raymond Firth)는 "종교는 인간 사회에 보편적이다"라고 주장하는 등, 수많은 학자들이 종교의 보편성을 확언했다.

사시대와 역사시대의 장구한 시간을 거치면서 종교와 제의에 의해 형성되고, 또 이런 것들에 의해 다음 세대로 전수되어 온 것"이라며, 종교의 보편성을 확언했다.[02]

어느 시대, 어느 사회에서나 종교가 보편적으로 있어 왔다면, 수많은 종교가 다양한 형태로 존재해 왔다는 것도 어렵지 않게 짐작할 수 있을 것이다. 이 종교들은 매우 다양한 역사적, 지역적, 문화적 맥락 속에서 다양한 모습을 지니고 있지만, 이 다양성 속에서도 같은 범주로 묶일 수 있을 정도의 공통점을 지니고 있다. 그래서 인간의 사고, 행위, 공동체 양식 중 특정한 것을 '종교'라는 명칭으로 부를 수 있는 것이다. 동시에 다른 종교들보다 더 많은 공통점을 지니고 있는 종교들끼리는 같은 종류로 묶을 수 있다. 특정한 종류로 함께 묶이는 종교들은 다른 종류의 종교들과는 구별되는 특징들을 가지고 있다. 앞 장에서 설명했듯이, 처음부터 종교학자들은 다양한 종교들을 효율적으로 설명하기 위해서 종교들을 비교하는 방법을 사용해 왔고, 비교 연구는 종교를 유사한 정도에 따라 나누고 각 부류에 명칭을 부여하는 '분류'의 작업을 수반하게 된다.

종교학이 시작되기 전부터 여러 종교를 접할 기회를 가진 사람들은 자신이 속한 종교의 지식체계, 특히 교리를 근거로 종교를 분류해 왔다. 종교와 과학이 엄격하게 구별되지 않았고 종교에 근거하여 우주를 이해했던 근대 이전의 전통문화에서는 공동체가 공유하는 종교가 절대적인 위상을 차지한다. 현대사회에서도 특정 종교의 신앙

---

02   르네 지라르, 『문화의 기원』, 김진식 역(서울: 기파랑, 2006[2004]), 162, 185-186쪽.

을 견고하게 지키는 사람들은 자신의 종교의 절대성을 포기하지 않는다. 예를 들어 종교인들은 자신이 속한 종교의 경전을 진리의 기록 또는 진리가 인간 세상에 구체적으로 나타난 것으로 받아들인다. 유대교인들에게 우주의 중심은 예루살렘이며, 중국에서 황제는 하늘의 아들이다. 근대 이전 그리스도교 지식인들은 『구약성서』의 「창세기」를 근거로 모든 천체가 우주의 중심인 지구의 주위를 돈다고 믿었고, 불교인들은 윤회하는 세계와 이를 초월한 세계로 우주를 구분한다.

이들 중 많은 사람들은 자신의 신앙고백을 반영하여 참과 거짓으로 종교를 분류한다. 유럽에서 오랜 세월 동안 모든 종교를 그리스도교와 이교로 구분한 것이 가장 단순한 예일 것이다. 이슬람교 경전 『쿠란』(Qur'an)에는 "책의 사람들(People of the Book)"이라는 표현이 나오는데, 이는 무함마드(Muhammad)가 최종적인 계시를 받기 전에 유일신의 계시에 의해 성립되었다는 그리스도교와 유대교를 신봉하는 사람들을 가리킨다. 세계의 종교들이 이슬람교—다른 유일신교—이교의 셋으로 분류될 수 있다는 점에서, 단순한 이분법보다는 조금 더 복잡한 형태의 분류라 할 것이다. 조선시대 지식인들은 유교의 세계관과 제사 방식을 따르지 않는 종교 전통을 '음사(淫祀)'라고 칭하며 경멸했고, 성리학의 계보와 교리를 근거로 정통과 이단을 구별했다. 특정 종교의 세계관에 바탕을 둔 종교의 분류는 자신과 타자를 나누고 타자를 배제하는 과정과 다를 바 없다.

특정 종교의 관점을 극복하고자 하는 종교학자들은 객관적이고 공정하게 종교를 분류하고자 노력해 왔다. 그러나 학자들도 자신이 속한 시대적, 문화적 맥락에 따라 인간과 문화를 바라볼 수밖에 없고, 따라서 학문적 분류 역시 누구나 만족할 만큼 객관적이 될 수는 없다. 진화론의 영향을 받은 초기 종교학자들은 진화의 과정에 따라 하등 종교부터 고등 종교까지 분류했다. 제도화되지 않은 부족 단위의 토착 종교는 언제나 가장 낮은 수준으로 평가된 반면, 유일신교는 가장 고등하게 진화된 형태라고 여겨졌다. 특히 그리스도교는 신의 계시와 같은 신자들의 기준을 도입하지 않더라도 보편적 윤리와 철학적 사유를 발전시켰다고 인정되었고, 때로는 진화의 최고 정점의 위치를 차지하기도 했다.

　　이렇게 노골적인 서구 중심적 관점은 아니라 하더라도, 현대 종교학계에서도 종교의 분류는 어느정도 정치적인 것이 사실이다. 조나단 스미스는 '세계종교'라는 분류군이 현대 서구인의 역사에 상당한 영향력을 발휘하며 수많은 신봉자를 가진 전통들을 가리킨다고 말하며, 이 분류군이 이론적으로 정당화되지는 못했다고 지적한다. 그가 편집한 『하퍼콜린스 종교 사전』에서 세계종교에 해당하는 종교들을 선택할 때도 현대 세계 내 각 종교 또는 문화권의 영향력이 반영되었고, 이 과정에서 특정한 종교는 포함되는 반면 이외의 종교는 배제될 수밖에 없었다. 스미스는 이 문제를 설명하기 위해 한국종교의 사례도 제시한다. 『하퍼콜린스 종교 사전』에는 중국종교와 일본종교가 세계종교에 포함되어 독립적인 항목으로 다루어졌으나, 국가 유교의 발전이나 불교의 전파 등의 면에서 중요한 한국종교는 거론되지 못했다는 것이다.[03]

03　Smith, *Relating Religion*, p.170. Jonathan Z. Smith (ed.), *The HarperCollins Dictionary of Religion* (New York: HarperCollins, 1995) pp.212-225, 555-566도 참조할 것. 세계종

종교를 분류하고 그 명칭을 부여하는 작업은 학자가 강조하고
자 하는 점이나 학자가 가진 학문적 관점에 따라 다양한 결과를 낳게
된다. 어떤 종교를 '세계종교'로 분류하는 가장 중요한 기준이 신자들
의 수가 되어야 할 것인지 아니면 역사적 중요성이 되어야 할 것인지,
그렇다면 역사적 중요성은 누가 결정할 것인지 등은 객관적이기만
할 수는 없다. 또한 샤머니즘의 요소를 많이 가지고 있는 지역 단위
토착민들의 종교를 '원시종교'라고 부를 것인지 아니면 '근본종교'라
고 부를 것인지도 학자들이 결정한다. 최대한 객관적인 자세를 견지
하고자 하더라도, 결국 종교의 분류는 학문적 설명과 이해의 편의를
위한 학자의 선택에 의해 이루어지는 작업일 수밖에 없다. 분류가 엄
격한 사실에만 근거할 수는 없으며, 따라서 실제로 종교들이 학자에
의해 분류된 범주에 딱 들어맞기만 하지도 않는다. 종교의 분류는 세
계의 여러 종교를 체계적으로 설명하기 위해 사용되는 수단으로 보
는 것이 좋다. 이 장에서 세계의 다양한 종교들을 '원시종교', '고대종
교', '세계종교', 그리고 '현대종교'로 매우 단순화해서 요약적으로 제
시하는 것 역시, 다양한 종교들의 복잡한 형태들을 조금이라도 더 효
율적으로 설명하기 위한 시도인 것이다.[04]

교를 다루는 교과서에 이러한 경향이 두드러진다는 것도 주목해야 한다. 예컨대, 오랜 세월
동안 가장 많이 사용되어 온 교과서 중 하나인 Robert Ellwood & Barbara Mcgraw, *Many
Peoples, Many Faiths: Women and Men in the World Religions* (New York: Routledge,
2013[1976])에서 일본종교는 24페이지에 걸쳐 설명되는 반면 한국종교에는 한 페이지만 할당
되었다.

04　이 장에서 여러 종교들을 설명하기 위해 참조한 책들은 다음과 같다. Huston Smith, *The
World's Religions: Our Great Wisdom Traditions* (New York: HarperSanFrancisco,
1991[1958]); John Bowker, *World Religions: The Great Faiths Explored & Explained* (New
York: DK Publishing, 2009[1997]); Jacob Neusner (ed.), *Introduction to World Religions:
Communities and Cultures* (Nashville: Abingdon Press, 2010); John L. Esposito, Darrell

2) 원시종교[05]

'원시(primitive)'는 역사가 기록되기 이전의 시대와 미개한 상태를 가리키는 말로 사용되어 왔기 때문에, 어떤 종교가 원시적이라고 하거나 특정 집단이 원시 상태에 있다고 말하는 것은 학문의 영역에서 적합하지 않은 것이 사실이다. 초기 종교학자들은 가장 진화가 더디게 이루어진 집단, 개인, 문화를 가리킬 때 이 단어를 사용했다. 원시종교(primitive religion)는 결국 원시적인 사회의 종교를 의미했던 것이다. 오늘날에도 많은 학자들이 원시종교라는 용어를 사용하지만, 근대 서구 지식인의 시각에서 오래되고 미개하고 문자를 알지 못하는 상태의 종교라는 개념은 더 이상 받아들여지지 않는다. 이제 '원시'라는 말은 인간 사고의 가장 기본적이고 근본적인 형태와 관련되었다는 의미로 사용되고 있다. 대안이 추구되지 않은 것은 아니다. 엘리아데는 '시원(始原)종교' 또는 '고풍(古風)종교'로 번역될 수 있을 "archaic religion"이라는 말을 사용했고, 휴스턴 스미스(Huston Smith)는 '근본적인 종교'라는 의미의 "primal religion"이라는 용어를 주창했으며, 『하퍼콜린스 종교 사전』에는 '전통적인 민족들의 종교들'이라는 용어가 사용되었다. 그러나 아직까지 이 범주 명칭들은 원시종교라는 말을 대체하지는 못했다.

J. Fasching, and Todd Lewis, *World Religions Today* (5th edition) (Oxford: Oxford University Press, 2014); 니니안 스마트, 『세계의 종교』, 윤원철 역(서울: 예경, 2004[1998]); 로이 롭슨, 『세계 종교 산책』, 윤원철·유요한 역(서울: 시그마프레스, 2013[2010]).

05 원시종교 개념 및 원시사회의 특징은 리처드 컴스탁, 『종교의 이해: 종교학 방법론과 원시종교 연구』, 윤원철 역(서울: 지식과 교양, 2017[1971])과 삐에르 끌라스트르, 『폭력의 고고학: 정치 인류학 연구』, 변지현·이종영 역(서울: 울력, 2002[1980])을 참고했다.

조나단 스미스의 말대로, 소위 '원시종교'에 속했다고 간주되는 전통들을 분류할 수 있는 만족스러운 방법은 없다.[06] 예컨대, 일부 학자들은 원시종교로 분류되는 종교들이 속한 지역에 따라 나누어 각각의 대표적인 특징들을 꼽기도 한다. 예를 들어, 시베리아에는 다른 세계로 영적인 여행을 떠나는 샤먼들이 있고, 북미 원주민들 중에는 공동체의 신화를 반영하는 토템 기둥을 만드는 친족 집단들을 찾을 수 있다는 식이다. 그러나 소위 대표적인 특징을 공유하지 않는 집단들이 많은 데다가, 인접한 지역에 있는 집단들이 공유하지 않는 특징을 다른 대륙의 집단에서 발견할 수도 있어서, 이 종교들을 지역적으로 분류하는 것은 쉬운 일이 아니다.

원시종교로 분류되는 전통들이 퍼져 있는 역사적, 지형적, 언어적 범위들을 고려하면, 이 전통들에 다 해당되는 본질적인 요소를 짚어 내는 것 역시 매우 어려운 일이다. 여기서는 여러 전통들이 공유하는 "부분적이고 비본질적인 일말의 특성", 즉 루트비히 비트겐슈타인(Ludwig Wittgenstein)이 말한 "가족유사성"을 기술하는 방식으로 간략한 원시종교 설명을 갈음하고자 한다.[07] 원시종교의 배경이 되는 집단은 대개 친족관계를 근간으로 하는 소규모 사회로, 구성원의 기능 분화가 뚜렷하지 않다. 종교, 가정, 정치, 경제가 하나로 얽혀 있으며, 현대인들은 비합리적이라고 생각할 신화적인 사고와 의례 행위를 중심으로 집단 및 개인의 삶이 구성된다. 많은 경우 이 집단에서

06 Smith, *Relating Religion*, p.173.
07 러셀 T. 맥커천, 『종교연구 길잡이』, 김윤성 역(오산: 한신대학교출판부, 2015[2007]), 281–284쪽.

는 계급 분화도 분명하지 않아서, 일반인과 구별되는 직업적인 종교 전문인이 없거나, 있더라도 따로 계급을 구성하지 않는다. 원시종교는 작은 마을이나 부족 단위로 신화가 전해지고 의례가 수행되며 지식이 공유되는 종교이다. 대개 여러 신들이 존재한다고 믿지만 각 공동체를 주관하는 신과 더 직접적으로 교류하려 하며, 자신들이 신봉하는 신과의 관계가 삶의 전반에 영향을 끼친다. 신성한 자연과 조화를 이루려 노력하며, 자연현상에 반응하여 의례를 수행하고 이를 기준으로 시간의 단위를 정한다. 예를 들어, 겨울이 가고 봄이 오는 일, 가을에 식물이 열매를 맺는 일, 홍수가 나거나 가뭄이 드는 일 모두 성스럽게 여겨지며, 종교의례를 통해 이 성스러운 과정에 반응하고 참여한다.

또한 원시종교에는 매우 다양한 종교적 사고와 행위 방식들이 혼재하고 있기 때문에, 원시종교를 "샤머니즘", "애니미즘", "토테미즘" 등으로 명명되는 특정한 신앙과 의례의 형태와 동일시해서도 안 된다. 그러나 여러 지역의 원시종교에서 이러한 신앙 및 의례의 특징들을 공통적으로 찾을 수 있는 것은 분명하다. 특히 샤머니즘, 즉 성스러운 존재와 직접 교류하여 이들과 인간 사이를 중재한다고 여겨지는 샤먼의 활동은 거의 보편적이라고 할 수 있을 정도로 많은 지역의 원시종교에 나타난다. 우리나라 무속종교는 샤머니즘의 특징이 분명하지만 지역차도 무시할 수 없다. 특히 무당이 되는 과정에 큰 차이가 있다. 경기 이북에는 신의 선택을 받은 사람이 신을 직접 받아들이는 '신내림'을 경험하고 무당이 되는 '강신무'의 형태가 지배적이지만, 충청 이남의 지역에는 마을의 종교적인 일을 담당하는 무당들이 직무를 대대로 물려받는 '세습무'가 일반적이다. 제주도 무당인 '심방'의 경우에는 북부지방의 강신무와 남부지방의 세습무의 형태가 혼합되어 있다고 볼 수 있다. 우리나라의 무당은 인간 세계로 내려온 신들을 만난다고 이야기하지만, 시베리아나 북미에는 샤먼들이 황홀 경의 상태에서 신들의 세계로 여행을 다녀온다고 이야기하는 사례를 많이 볼 수 있다. 이 두 유형에서는 차이점과 더불어 공통점도 분명 히 나타난다. 내려온 신을 받아들이는 샤먼이나 신의 세계로 이동하 는 샤먼 모두 황홀경 속에서 일상적인 시간의 흐름을 벗어나 성스러 운 존재를 직접 만나는 것이다. 우리나라의 신당 부근에서 볼 수 있 는 신수(神樹)는 신이 하늘에서 내려올 때 타고 내려오는 나무라면, 시 베리아의 성스러운 나무는 신의 세계로 건너가기 위해 샤먼이 직접

사슴 형상의 옷을 입은 시베리아 샤먼

타고 올라가는 나무다. 두 지역 모두에서 나무는 신들의 세계와 인간의 세계를 연결하는 기능을 하고 있다.

타일러가 '애니미즘'이라고 이름 붙인 종교의 모습도 여러 원시종교에서 찾을 수 있다. 애니미즘은 사람과 동물은 물론, 사물에도 영적 존재인 정령이 깃들어 있으며, 몸과 독립적으로 활동할 수 있는 이 정령이 몸을 떠나면 사람의 생명이 끝난다고 믿는 신앙을 가리킨다. '토테미즘'은 '토템'과 관련된 신앙과 행위 방식을 아우른다.

토템은 공동체 구성원들에게 정체성을 부여하는 공동체의 상징인 동시에 구성원들이 성스럽게 여기며 제의를 바치는 대상으로, 대개 동물인 경우가 많지만, 식물이나 사물도 될 수 있다. 원시종교에서는 특별한 사물이나 자연현상에 어떤 힘이 깃들어 있다고 믿고, 이 힘에 접근하거나 이를 피하려는 시도가 관찰되기도 한다. 초기 인류학자 중 한 사람인 로버트 매럿(Robert Marett)은 원시인들이 이러한 비인격적인 힘인 '마나'를 숭배하는 데서 종교가 출발되었을 것이라

밴쿠버 스탠리 공원 안에 있는 토템

고 주장했다. 반면 아시아, 오세아니아, 아프리카, 아메리카 등 대부분의 지역의 원시종교에는 세상의 창조자 또는 세계의 가장 높은 지배자인 '지고신(至高神)'에 대한 신앙도 나타난다. 지고신은 도교의 옥황상제처럼 사소한 인간사에는 개입하지는 않으며, 사람들도 평소에는 지고신을 잘 찾지 않는다. 어떤 지역에서는 공동체의 존립에 영향을 끼칠 정도의 큰일이 생기면 지고신에게 해결을 구하는 모습이 나타나기도 한다. 제주도 신화에는 우주를 창조한 가장 높은 신 '천지왕'이 등장한다. 제주도에서 천지왕은 간혹 신들 사이의 일에 개입하기는 하지만 주민들과 별 관계를 맺지 않는 것으로 여겨진다.

　　마지막으로, 원시종교라고 분류되는 종교들이 태고의 오래된 형태에 고정되어 있다고 생각하면 안 된다는 것을 지적해야 할 것이다. 북미 원주민들의 종교에 대해 생각해 보자. 북미 원주민들은 어머니 대지로 대표되는 자연과 조화를 추구하며, 필요하면 향정신성 약초를 사용하여서라도 신의 계시를 직접적으로 체험하려 노력한다. 북미 평원의 여러 부족들이 초여름에 행해 온 '태양춤(Sun Dance)' 의례는 북미 원주민 종교의 특징을 극적으로 보여 준다. 제의 장소 한가운데 기둥을 세우고, 며칠씩 식사와 음료를 섭취하지 않은 채 기둥 위의 해를 보면서 춤을 춘다. 예전에는 종종 가슴의 살을 꼬챙이로 뚫어 들소 두개골 등 무거운 물건에 연결한 채 춤을 추는 등의 방식으로 극도의 고통을 수반하기도 했다. 이 의례의 목적으로는 공동체 구성원들의 결속과 병의 치료를 기원하는 것 등이 있겠으나, 춤에 참여하는 사람들은 고통받는 자신의 몸을 희생제물 삼아 신성한 힘을 받고, 다른 사람들이 보지 못하는 영적인 세계를 보게 되는 일종의 영적인

태양춤을 추는 북미 원주민

도약을 추구하는 것으로 알려져 있다. 태양춤 의례는 평원 원주민 부족 중 일부만 행했으나, 19세기에 이르러 유럽에서 온 지배자들과 구별되는 토착 의례로 여겨지며 거의 모든 평원 부족 사이로 퍼졌다.

19세기 말에 로키산맥과 미시시피강 사이에 살던 포니(Pawnee)족에서 시작되어 곧 나바호(Navajo)족을 제외한 대부분의 북미 중남부 원주민 부족에게 퍼졌던 '유령춤(Ghost Dance)' 의례도 중요하다. 간단히 말하면, 이 의례는 조상들이 예언자를 통해 가르쳐 준 방식대로 환각을 일으키는 약초를 복용하며 여러 날 계속 춤을 추면 죽은 조상들이 돌아와서 백인들을 쫓아내고 이상적인 세계를 만들어 준다는 믿음에 근거한다. 이전까지 절망적인 패배감에 사로잡혀 있던 수많은 원주민들이 마지막 힘을 내서 자신의 고유 영역을 지키기 위해 미국

유령춤을 추는 북미 원주민. Dee Brown, *Blurry my soul at Wounded knee*(1891)의 삽화

정부 및 군대에 대항해 끝까지 싸움을 벌였던 것은 유령춤 의례를 통해 최악의 상황에 맞설 힘을 얻었기 때문이었다. 유령춤 의례는 원시종교가 외부의 침입으로 인한 공동체의 약화에 대응하는 양상을 매우 극적으로 보여 준다고 하겠다.

3) 고대종교

‘고대종교(Ancient Religion)’는 고대(古代)에 번성했지만 지금은 소멸되거나 명맥만 겨우 유지되고 있는 종교들을 말한다. ‘고대’ 역시 서양 학계에서 역사를 구분해 온 시대의 개념으로, 학문적 관점에 따라 그 범위는 다양하게 이해될 수 있다. 하지만 농경을 기반으로 하는 문명이 시작된 이후부터 서로마 제국이 멸망한 기원후 476년까지를 고대로 보는 견해가 일반적이다. 고대종교는 국가 차원에서 제도화된 의례를 발전시켰고, 문자를 기반으로 기록을 남겼으며, 사제가 전문적인 직업이자 계급으로 자리 잡았다는 점에서 원시종교와는 확연히 구별된다. 특정 고대종교를 신봉한 것으로 분류될 수 있는 지역 및 집단은 어느 정도 통합된 세계관을 공유했다. 많은 경우 고대종교의 영향 아래 있는 사람들은 우주를 이해하는 큰 틀에 동의했고, 지역마다 주신(主神)으로 섬기는 신이 다르더라도 여러 신들의 공존을 인정했다.

고대종교가 발전하면서, 여러 문화권에서 '인간이 신으로부터 독립된 주체'라는 인식이 발전하기도 했다는 점 역시 주목해야 할 것이다. 메소포타미아 신화의 길가메시(Gilgamesh)는 하늘의 신 아누(Anu)가 보낸 황소를 죽였을 뿐 아니라, 친구 엔키두(Enkidu)와 힘을 합쳐 숲의 신 훔바바(Humbaba)를 죽이고, 이슈타르(Ishtar) 여신의 유혹을 단호히 거부하며 조롱하기까지 했다. 길가메시는 불사의 존재가 되려는 노력은 실패했으나, 자신이 통치하는 도시 우룩(Uruk)의 성벽을 쌓는 훌륭한 군주가 된다. 고대 그리스의 비극작가 에우리피데스(Euripidēs)가 풀어내는 이야기 속에서, 헤라클레스(Heracles)는 헤라(Hera) 여신의 부조리한 핍박을 받을 때 이런 신이라면 차라리 믿지 않겠다고 절규한다. 고대종교의 신화들에는 종교 행위 및 사고의 주체인 인간과 그 대상인 신들의 거리가 멀어지는 모습이 보이는 것이다.

번성했던 고대종교의 사례를 몇 가지만 살펴보자. 먼저 고대 메소포타미아 국가 종교를 들 수 있다. 기원전 4000년경 수메르인들이 건립한 도시국가, 기원전 2350년경 아카드인들이 세운 통일 국가, 그리고 기원전 1830년 이후 영토를 넓힌 바빌로니아 제국에 이르기까지, 이 지역에서 태동된 고대문명들은 동일하지는 않으나 하나로 연결될 수 있는 신관과 우주관을 가지고 있었다. 『길가메시 서사시』는 이미 기원전 2100년경 형성되기 시작한 것으로 보인다. 학자들은 길가메시가 기원전 28세기에서 25세기 사이의 어느 시기에 수메르 도시국가 우룩의 왕이었고 후대에 신적인 존재로 받아들여졌다는 데 동의한다. 이 신화에는 죽음에 대한 성찰, 영생을 향한 갈망, 신의 절대적 권위에 대한 의심 등 고대 메소포타미아인들의 신과 인간에 대한 사유 방식들이 잘 드러난다. 또한 온 세계가 홍수로 멸망되고 신에 의해 선택된 우트나피쉬팀(Utnapishtim)만 살아남았다는 이야기가 포함되어 있어서, 홍수신화가 이 지역에 널리 퍼져 있었음을 보여 주는 자료이기도 하다. 바빌로니아 신화 『에누마 엘리쉬』(Enuma Elish)의 주인공은 바빌론의 주신 마르둑(Marduk)이다. 마르둑은 할아버지 아누나 아버지 에아(Ea) 등 다른 신들이 아무도 맞서지 못한 신들의 조상 티아마트(Tiamat) 여신과 싸우기로 하고 신들의 왕위에 오른다. 곧 티아마트와 싸워서 그를 죽이고 그 몸으로 천지를 창조한다. 또 인간을 만들어 신들을 위한 노역을 담당하게 하고 신들의 거주지인 바빌론을 건립하게 한다. 『에누마 엘리쉬』는 우주가 창조된 과정을 담은 신화면서, 바빌론 신전 건립의 기원 신화이고, 비교적 늦게 발흥하여 전 메소포타미아를 통치하게 된 바빌로니아의 정당성을 강조하는 국가 신화이기도 하다.

니네베 유적, 센나케리브 궁전의 부조 중 마르둑과 티아마트의 싸움을 묘사한 부조

　　고대 이집트에서는 시대와 지역에 따라 지배적인 신과 우주의
형태 등이 다르게 인식되었다. 하지만 인간의 영혼이 생명력, 개성,
육신의 표상 등의 다양한 요소로 구성되었다는 믿음이나 의례를 통
해 이승에서 죽은 사람이 명계에서 삶을 이어 갈 수 있다는 믿음 등은
고대 이집트 전역에 널리 퍼져 있었던 것으로 보인다. 이미 고왕국
시기부터 파라오의 무덤인 피라미드에 새겨졌던 『피라미드 텍스트』,
최고위층이 사용한 석관에 기록된 『코핀 텍스트』, 파피루스에 기록
되어 더 많은 사람들의 장례에 사용될 수 있었던 『이집트 사자의 서』
(*The Egyptian Book of the Dead*)는 인간이 명계에서 신들과 함께 거주할 수

있을 것이라는 믿음이 담긴 문헌들이다. 여기서 죽음과 재생에 대한 관념과 더불어 살아 있는 자들의 세계와 죽은 자들의 세계의 관계 등, 우주의 구조에 대한 생각도 엿볼 수 있다. 오랜 세월 동안 이집트에서 많은 사람들이 신봉한 신들로는 레(Re 또는 Ra)라는 이름으로 대표되는 태양신과 지하세계를 다스리는 오시리스(Osiris), 오시리스와 이시스(Isis) 여신 사이에서 태어난 호루스(Horus)를 꼽을 수 있다. 절대적인 권력을 쥐고 있었던 이집트의 통치자 파라오는 호루스와 동일시되며 신격화되기도 했다.

고대 그리스 종교와 로마 종교도 빠뜨릴 수 없을 것이다. 제우스(Zeus), 헤라, 아프로디테(Aphrodite), 데메테르(Demeter), 아폴론(Apollon), 헤라클레스 등 인간과 유사하게 묘사되는 신들이 흥미진진한 이야기를 펼쳐 가는 그리스 신화와, 이름은 다르지만 매우 유사한 신들이 주인공으로 등장하는 로마 신화는 오늘날 현대인에게도 친숙하다. 고대 그리스 종교나 로마 종교는 뚜렷하게 통합된 하나의 체제로 존재

『이집트 사자의 서』에 묘사된 명계 심판의 모습

했던 것은 아니었다. 지역에 따라 다른 모습으로 나타나며, 역사의 흐름 속에서 의례와 신앙 내용 면에 많은 변화가 일어났다. 물론 시대와 지역에 따라 구분될 수 있는 여러 종교적 사유와 행위체계를 그리스 종교 또는 로마 종교라는 이름 아래 느슨하게 연결된 우주관과 의례체계로 묶을 수 있는 것은 사실이다. 그리스 여러 지역의 수호신들은 여러 변형을 거친 신화 속에서 복잡하지만 분명한 관계를 맺고 있었다. 명계에서 신의 가호를 받기 위해 행한 것으로 추측되는 엘레우시스 비의(秘儀)의 유일한 참여 자격은 그리스어를 모국어로 사용해야 한다는 것이었다.

고대 페르시아의 조로아스터교는 지금까지 언급한 고대종교들에 비해 시작된 시기가 다소 늦다. 아케메네스 왕조 시대(기원전 599~330년)에 페르시아와 아프가니스탄에 전파되었고, 사산 왕조 시대(기원후 224~651년)에는 국교가 되기도 했다. 이슬람교가 중동에 퍼지면서 약화되어, 오늘날에는 인도 뭄바이 등지에 겨우 명맥이 유지되고 있는 정도로 남아 있다. 조로아스터교를 창시한 것으로 알려진 예언자 조로아스터(이란어로는 자라투스트라)는 기원전 15세기에 활동했을 것이라고 추정하기도 하고 7세기경에 활동했다고 보기도 하는데, 정확한 사실은 알 수 없다. 학자들 사이에서는 그의 활동 시기에 대해서는 물론, 그가 실존 인물이었는지 여부에 대해서도 논쟁이 적지 않다. 조로아스터교의 경전 『아베스타』(Avesta) 중 제의와 관련된 「야스나」(Yasna)에는 조로아스터가 직접 지은 것이라고 전해지는 여러 편의 찬가 가타(Gahta)가 포함되어 있다. 조로아스터교는 당시 중동의 다른 종교들에 잘 나타나지 않던 영혼관, 내세관, 종말론 등을 발전시켰다고 평가된다. 또한 당시 널리 퍼져 있던 다신교적 신관 대신 '이원론적 일신론'을 발전시켰다. 조로아스터교에 따르면, '지혜의 주'라는 의미의 '아후라 마즈다(Ahura Mazdah, 또는 오흐르마즈드)'는 전지전능한 선한 신이자 우주의 창조자이다. 악한 영인 '앙그라 마이뉴(Angra Mainyu, 나중에는 아흐리만)'가 선에 대적하고 사람들을 유혹하지만 결국 아후라 마즈다가 악을 물리치고 모든 세계를 정화하게 된다고 한다. 중국에서는 조로아스터교를 배화교(拜火敎)라 불렀는데, 불을 숭배하는 종교라는 이 명칭은 사실 잘못된 것이다. 이는 조로아스터교 신자들이 제단에 아후라 마즈다의 빛과 정결함을 상징하는 불을 피우고 그 앞에서 의례를 행하는 데서 비롯된 것으로 보인다.

페르세폴리스 유적지에 남아 있는 아후라 마즈다의 상징

조로아스터교가 고대에 번성했다가 쇠락한 종교라고 해도, 현재에도 10만 명에서 20만 명으로 추산되는 신자들이 명맥을 이어 가고 있다는 것을 생각하면 '고대종교'에 포함시키는 것이 쉽게 납득되지 않을 수도 있다. 결국 '고대종교' 역시 현대 세계에서 주류를 이루고 있는 문화권의 학자들이 자기들의 기준에 따라 편의상 만들어 낸 범주인 셈이다.

4) 세계종교

'세계종교(World Religion)'는 고대종교에 비해 비교적 가까운 과거에 나타나서 지금까지 세계 인구의 상당한 비중을 차지하는 사람들이 신봉하는 종교를 가리킨다. '시기'와 '인구'를 중심으로 분류하다 보니, 이 범주에 속한 종교들의 내용적 공통점을 특정하는 일은 매우 어려울 수밖에 없다. 종교 내 직무를 담당하는 집단이 분화되었다는 것을 특징으로 말하자면 고대종교와 구별이 되지 않는다. 혹자는 세계종교를 사상과 철학을 발전시킨 종교라고 하지만, 철학적 차원을 강조하는 정도는 세계종교로 분류되는 종교마다 극단적으로 큰 차이가 난다. 세계종교는 초월적 구원을 강조하는 종교라고 이야기하기도 하는데, 이는 전체 종교체계 중 일부 엘리트들의 관심을 반영한 주장이다. 신적 존재와 개별 인간들이 직접 연결되는 양상을 특징으로 거론하기도 하지만, 이 역시 고대종교에서 전례를 적지 않게 찾을 수 있다.

게다가 이 정의로는 세계종교로 분류되는 종교들을 모두 아우를 수는 없다. 예를 들어, 전 세계 인구 중 15%에 이르는 11억 명이 신자인 힌두교는 당연히 세계종교에 포함된다. 하지만 대략 기원전 1500년 정도에 형성된 것으로 여겨지는 고대 힌두교(Ancient Hinduism, 또는 Vedism)와 연속선상에 있다는 데 대부분의 학자들이 동의한다. 고대 종교로부터 시작되어 지금까지 이어지고 있다는 점에서 '비교적 가까운 과거'에 나타났다고 할 수 없다. 유대교는 인구 면에서 문제가 된다. 오늘날 많은 학자들은 유대교가 시작된 때를 모세(Moses)가 활동했던 시기로 추정되는 기원전 13세기가 아니라 유다 왕국이 패망한 후 바빌론에 잡혀갔던 사람들이 돌아와 성전을 세우고 율법을 확립한 기원전 5세기 이후로 간주한다. 이렇게 보면 발생 시기가 근동이나 인도의 고대종교에 비해 늦은 것은 분명하나, 인구나 분포를 고려하면 세계종교에 포함되기 어렵다. 2018년 현재 전 세계에 퍼져 있는 유대인 인구를 1천 4백 6십만 명으로 잡고 있고, 양친 중 한 명이 유대인인 경우를 포함해도 3천 2백만 명 정도로 보기 때문이다. 5천만 명이 넘는 대한민국 인구에도 훨씬 못 미치는 유대인의 종교인 유대교가 대부분의 학자들에 의해 세계종교로 분류되고 있는 것이다. 중국의 역사와 영토를 배경으로 하는 종교들을 '중국종교'라는 명칭으로 묶고, 일본의 신도(神道)와 불교 그리고 19세기 이후 새로 생긴 종교들을 묶어 '일본종교'라고 묶어서 세계종교에 포함시키는 최근의 경향 역시 이 범주의 학문적 정당성을 약화시키고 있다. 앞에서도 말했듯이, 세계종교라는 범주는 정치적 논리가 반영된 데다 서구 중심적 시각이 영향을 끼쳐 형성되었고, 학문적인 편의라는 명목하에 더 모호하게 만들어지고 있는 것이다.

그러나 미국과 유럽을 포함한 세계의 여러 나라의 대학에 개설되는 종교 교과목을 위해서는 가르치는 대상인 여러 종교들을 아우르는 명칭을 정해야만 하고, 한 학기 내에 가르칠 종교들을 선별해야만 한다. 이러한 현실적인 문제 때문에 미국의 여러 대학에서 "Introduction to World Religions"라는 명칭의 과목이 개설되며, 서울대학교에서는 교양과목으로 "세계종교입문"이, 종교학과 전공교과목으로는 "세계종교"가 개설되는 것이다. 분류는 비교의 결과를 지속적으로 선별하는 작업을 수반할 수밖에 없다. 비교와 분류를 통해 생성되는 범주들이 사실이나 진리로 받아들여져서는 안 되며, 그 한계가 항상 같이 지적되어야 하는 것이다.

이 책에서는 대부분의 "세계종교" 교과과정에 포함되어 있는 힌두교, 불교, 유교, 도교, 유대교, 그리스도교, 이슬람교 등을 아주 간단하게 소개하고자 한다. 그 전에 종교학을 공부하는 사람이라면 반드시 기억해야 하는 중요한 점을 한 가지만 지적하자. 각 세계종교들을 하나의 고정된 실체로 봐서는 안 된다는 것이다. 인도에서 뿌리내렸던 초기의 불교를 동아시아의 선불교나 정토불교와 비교해 보면 수행 방법은 물론, 우주관이나 초월적 존재에 대한 이해, 현세의 고통을 극복할 수 있는 방법 등의 면에서 매우 다르다. 그리스도교 역시 시대와 지역에 따라 표현 양식뿐 아니라 신앙의 내용 면에서도 다양한 스펙트럼을 보인다. 그래서 조나단 스미스를 비롯한 현대의 종교학자들은 하나의 통일된 체계를 의미하는 것으로 보일 수 있는 "유대교"나 "그리스도교" 등의 단수 표현 대신 "유대교들" 또는 "그리스도교들"이라는 복수 형태의 어휘를 선택한다. 물론 세계종교들의 다양한 모습들을 자세히 살피는 것은 이 책의 목적이 아니다. 여기서는 세계종교로 분류되는 종교들의 기본적인 요소들만 간략히 짚어 보고 넘어가게 될 것이다.

① 힌두교

먼저 인도의 힌두교에서 시작하자. 힌두교의 뿌리를 고대 인더스 문명에서 찾는 사람들도 있지만, 대개 아리안족이 인도에 들어와 경전 『베다』(Veda)를 편찬하고 희생제의 방식을 확립한 시기를 힌두교의 시작으로 본다. 전형적인 다신교 신관을 가지고 있어서 여러 신들이 숭배의 대상이지만, 힌두교인들은 대개 자신이 섬기는 신이 다른 모든 신들보다 더 높은, 또는 더 중요한 신이라고 믿는다. 다른 신들을 부정하지 않으면서 한 신을 숭배한다고 하여 힌두교를 '단일신교(henotheism, 또는 교체신교)'라는 범주로 분류하기도 한다. 많은 사람들이 신봉하는 신들로는 흔히 파괴의 신으로 알려진 시바(Siva), 유지의 신인 비슈누(Vishnu), 시바의 배우자인 두르가(Durga)와 칼리(Kali), 비슈누의 배우자 라크슈미(Lakshmi) 등을 꼽을 수 있다.

『베다』는 기원전 1500년경에서 1200년 사이에 산스크리트어로 편찬되었으며, 신에게 바치는 찬가인 「리그베다」(Rigveda), 찬가에 선율과 박자를 덧붙여 노래로 부를 수 있도록 한 「사마베다」(Samaveda), 희생제의에 사용되는 지식이 담긴 「야주르베다」(Yajurveda), 주술과 관련된 「아타르바베다」(Atharvaveda) 등 '4베다'로 구성된다. 이 4베다는 다시 내용에 따라, 찬가와 기도문이 담긴 본집인 〈삼히타〉(Samhita), 제

의의 방식 및 그 유래와 의미와 관련된 〈브라마나〉(Brahmanas), 숲에서 수행하는 은자들을 위한 〈아라냐카〉(Aranyaka), 그리고 마지막에 형성 되어 〈베단타〉(Vedanta, 베다의 말미)라고 불리는 〈우파니샤드〉(Upanisad) 로 나뉜다. 〈우파니샤드〉는 기원전 800년경부터 수백 년에 걸쳐 성 립되었는데, 우주의 근본원리가 곧 개인의 본질이라는 '범아일여(梵 我一如)' 사상을 비롯하여, 각자가 쌓은 업(業)에 따른 윤회, 수행과 해 탈 등 인도의 철학과 종교의 근간을 이루는 사상을 담고 있다. 인간 이 마땅히 행해야 하는 규범 또는 의무인 다르마(dharma)를 강조하고 신을 흠모하고 사랑해야 한다는 신애(信愛: bhakti) 사상을 설파하는 장

마하 쿰브멜라에 참여하는 힌두교인들

편서사시 『마하바라타』(Mahabharata), 그중에서도 6권 「바가바드 기타」 (Bhagavad gita)가 힌두교의 중요한 문헌이다.

오늘날의 힌두교에는 사제 계급인 브라흐만이 주도했던 대규모 동물 희생제의와 제사만능주의가 더 이상 남아 있지 않지만, 아직도 다양한 형태의 의례가 강조된다. 사원에서는 신을 숭배하는 제의가 여전히 이루어지며, 신화에서 근거나 기원을 찾을 수 있는 절기 의례 및 공동체 축제에 대부분의 공동체 구성원들이 참여하며, 개인이 성스러움에 가까워지기 위해 몸과 정신을 수행하는 방식들이 발전되어 전 세계에 퍼지기에 이르렀다. 갠지스강과 야무나강이 합류하는 알라하바드에서는 12년마다 '마하 쿰브멜라(큰 주전자 축제)'가 열리는데, 2013년에는 1억 2천만 명의 인도인들이 마하 쿰브멜라 참여를 위해 알라하바드에 몰려들었다. 당시 70억 정도였던 전 세계 인구 중 60분의 1이 이 축제에 참여한 셈이다.

② 불교

불교는 인도에서 기원전 6세기에서 5세기 초 사이에 활동한 석가모니(釋迦牟尼, 석가족의 성자) 붓다(Buddha, 깨달음을 얻은 자)에 의해 시작되었다. 오늘날 네팔과 인도 국경 부근의 작은 왕국의 왕자로 태어난 그는 인간 고통의 본질과 그 해결을 추구하기 위해 출가하여 수행하던 중, 결국 네 가지 성스러운 진리[四聖諦], 즉 현실은 불완전하며 모든 것이 고통이라는 것, 고통의 원인은 갈애(渴愛, 집착)라는 것, 갈애를 없애면 열반에 이를 수 있다는 것, 이를 위해서는 여덟 가지 길[八正道]을 따라 수행해야 한다는 것을 깨달았다고 한다. 이 사성제와 팔정도는 지금도 불교의 중요한 기본 교리다. 초기 경전부터 반복되어 온 불교의 근본 가르침을 세 가지로 정리한 것을 삼법인(三法印)이라고 한다. 세상 모든 만물이 생겨나면 변화하고 소멸하게 되어 있다는 것[諸行無常]과 모든 것은 실체인 자아가 없다는 것[諸法無我]이 포함되며, 번뇌의 불을 끔으로써 고통을 소멸하는 불교의 이상에 이르게 된다는 것[涅槃寂靜] 또는 윤회 속의 모든 삶은 고통스럽다는 것[一切皆苦] 중 하나가 더해져 삼법인을 구성한다. 모든 현상은 원인인 인(因)과 조건인 연(緣)이 상호 관계하여 성립되는데, 그것 자체로 독립적인 것은 없으며, 인연이 없으면 결과도 없다는 연기설도 초기 불교부터 전해지는 중심 사상이다. 대승(大乘)불교에서는 모든 사물에 실체, 즉 독자적인 본성이 없다는 것을 강조하는 '공(空)' 사상으로 삼법인과 연기설의 중심적인 가르침을 정리한다.

불교 신자들이 가장 귀하게 여기며 의지하는 세 대상[三寶]은 붓다[佛], 붓다의 가르침[法], 그리고 출가한 승려들[僧]이다. 이들을 믿고 따른다는 것을 선언하는

명상 중인 승려들

삼귀의(三歸依) 의례는 모든 불교 의식의 기본 단계로 자리 잡고 있다. 우리나라 불교 신자들은 승려가 되기 위해 계를 받을 때, 법회를 시작할 때, 승려에게 올리는 공양을 중심으로 하는 의례인 재(齋)를 열기 전에 불, 법, 승에 귀의한다고 고백하는 계문(戒文)을 함께 낭송한다. 이는 초기 불교부터 이어져 온 것으로, 오늘날에도 스리랑카, 타이, 미얀마 등 초기 불교 승단의 지도자들이 남긴 전통을 이어온 '상좌부(上座部)불교' 신자들은 초기 경전의 언어인 팔리어로 이 셋에 귀의한다고 세 번 선언한다.

　　스스로 깨달음을 얻어 붓다가 되는 것을 최종 목표로 삼는 상좌부불교가 스리랑카, 타이, 미얀마 등 남아시아를 중심으로 이어져 왔다면, 중국, 한국, 일본 등 동아시아에서는 모든 중생들의 구제를 목표로 하는 대승불교가 전해져 계속 발전해 왔다. 상좌부불교에서 추구하는 이상적인 불제자의 최고의 경지를 이룬 존재는 수행을 완성하여 번뇌를 소멸한 '아라한(阿羅漢)'인 반면, 대승불교의 이상적인 인간상은 깨달음을 이루었으나 붓다가 되는 것을 미루고 남을 위하여 헌신하며 중생을 구제하는 '보살(菩薩)'이다. 대승불교에서는 석가모니가 아닌 다른 붓다들의 존재가 인정되고 숭배된다는 점도 기억해야 할 것이다. 대승불교 내에서도 다양한 갈래의 전통이 발전되었다. 예를 들어 선(禪)불교는 마음을 집중하여 내면에 있는 불성을 발견하는 것을 추구하는 동시에 이타적인 교화의 행위를 함께 강조한다. 정토(淨土)불교 전통은 간절한 마음으로 '나무아미타불(南無阿彌陀佛)', 즉 '아미타불에 귀의한다'고 읊조리면 자비로운 붓다 아미타불의 힘으로 모든 중생이 이상적인 청정 세계인 극락 정토에 다시 태어날 수 있다고 가르친다.

③ 유교

유교가 중국 춘추시대 말기 활동한 공자의 사상에서 시작된
것은 널리 알려진 사실이다. 공자와 그의 제자들은 '인(仁)'과 '수신제
가치국평천하(修身齊家治國平天下)' 등으로 요약될 수 있는 윤리론과 정
치론을 체계화했다. 그러나 동시
에 유교는 중국, 더 넓게는 동아
시아의 전통적 우주론과 인간론
에 근거한 종교적 실천체계이기
도 하다는 것을 잊어서는 안 된
다. 유학자들이 통치한 조선에서
공자의 사상을 공부하지 않는다
는 것은 큰 죄가 아니었지만 죽
은 조상에게 바치는 제사를 거부
하는 사람은 처형하기도 했다는
것을 상기해 보자. 현재 자신을
'유교 신자'라고 규정하는 사람들
이 많지 않은 것은 사실이나, 동
아시아 사람들의 종교적인 삶에
지대한 영향을 끼친 유교 전통의
종교적 요소를 학문적으로 공부
할 필요가 있다는 것 또한 분명

공자

하다.

중국의 은나라와 주나라에는 상제(上帝) 또는 천(天)이라 불리는 초월적 존재가 만물의 주재자라는 믿음이 있었고, 그 아래의 여러 신들과 조상신에 대한 숭배가 널리 퍼져 있었다. 인간과 사회의 문제에 집중한 공자가 초월적 존재에 대한 신앙을 강조하지는 않았으나, 천(天)의 뜻을 인정하고 이를 경외하는 태도를 보인 것은 분명하다. 유교의 제사에 복을 구하고 화를 면하고자 하는 기복적인 의도가 없지는 않겠으나, 전통적인 신앙과 윤리적인 인간론을 세련되게 결합시켰다고 볼 수 있다. 적어도 이상적으로는, 인간의 제사는 우주의 질서와 조화를 유지하는 책무이자 도리다. 천자(天子)인 황제는 하늘에 직접 제사하고, 그 아래의 군왕들은 국가의 토지 신, 곡물 신, 일월성신(日月星辰), 그리고 왕실의 조상 등 하늘 아래의 신들에게 제사하며, 유학자들은 성현(聖賢)에게, 각 가정에서는 조상들에게 제사하여 각자의 책무를 다하고 우주의 질서를 지키는 것이다.

학문과 종교가 뚜렷이 구별되지 않았던 근대 이전의 유교 문화권에서 음양오행설(陰陽五行說)은 물리적 세계를 설명하는 우주론인 동시에, 인간이 지켜야 할 규범이나 덕목의 근거이기도 했고, 나아가 종교적 예언과 말세 사상의 배경에 있는 신앙체계이기도 했다. 중국에서는 이미 전국시대 이전부터 우주 만물의 발생과 변화를 음(陰)과 양(陽)이라는 상반되면서도 서로 보완적인 힘의 작용으로 설명하는 음양설과, 목(木), 화(火), 토(土), 금(金), 수(水) 다섯 가지 근본 물질의 상호작용으로 우주를 이해하는 오행설이 있었는데, 이 둘이 한나라 때 음양오행설로 통합된 것으로 보인다. 음양오행설은 구체적 물질

뿐 아니라 방위와 시간 등 추상적인 개념을 설명하는 근거이기도 했고, 인(仁), 의(義), 예(禮), 지(智), 신(信), 즉 '오상(五常)'으로 대표되는 인간의 기본 덕목과도 연결되었다. 또한 철학적 사유의 대상인 동시에 종교적 교리이기도 했다. 송나라와 조선의 성리학자들은 음양오행설과 관련된 이론을 발전시키며 서로 논쟁을 벌였고, 고려부터 조선 말기까지 많은 사람들에게 영향을 끼친 도참설(圖讖說)과 풍수지리설(風水地理說) 역시 음양오행설에 뿌리를 두고 있다.

④ 도교

도교는 노자(老子)와 장자(莊子)의 사상을 계승한 도가사상(道家思想)과 느슨히 연결되어 있다고 할 수는 있으나 양자는 구별되어야 한다. 인위적인 것을 버리고 자연의 원리인 도(道)를 따르는 삶이라는 도가의 이상이 도교에도 나타나고, 도가사상을 시작한 노자가 도교 전통에서 숭배된다는 정도의 연결점을 찾을 수 있기는 하다. 하지만 도교는 사상이 아니라 불로장생을 추구하는 민간신앙을 기반으로 중국 전통의 여러 요소들이 결합된 종교체계다. 도교의 중요한 구성요소 중 하나는 방술(方術)이다. 방술은 귀신을 포함하는 초월적 존재의 힘을 동원하는 샤머니즘과 주술적 행위에 근거하여 범속한 사람은 접근할 수 없는 힘을 발휘하는 기술과 방법을 가리킨다. 주문과 부적 등을 이용하여 병을 치료하거나 화를 막는 기술, 자연현상을 관찰하여 인간사를 점치는 기술도 포함한다. 방술을 전문적으로 구사하는 사람인 '방사'는 중국에서 대중들의 삶에 큰 영향을 끼쳤으며, 몇몇 방사는 진시황과 한무제를 비롯한 황제와 밀접한 관계를 맺기도 했다.

전국시대부터 생겨난 것으로 추정되는 신선(神仙) 신앙도 매우 중요하다. 신선은 물리적 우주의 한계를 초월한 존재로, 공간을 자유롭게 이동하고 시간의 흐름 속에서도 늙지 않는다. 중국 건국신화에서 중국을 통일하고 여러 새로운 문물을 시작한 황제(黃帝)와 『도덕경』(道德經)의 저자로 알려진 노자는 이미 한나라 때부터 신선으로 숭배되었고, 여동빈(呂洞賓)이나 장과로(張果老)처럼 당나라의 은자들 중에도 신선으로 추앙되는 인물들이 있다. 신선은 숭배와 신앙의 대상인 신이면서 인간이 최종적으로 도달하기를 꿈꾸는 이상적 인간상이기도 하다. 이외에도 도교에서 숭배되는 신들은 매우 많으며, 시대나 지역에 따라 최고신의 지위에 있는 신이 다르기도 하다. 노자를 신격화한 태상노군(太上老君), 우주만물의 근원이 되는 원시천존(元始天尊), 하늘의 통치자로 사람이 행한 선과 악에 따라 상과 벌을 주는 옥황상제 등이 가장 높은 신, 또는 널리 숭배되는 신의 위치에 있어 왔다.

후한 시대 장각(張角)이 세운 태평도(太平道)와 장릉(張陵)이 창시한 오두미도(五斗米道)는 주문 등의 방법으로 병을 치료하여 대중들을 확보하고 나름의 교리와 조직을 갖춘 최초의 도교 교단이라고 할 수 있다. 그러나 불로장생을 추구하고 현세의 문제를 해결하고자 하는 민간신앙적 요소들만으로는 도교가 제도화된 종교로 자리 잡기 어려웠을 것이다. 도교가 중국의 대표적인 종교가 될 수 있었던 것은 유교에도 수용된 음양오행설과 참위(讖緯, 예언)설 등의 가미로 이론적인 측면이 보완되고, 불교의 영향으로 의례가 체계화되고 공동체가 조직적으로 구성되는 과정이 있었기에 가능했다. 아울러, 장생불사의 방법들도 그대로 남아서, 호흡을 통해 몸 안의 정기를 순환시키는 수

도교의 내단 수행법을 묘사한 그림

련인 내단(內丹), 선약을 만들어 복용하는 외단(外丹), 성관계를 통해 양기를 보완하는 방중술(房中術) 등의 방법이 계속 다듬어졌다. 현대 중국에 제도화된 종교로서 도교의 신자들은 그다지 많지 않으나, 대만 인구의 3분의 1이 여전히 자신들이 도교 신자라고 말하고 있으며 2억 명 정도의 중국인들이 도교와 관련된 중국의 민속 전통을 어느 정도 지키고 있는 것으로 나타난다.

　　앞서 살펴보았지만 최근 서구 학계에서 출간되는 세계종교 관련 책들을 보면 유교와 도교를 따로 세계종교의 하위 범주로 포함시키는 대신, 중국의 불교, 유교, 도교를 '중국종교'로 묶어서 세계종교로 간주하는 책들이 늘어 가고 있다. 일본 고유의 종교인 신도와 일본식 불교를 중심으로 묶어 놓은 '일본종교'가 세계종교 하위 범주 중 남는 한 자리를 차지한다. 개별 종교들과 지역 혹은 국가 단위의 종교가 혼재되면서 '세계종교'라는 분류군의 기준이 더 모호해진 셈이다.

⑤ 유대교

오늘날의 학자들은 유대교가 바빌론에 의해 패망한 유다 왕국의 유민들이 포로로 잡혀갔다가 돌아온 후에 시작된 것으로 보고, 그 이전의 '고대 이스라엘 종교'와 구분한다. 『히브리 성서』(그리스도교의 『구약성서』)에 따르면, 고대 이스라엘의 초기 역사는 기원전 2천 년경 민족의 조상 아브라함과 그의 아들, 손자 등이 신과 언약을 맺고 팔레스타인 지역에 거주했던 시기에서 시작되었다. 아브라함(Abraham)의 자손 대가족은 기근을 피해 이집트로 이주했지만 몇 세대 지나지 않아 노예가 되어 고역을 하게 된다. 기원전 13세기경, 상당히 큰 민족 공동체를 이룬 아브라함의 후손들은 조상들의 신의 계시를 받은 모세의 인도로 이집트를 탈출하여 팔레스타인에 정착한다. 이스라엘 민족은 모세에게 나타난 신 야훼(Yahweh)를 유일한 신으로 인정하며 모세를 통해 받은 신의 율법을 지키는 선택된 백성이라는 의식을 갖게 된다. 유일신에 대한 믿음과 윤리적 요소가 포함된 율법은 유대교뿐 아니라 훗날 그리스도교와 이슬람교의 기초가 된다. 이후 기원전 1000년경 다윗(David)이 왕이 되어 팔레스타인 지역을 통일하고 예루살렘을 수도로 하는 왕국을 세우지만, 곧 북왕국 이스라엘과 남왕국 유다로 갈라지게 된다. 북왕국은 기원전 8세기 후반 아시리아 제국에 의해 멸망되고, 남왕국은 기원전 586년 바빌론에 의해 멸망한다. 남왕국의 멸망과 더불어 다윗의 아들 솔로몬(Solomon) 왕이 예루살렘에 세웠던 성전도 파괴되며, 이때까지를 고대 이스라엘 시대로 본다.

유대교는 기원전 538년 페르시아 제국의 허용으로 고향에 돌아온 일부 유대인들에 의해 시작되었다. 이들은 예루살렘 성전을 재건축하고, 민족의 정체성을 재확립하고, 모세의 율법을 새로운 환경에 따라 재정립하였다. 이후 2~3세기에 걸쳐 『히브리 성서』가 율법서, 예언서, 성문서(聖文書)로 구성된 오늘날의 형태로 확립된다. 동시에 '랍비(Rabbi)'라 불리는 율법학자들은 율법에 대한 방대한 해석의 전통을 축적하면서 이를 '구전 율법'이라고 부르며 성서에 준하는 권위를 부여했다. 로마에 반란을 일으킨 결과, 기원후 70년 로마군에 의해 예루살렘 성전이 다시 파괴된 후에는 성전 제사를 중심으로 하는

예루살렘 서쪽 성벽 앞에 모인 유대교인들

종교 행위가 없어지고, 율법 연구와 낭독을 중심으로 하는 회당 모임을 통해 민족적이고 종교적인 정체성이 이어지게 된다. 메소포타미아 지역에 정착한 이주 유대인 공동체들은 로마 제국의 박해를 피할 수 있었기 때문에 율법 해석 전통의 확립에 크게 기여할 수 있었다. 중세를 거치며 오늘날에 이르기까지, 유대교는 랍비들의 전통을 바탕으로 유럽과 서아시아에 퍼진 유대인들에게 계승되었다. 하지만 다른 성향을 지닌 유대교 운동도 계속 이어져서, 13세기 이후 종말론적 '카발라(Kabbalah, 전승이라는 뜻)' 신비주의가 퍼졌고, 16세기와 17세기에는 여러 지역에서 자신이 메시아(Messiah)라고 주장하는 사람들이 출현했다. 18세기 동유럽 유대인들 사이에는 우주 만물에 신이 내재하고 있다는 믿음과 신의 직접적인 경험을 강조하는 하시디즘(Hasidism, '하시드'는 '경건성' 또는 '경건한 자'라는 뜻) 운동이 퍼지기도 했다.

기원후 2세기부터 20세기까지 다수의 유대인들은 주로 유럽에 거주했다. 그러나 유럽에서 반유대주의가 퍼지면서, 19세기 말부터 팔레스타인에 나라를 다시 건립하고자 하는 시온주의 운동이 시작되었고, 이는 1948년 이스라엘의 건국으로 이어졌다. 이스라엘은 현대 국가지만 여전히 유대교의 종교법이 큰 영향을 끼치고 있다. '유대교인'을 민족에 근거한 개념으로 봐야 할 것인지 아니면 종교 공동체로 봐야 할 것인지는 여러 요소들을 고려해 답해야 할 복잡한 문제다. 나치 치하의 유럽에서 600만 명의 유대인이 학살된 이후 유럽 유대인 인구는 대폭 감소했고 이디시어를 비롯한 문화 전통도 약화되었다. 오늘날 유대인의 대다수는 이스라엘과 미국에 거주한다. 유대교의 교파는 전통적인 율법을 그대로 준수하는 '정통파', 의례 규정의

준수보다 윤리적 측면을 강조하는 '개혁파', 율법의 신성함을 인정하지만 현대적인 맥락에 맞게 수정해야 한다고 보는 '보수파' 등으로 구별할 수 있다.

⑥ 그리스도교

그리스도교는 서력기원 전후 시기 로마의 식민지였던 유대 지역에서 전통적인 유대교와 다른 방식으로 신의 뜻을 이해한 사람들의 작은 집단에서 출발했다. 유대인 지도층과 로마 제국에 의해 가혹한 탄압을 받았지만, 베드로와 바울 등의 초기 지도자들의 주도로 종교 공동체가 공고해지고 곧 로마 제국 전역으로 퍼졌다. 이후 4세기 초에 콘스탄티누스(Constantinus I) 황제에 의해 공인되었고, 4세기 말에는 로마의 국교가 된다. 그리스도교 교인들은 서력 기원 전후 팔레스타인 지역에서 활동한 예수를 창조주이자 유일한 신 하느님의 아들이라고 믿는다. 초기 그리스도교 교회 내에는 예수의 속성에 대해 많은 논쟁이 있었으나, 여러 차례의 교회 회의를 거쳐 예수가 신과 동일한 본성을 지닌 신의 아들이라는 교리가 확립되었다. 신의 아들이 인간으로 이 세상에 와서 인류의 죄를 대신 짊어지고 십자가에서 고통스러운 죽음을 맞이했으나, 죽은 지 사흘째 되는 날 부활하여 인류의 구원자가 되었다는 것이다. 그리스도교는 유대교의 『히브리 성서』를 수용하여, 신의 옛 언약을 다루었다는 의미로 『구약성서』라고 부른다. 『신약성서』에는 예수를 통해 온 인류에게 구원이 전해지는 새로운 언약이 담겨 있다고 믿는다. 예수의 삶과 가르침을 다룬 네 편의 「복음서」, 초기 그리스도교의 전파를 담은 「사도행전」, 교리가 체계화되어 가는 과정을 보여 주는 「서신서」, 그리고 세상의 종말과 심판을 예언하는 「요한계시록」 등 27권으로 구성되어 있다. 그리스도교 교인들은 자신들이 예수를 통해 신의 자녀가 되는 '구원'을 받으며, 예수의 가르침을 따라 이웃의 사랑을 실천하는 윤리적인 삶을 살아야 한다고 믿는다.

그리스도교는 크게 유럽과 남미를 포함 세계 전역에 퍼져 있는 로마 가톨릭, 동유럽의 정교회, 그리고 종교개혁 이후 서유럽과 미국을 중심으로 발전한 개신교 등 세 전통으로 구분된다. 세 전통 모두에서 공통적으로 수행되는 의례로는 '세례'와 '성만찬'을 들 수 있다. 새로 공동체 구성원으로 가입하려는 사람들은 공개적으로 신앙을 고백하고 성부, 성자, 성령 삼위일체(三位一體) 신의 이름으로 '세례'를 받는다. 예수가 신의 사역을 시작하기 전 먼저 요단강에서 세례를 받았던 것을 모델로 삼아, 사제 또는 목사가 새로 교인이 되는 사람의 머리에 물을 뿌리거나 바르는 형식으로 진행된다. 대부분의 그리스도교 교단은 유아를 공동체 구성원으로 받아들이는 '유아세례'를 인정하는데, 이 경우 부모가 자녀를 대신해 신앙을 확언한다. 일부 개신교 교단은 유아세례를 인정하지 않으며, 예수 당시 시행되었던 방식에 가깝게 의례를 수행하기 위해 입문자가 물속에 완전히 들어갔다가 나오는 '침례'를 시행한다. 예수가 십자가 처형을 받기 전날 밤 마지막으로 저녁식사를 할 때, 빵과 포도주를 자신의 몸과 피라고 말하며 제자들에게 나누어 주었다는 복음서 내용을 근거로, 세계 전역의 그리스도교 신자들은 성만찬 또는 성체성사(聖體聖事)에 참여한다. 빵과 포도주가 의례 과정에서 실제로 예수의 몸과 피로 변하는 것을

레오나르도 다 빈치, 《최후의 만찬》(1495~1497)

엄격하게 믿는 가톨릭 전통으로부터 단순히 예수의 죽음과 희생을
기념하는 의례로 보는 일부 개신교 교단까지 빵과 포도주가 예수와
어떤 관계인지에 대해서는 다양한 해석이 있지만, 성만찬이 예수 자
신으로부터 비롯된 중요한 의례라는 것에는 전 세계 대부분의 그리
스도교 교인들이 동의한다.

2015년 세계 인구 75억 명 중 약 24억 명이 그리스도교 교인으
로 추산되어 여전히 세계에서 가장 많은 사람들이 신봉하는 종교의
위치를 유지하고 있다. 유럽과 미국 등 전통적인 그리스도교 국가에
서 교세가 점차 약화되고 있는 경향이 뚜렷이 나타나는 반면, 아프리
카와 아시아에서는 그리스도교 신자들의 비율이 점차 늘어 가고 있
는 추세이다.

⑦ 이슬람교

이슬람교는 유대교와 그리스도교의 유일신 신앙을 이어받았다. 아담(Adam), 노아(Noah), 아브라함, 요셉(Joseph), 모세, 다윗, 욥(Job) 등 『히브리 성서』의 인물들이 예언자들로 수용되며, 예수 역시 신의 아들이 아닌 예언자 중 한 명으로 간주된다. '이슬람(Islam)'은 신에 대한 전적인 순종을 뜻하며, 이슬람교 신자를 가리키는 '무슬림(Muslim)'은 신에게 전적으로 순종하는 사람들을 의미한다. 그런 의미에서 이슬람교에서는 예수를 비롯한 성서의 인물들이 모두 무슬림이었다고 말한다. 무함마드는 서력 610년경 유일신 알라(Allah)의 계시를 받아 이슬람교를 창시했는데, 무슬림들은 그가 알라의 최종적인 예언자라고 믿는다. 이슬람 원년은 622년으로, 메카(Mecca)를 중심으로 활동하던 무함마드가 박해를 피해 메디나(Medina)로 근거지를 옮긴 해다. 절대적 권위를 지닌 경전 『쿠란』은 무함마드가 610년 첫 계시를 받은 이후 사망한 631년까지 받은 신의 계시 내용을 모은 책이다. 무함마드의 언행록인 『하디스』(Hadith)는 무슬림들에게 두 번째로 권위 있는 책으로 여겨진다.

무슬림들이라면 누구나 '오주(五柱, The Five Pillars)'라 불리는 다섯 가지 의무를 실천해야 한다고 믿으며, 지키기 위해 노력한다. 첫째 의무는 근본적인 신조를 계속 말로 고백하며 증언하는 것으로, "알라 외에 신이 없으며 무함마드는 신의 사자"라는 말을 하루에도 여러 번씩 평생 동안 외운다. 둘째 의무는 일출 전, 정오, 오후, 일몰 시간, 심야 등 하루에 다섯 번 『쿠란』을 암송하며 메카를 향하여 엎드려 절하는 방식의 예배를 드리는 것이다. 예배 전에는 손발과 얼굴 등을 씻는 정화의례를 행해야 한다. 셋째 의무는 수입의 2.5%를 종교세로 국가에 납부하여 신의 뜻에 따라 사용하도록 하는 것이다. 전통적으로 무슬림 국가에서는 이 재원으로 빈민들을 구제하고 모스크 등 종교시설을 건축했다. 넷째 의무는 이슬람 달력으로 아홉 번째 달인 라마단 월의 낮 동안 절제하는 생활을 하는 것이다. 음식과 음료는 물론 담배를 피우는 것도 금지되며 향료도 사용하지 않는다. 언행을 조심하고 성관계도 피한다. 다섯째 의무는 성지순례다. 능력이 되는 모든 무슬림은 적어도 일생 중 한 번, 이슬람 달력으로 열두 번째 달에 메카의 카바(Kaaba) 신전과 메카 주변의 성스러운 장소들을 방문해야 한

메카 카바 신전을 돌며 기도 중인 무슬림들

다. 2019년에는 지역 순례객들과 외국에서 온 사람들을 합쳐 약 250만 명의 무슬림들이 참여했다고 한다.

　　이슬람교 신자는 2015년 기준 약 15억 명으로 추산되어 그리스도교에 이어 두 번째로 많은 것으로 나타난다. 전통적으로 중동, 북아프리카, 인도네시아, 인도, 파키스탄 등의 지역에 이슬람교 신자들이 많았으나, 유럽과 북아메리카 지역에도 이슬람교인 이주민들의 수가 점차 증가하고 있다. 전체 무슬림들 중 80~85% 정도는 무함마드의 뒤를 이은 4대 계승자들을 인정하는 수니파이며, 15~20%는 무함마드의 사촌동생이자 사위인 알리와 그 후손들만을 계승자로 인정하는 시아파다. 사우디아라비아를 비롯한 대부분의 이슬람 국가에서 수니파가 다수를 구성하지만, 이란 인구의 90% 이상이 시아파 무슬림이며, 이라크에서도 시아파가 수니파보다 다수를 이룬다. 또한 예멘, 쿠웨이트, 인도, 파키스탄, 터키 등의 나라에서도 시아파 무슬림들은 다수인 수니파와 함께 공존한다. 금욕 등의 수행을 통해 직접 신을 체험하고 신과 합일을 이루는 것을 추구하는 이슬람 신비주의 '수피즘' 전통도 이슬람 문화권에서 발전되어 왔다.

5) 현대종교

　　『하퍼콜린스 종교 사전』에는 지금까지 살펴본 세계종교, 고대종교, 전통적인 민족들의 종교(원시종교)와 함께 '신종교(New Religions)'가 종교의 분류군으로 제시되어 있다. 그러나 현재를 기준으로 어느 시기에 시작된 종교부터 소위 '새로운' 종교라고 불러야 하는지에 대한 기준이 확립되지 않았다. 역사적으로 모든 종교는 한때 신종교였다는 것을 고려하면 이 개념은 실제 종교가 아니라 종교의 발생 및 변동 중의 한 과정을 가리킨다고 볼 수 있다. 또한 신종교라는 명칭이 종종 '아직 제대로 뿌리내리지 못한 종교' 또는 정통에 상대되는 개념으로서 '이단'이라는 함의를 담고 있기 때문에, 특정 종교를 신종교라고 분류하는 작업이 조심스러울 수밖에 없다. 같은 맥락에서, 신종교의 기반이 되는 기존 종교와의 관계를 설정하는 것도 어려운 문제다. 예를 들어 그리스도교 계통의 신종교 신자들은 자신들의 종교를 그리스도교로 간주하고자 하지만, 기성 교단들은 관련성을 강하게 부인할 것이다. 여기서는 '신종교'라는 분류군에 대한 자세한 설명은 하지 않을 것이다. 전문적인 신종교 연구자가 신종교의 개념, 발생 및 전개 과정, 그리고 전망 등에 대해 다루는 것이 더 좋을 것이기 때문이다.

그 대신, 여기서는 '현대종교'의 특징에 대해 간단하게 살펴볼 필요가 있을 것이라고 본다. 현대종교는 지금 우리가 살고 있는 시대의 종교를 가리키기 위해 사용되는 용어라기보다는, 현대사회의 특징에 부합하는 형태의 종교, 다시 말해 현대사회가 이 시대에 적합한 종교라고 승인하고 규정하는 종교라고 할 수 있다. 현대종교의 첫 번째 특징은 사회 내에서 특권적 위치를 누릴 수 없다는 것이다. 정치와 종교가 분리되는 것을 원칙으로 삼는 현대국가에서는 어느 한 종교가 국가의 지배적인 세계관을 독점할 수 없으며, 여러 종교들과 세속적 세계관이 평등한 권리를 가지고 공존해야 한다. 둘째, 현대사회에서 종교는 원칙적으로 공적 영역에서의 영향력을 행사할 수 없다. 사회의 구성원으로서 종교인들의 영향력은 허용되지만, 이것은 종교에 부여되는 공적인 지위와는 구별되어야 한다. 셋째, 종교는 종종 과학주의, 인본주의, 공산주의 등 비종교적 이데올로기와 경쟁해야 한다. 이 과정에서 종교는 공동체 구성원들을 결속하는 신념 체계를 제공하는 동시에, 공동체 외부에 영향력을 행사하게 된다. 다시 말해, 사회를 구성하며 상호관계를 맺는 집단들 중 하나가 되는 것이다. 넷째, 종교가 정치, 사회, 사상, 학문 등 모든 분야에 관여했던 근대화 이전과 달리, 종교의 영역은 크게 축소되었다. 여러 종교들이 근대 이전에는 인간의 삶과 사회의 각 영역과 분리할 수 없을 정도로 밀접한 관련을 맺고 있었지만, 오늘날에는 그 영향력이 초월적 존재에 대한 신앙과 예배 등 순수하게 종교적이라고 할 수 있는 영역 내에 제한되고 있다. 다섯째, 의심 없이 사회 내 지배적인 종교의 가르침을 수용했던 과거와는 달리, 현대인들은 마치 시장에 나온 상품을 구매하듯이 합리적인 계산의 과정을 거쳐 특정 종교를 선택할 수 있다.

그러나 현대인들이 믿고 실천하는 종교들이 모두 현대사회의 합리적인 원칙에 의해 통제되는, 이상적인 '현대종교'의 개념에 항상 부합하는 것은 아니다. 오히려 오늘날에도 종교가 극도로 비합리적인 방식으로 인간을 지배할 수 있다는 것을 보여 주는 사례들도 적지 않다. 1978년에는 남미 가이아나로 이주한 '인민사원(Peoples Temple)' 신자인 900여 명의 미국인들이 지도부의 지시에 따라 한꺼번에 자살했던 사건이 발생했고, 일본에서는 '옴진리교'가 1995년 도쿄 지하철에 독극물을 살포하여 세상의 종말을 유도하려 했다. 2000년에는 우간다 카눙구에서 활동한 가톨릭계 신종교 단체의 교주가 자신의 세계 종말 예언이 실현되지 않자 1,000여 명의 신도를 살해한 비극이 벌어지기도 했다. '현대종교'를 이성적이고 합리적인 종교, 사회에 의해 잘 통제되는 종교, 정교분리 사회에 적합한 형태로 다듬어진 종교, 요컨대 현대사회가 요구하는 종교로만 설명하면, 오늘날 종교가 이전과 다른 모습으로 인간의 삶에 영향을 끼치는 양상들을 놓치게 된다.

현대인들이 인류가 살아온 긴 역사 과정 속에서 계속 지녀 왔던 인간의 종교적인 속성을 어느 정도 지니고 있다는 점을 무시해서는 안 된다. 종교의 공적인 영향력이 약화되고 관여할 수 있는 범위가 대폭 축소된 것은 사실이지만 여전히 종교는 인간의 삶에서 중요한 비중을 차지하고 있다. 서구에서 종교를 가진 사람들의 비율이 극적으로 줄어들고 있다고는 하지만, 2015년 통계에서도 전 세계 인구의 84%는 종교를 가지고 있는 것으로 나타난다.[08] 더 이상 교회에 가지 않는 많은 서구인들은 자신들이 "종교적이지는 않아도 영적"이라고 표현하는데, 이들은 특정 종교에 소속되지 않아도 종교성을 유지할 수 있다는 것을 보여 준다. 종교가 약화되는 서구에서도 신앙적으로나 정치적으로 보수적인 색채를 지닌 교단들의 교세는 오히려 커지는 경향을 보인다는 사실에도 주목해야 한다. 오늘날에도 많은 사람들이 종교적인 열망을 가지고 있고, 이를 충족시키고자 하고 있는 것이다.

인간의 종교적 지향성은 전통적인 종교를 넘어 소위 비종교적

---

08 Pew Research Center, "The Changing Global Religious Landscape", *Religion & Public Life*, April 5, 2017. https://www.pewforum.org/2017/04/05/the-changing-global-religious-landscape/ (2020년 8월 26일 접속).

인 영역 곳곳으로 파고들었다. 특히 대중문화의 여러 분야에서 종교
적 사고방식 및 행위 양상들이 수정된 형태로 드러나는 사례들을 많
이 확인할 수 있다. 대중문화에 나타나는 종교적인 의미에 대해서는
이 책의 6장에서 구체적인 사례들과 함께 자세히 다루게 될 것이다.

4장

종교 연구의 역사

　　이 장에서는 신앙고백에 근거한 특정 종교 내부의 관점에서 벗어나, 종교를 객관적으로 설명하고자 했던 시도들을 서구 지성사의 흐름 속에서 검토할 것이다. 먼저 종교학이 태동되기 이전에 종교를 분석의 대상으로 삼았던 학자들에 대해 간략히 논하도록 하겠다. 종교학이 학문 분야로 정립된 것은 19세기 후반이지만, 이 새로운 학문이 아무런 근거 없이 갑자기 시작한 것은 아니다. 이미 고대 그리스 시대에도 자기가 속한 공동체의 종교를 외부의 관점에서 설명하고자 했던 철학자들이 있었다. 교회의 가르침에 반하는 설명이 제기되기 어려웠던 중세에는 이러한 시도가 많지 않았으나, 르네상스 이후 시작된 근대에 이르러서 수많은 학자들이 종교를 학문적 연구의 대상으로 삼고자 했으며, 이들의 노력이 현대 종교학의 뿌리를 구성하게 된다. 이어서 '종교학'이라는 학문 분야가 성립된 이후의 종교 연구의 사례들을 통시적으로 정리하도록 하겠다. 종교학 태동기의 자연신화학파와 초기 인류학의 종교 이론, 19세기 말부터 20세기 초반에 활발하게 이루어졌던 종교사회학과 종교심리학 연구, 종교 자체에 주목할 것을 강조한 종교현상학, 그리고 20세기 말 포스트모더니즘의 영향을 받은 연구들까지, 다양한 학문적 연구 경향을 살펴보게 될 것이다.

1) 종교학 이전의 종교 연구

종교학의 선구자 중 한 명인 코르넬리우스 틸레(Cornelius Tiele)가 네덜란드 라이덴 대학교에서 종교학 교수가 된 것이 1877년이니, 종교학이 유럽에서 학문 분야로 자리 잡기 시작한 것은 19세기 후반인 셈이다. 유럽의 대학에 종교학과와 종교학 교수직이 설치되어야 한다고 설파했던 '종교학의 아버지' 막스 뮐러가 옥스포드 대학교에서 교수직을 받은 것은 1850년이었으나, 뮐러는 '유럽언어학' 담당 교수였고, 1868년 그를 위해 신설된 자리도 종교학 교수직이 아닌 '비교문헌학' 교수직이었다.

그러나 자기 자신의 종교적 고백을 넘어서 객관적인 시각으로 종교를 설명하려는 시도는 그보다 훨씬 먼저 시작되었다. 이미 고대 그리스 시대에 자기 전통의 종교를 객관화하고 종교 일반에 대한 설명까지 제시하려는 시도가 이루어졌다. 에릭 샤프는 비교종교학 연구가 시작되기 위해서는 **동기**, **자료**, **방법**이 반드시 필요하다고 말했다.[01] 종교의 비교가 이루어지기 위해서는 다른 종교와 접하고 거기에 관심을 보여야 하며, 자기 전통 외부의 종교에 대한 정보가 있어야 하고, 축적된 자료를 기술하고 설명할 학문적 수단을 갖추고 있어야 한다는 것이다. 기원전 6세기 소아시아 이오니아 지방의 그리스 식민 도시에서 활동한 철학자들은 종교 자료에 비판적으로 접근하는 학문적 훈련이 되어 있었다. 탈레스(Thales)는 기하학과 천문학 연구를 통해, 다시 말해 신들의 활동을 배제하고 자연현상의 원인을 설명했다. 그의 제자 아낙시만드로스(Anaximandros)는 해와 달이 신이 아닌 불덩어리라고 단언했다. 크세노파네스(Xenophanes)는 의인화된 신들에 대한 신앙을 거부하며, 신이란 결국 인간 의식이 상황과 경험을 반영하여 구성해 낸 상상의 산물이라는 의견을 개진했다.[02] 신화적 우주론에 대한 이오니아 철학자들의 도전과 반박은 "나는 그런 신들이라면 믿지 않을 테다"라는 에우리피데스 작품의 주인공 헤라클레스의 절규로 이어진다.

또한 그리스인들은 이집트나 페르시아 등 다른 문화권 종교들과 접촉해 왔다. 기원전 5세기 후반 헤로도토스(Herodotos)는 『역사』(Historiae) 2권에서 이집트의 문화와 풍토를 소개하면서 이집트의 신들을 그리스의 신들과 비교하여 설명했다. 객관적인 서술을 추구한다고 했지만, 결국 그리스의 전통 신앙에 충실한 사람으로서 이집트의 신들을 그리스의 신화에 끼워 맞추는 식으로 설명하는 한계를 보이

---

01 샤프, 『종교학의 전개』, 2쪽.
02 E. Robinson Dodds, *The Greeks and the Irrational* (Berkeley: University of California Press, 1951), pp.180–183.

기는 했다. 그러나 '역사학의 아버지' 헤로도토스가 비교종교학의 선구자이기도 했던 것은 사실이다. 『역사』의 중심 내용이 그리스와 페르시아의 전쟁이라는 것을 고려하면, 다른 문화와의 접촉이 비교종교학의 선례가 되는 연구의 태동에 큰 영향을 끼쳤다고 할 수 있다.

알렉산드로스의 정벌과 로마 제국의 팽창은 다른 문화와 접촉할 수 있는 기회를 엄청나게 많이 제공하여, 종교 연구에 필요한 동기가 발생하고 자료가 상당히 확보될 수 있었다. 기원전 4세기 후반부터 3세기 전반에 마케도니아에서 활동했던 에우헤메로스(Euhemeros)는 신화 속 이야기들이 원래 역사적 인물과 사건에 기원을 두고 있으며 오랜 시간에 걸쳐 변형되고 과장되면서 신화의 형태를 띠게 된 것이라는 신화 이론을 제시했다. 신화가 실제로 있었던 사실에서 비롯되었다는 이론을 오늘날에도 '에우헤메리즘(Euhemerism)'이라고 부르는 것은 바로 에우헤메로스의 영향이다. 그는 아라비아 해역에 있다는 '판카이아'라는 섬의 제우스 사원에서 신들의 탄생과 죽음을 기록한 명부를 봤다고 말하며, 신들이 원래 역사적 인물이었다고 주장했다. 물론 지명, 사원, 명부 모두 에우헤메로스가 자신의 주장을 뒷받침하기 위해 지어낸 가상의 정보겠지만, 그가 다른 지역에 대한 정보와 자료를 논거로 이용하는 연구 방법을 사용했다는 사실만은 분명하다. 이후 기원전 3세기에 활동한 그리스의 크리시포스(Chrysippus)를 비롯한 스토아학파 계열의 학자들은 다양한 종교의례와 풍습을 지역에 따라 분류하고 그 공통점을 추출하는 연구를 했는데, 이러한 방식의 연구는 고대 로마의 키케로(Marcus Tullius Cicero)와 바로(Marcus Terentius Varro) 등에 의해 계승되었다.[03]

그리스도교가 로마 제국의 국교가 된 이후 중세를 거치면서, 서구 사회에서 객관적으로 종교에 접근하는 비판적 입장의 연구는 더 이상 활발히 이루어지지 않게 되었다. 헬레니즘 전통과 더불어 서양 문명의 뿌리를 형성한 유대-그리스도교 전통은 다른 종교에 대한 매우 배타적 태도를 견지했고, 이는 성서에서도 잘 나타난다. 그러나 『구약성서』의 「전도서」나 『신약성서』의 「사도행전」 등에는 인간이 원래 종교적 성향을 가지고 있음을 인정하는 내용들이 포함되어 있어서,04 훗날 자유주의 그리스도교인들이 타 종교들도 신이 창조한 인간의 속성에 기인했다고 보는 입장을 취하는 근거가 된다. 초기 그리스도교 교회 저술가들 중 테르툴리아누스(Quinrus Septimius Florens Tertullianus), 키프리아누스(Caecilius Cyprianus), 아우구스티누스(Aurelius Augustinus) 등은 타 종교에 공격적인 입장을 취했다. 이들은 그리스도교만 신의 계시에 의한 종교이고, 다른 종교들은 모두 우상숭배와 미신에 지나지 않기 때문에 가치를 인정할 필요가 없다는 중세 로마 가톨릭교회의 배타적 태도에 영향을 끼쳤다. 그러나 초기 그리스도교 교부 중 알렉산드리아의 클레멘스(Clemens Alexandrianus)나 오리게네스(Origenes) 등 이교도 철학자들의 사상을 어느 정도 수용한 사람들도 있었다. 중세의 대표적인 신학자 토마스 아퀴나스(Thomas Aquinas) 역시 아리스토텔레스 철학을 깊이 연구하여 이를 바탕으로 스콜라철학을 완성했다는 것을 고려하면, 중세 그리스도교 내부에도 학문적 연구

---

03 샤프, 『종교학의 전개』, 5–8쪽 참조.

04 "하나님이 모든 것을 지으시되 때를 따라 아름답게 하셨고 또 사람에게 영원을 사모하는 마음을 주셨느니라"([개역한글] 「전도서」 3:11); "아덴 사람들아 너희를 보니 범사에 종교성이 많도다"([개역한글] 「사도행전」 17:22).

를 향한 문이 어느 정도 열려 있었다고 할 수 있을 것이다.

　　서양의 근대는 14세기부터 16세기까지 이어진 문화 운동인 르네상스와, 마르틴 루터(Martin Luther)가 당시 가톨릭교회의 가르침에 반발하여 1517년 비텐베르크 성당에 「95개조 반박문」을 붙이며 시작된 종교개혁에서 출발했다는 데 많은 학자들이 동의한다. 샤프는 르네상스가 종교 연구에 그다지 큰 공헌을 하지 않았다고 했으나, 이는 종교 연구의 배경이 되는 학문 전체의 흐름을 고려하지 않은 주장이다. 고대 그리스와 로마의 문화를 부흥시키는 것을 목표로 인간의 창조성을 부각시킨 르네상스가 신학의 억압에서 벗어난, 비판적이고 객관적인 학문의 길을 여는 데 도움을 주었다는 것은 자명하기 때문이다. 샤프의 종교개혁에 대한 평가는 더 박하다. 그는 종교개혁이 단순히 교회 내부의 운동이었으며, 종교 연구에 거의 기여하지 않았다고 단언한다.[05] 그러나 종교개혁은 수백 년 동안 당연히 여겨져 온 자기 종교의 권위적 교리에 대한 비판과 반발에서 비롯되었다는 점에서, 학문적 종교 연구 전통이 시작되는 데 크게 공헌했다고 보는 것이 맞다. 그리스도교 내에 거부할 수 없는 하나의 진리만 있는 것이 아니라 이에 반하는 다른 진리가 있을 수 있다는 생각은 결국, 종교 전체를 회의와 비교의 대상으로 보는 관점에 영향을 끼쳤고, 나아가 유럽의 종교를 초월한 보편적 진리가 있을 것이라는 생각으로 이어졌다고 볼 수 있다. 또한 종교개혁 후 발발한 종교 전쟁 역시 종교에 대한 기존 생각이 바뀌는 계기가 되었다. 신의 이름으로 처참한 살육이

05　샤프, 『종교학의 전개』, 16쪽.

벌어지는 것을 목격한 지성인들은 종교가 윤리적으로 선하다는 생각에 거부감을 가지게 된 것은 물론 종교의 존재 목적과 필요성에 대해서도 회의를 품을 수밖에 없었다.

르네상스 이후 초기 근대 유럽에는 종교를 학문의 대상으로 보는 경향이 확산되었다. 새뮤얼 프루스(James Samuel Preus)는 초기 근대 유럽의 사상가들이 종교를 학문적으로 "설명"하려는 시도를 시작했다고 주장한다.[06] 프루스에 따르면, 르네상스 이후 몇몇 학자들은 종교를 학문적 설명의 대상으로 보고, 마치 자연과학자들처럼 종교를 분석, 관찰, 검토하려 했다. 이런 점에서, 이들을 현대의 학문적 종교 연구의 진정한 선구자라고 볼 수 있다. 종교를 과학적으로 설명하는 전통은 프랑스의 사상가 장 보댕(Jean Bodin)으로부터 시작하여 이탈리아의 잠바티스타 비코(Giambattista Vico)에서 윤곽이 분명해졌고, 사회학의 아버지 콩트에 이르러 이론적 근거를 확보한다. 이후 타일러를 거쳐, 뒤르켐과 프로이트 등에 이르러 객관적으로 종교를 설명하는 학문이 정립된 것이라고 볼 수 있다.

보댕(1530~1596)은 절대주의 정치체계를 뒷받침한 정치사상가로만 알려져 있지만, 종교개혁 시기를 살면서 종교의 속성에 대한 생각을 발전시켰다는 점에도 주목해야 한다. 보댕은 종교를 계시된 진리가 아니라 분석의 대상이 될 수 있는 하나의 문제로 다루며, 이성적

---

06 James Samuel Preus, *Explaining Religion* (Atlanta: Scholars Press, 1996[1987]) pp.ix–xxi. 보댕, 허버트, 퐁트넬, 비코의 종교사상에 대한 내용은 프루스의 책을 바탕으로 정리한 것이다. 종교학이 형성되기 전 근대 사상가들의 종교 설명에 대해서는 필자가 「새로운 비교종교방법론의 발전 가능성과 그 방향: 조나단 스미스의 "같은 지점"의 확인을 통해」, 『종교와 문화』 13(2007), 89–115쪽에서도 간략히 다룬 바 있다.

주장을 지닌 모든 사람에 의해서 종교라는 문제가 면밀히 연구될 수 있다고 보았다. 또한 그는 기독교가 계시를 받은 것이 구원의 근거라는 그리스도교 내부의 입장과 달리, 모든 종교들이 보편적인 근원에서 보편적인 규범에 따라 생겨난 것이라고 생각했다. 보댕은 이러한 보편적 종교관을 바탕으로 타 종교에 대한 관용을 주장하기도 했다. 종교의 보편적 기원을 주장했다는 점에서 보댕은 '**이신론**(deism)'의 선구자라 할 수 있을 것이다.

보댕이 이신론의 전조가 되는 종교관을 보여 주었다면, 영국의 에드워드 허버트(Edward Herbert, 1583~1648)는 본격적으로 보편 종교를 주장하여 '이신론의 아버지'라 불린다. 그는 세계의 종교들 사이에 실제로 일치하는 것을 보이려 했고, 모든 인간에게 적용되는 보편적 섭리를 주장했다. 그는 모든 종교가 시대와 장소를 불문하고 공통적으로 가지고 있는 다섯 가지 요소로, 외부의 지고(至高)의 힘이 있고, 이 힘은 숭배되며, 숭배는 경건과 성스러움의 속성을 지니고, 죄는 용서받으며, 생이 다한 후 보상과 처벌이 따른다는 믿음을 꼽았다. 이 요소들은 허버트의 그리스도교적 배경을 반영하기는 하지만, 허버트가 모든 사람이 가지고 있는 자연 이성에 따라 발생한 종교의 공

에드워드 허버트

통적 요소를 찾고자 했던 것은 분명하다.

　　허버트 이후로 이신론은 근대 유럽 사상가들 사이에 널리 유행하게 된다. 이신론자들은 인간의 자연적 이성과 통찰에 근거하여 종교가 생겨났다고 보고, 인류 전체가 공유하는 순수하고 매우 오래된 종교를 '**자연종교**(natural religion)'라고 불렀다. 자연종교는 세상을 창조하고 세상을 자연법칙에 따라 운영되도록 만든 신에 대한 믿음과 인간 행위를 규정하는 도덕적 법칙에 대한 믿음 등을 포함한다. 근대 사상가들은 이렇게 간결하고 고상한 믿음이 인류 최초의 신앙이자 모든 민족의 공통된 철학이라고 생각했다. 또한 어떤 종교를 믿는 민족이건 공통된 종교의 기원을 가지고 있으므로 하나의 창조주 아래에서 평화롭게 살 수 있을 것이라고 기대했다. 18세기에 이르면 유럽과 미국의 대표적 지식인들이 보편적인 자연종교 개념을 지지했다. 예를 들어, 미국의 토머스 제퍼슨(Thomas Jefferson)과 벤저민 프랭클린(Benjamin Franklin), 프랑스의 계몽사상가 데니스 디드로(Denis Diderot)와 볼테르(Voltaire), 독일의 철학자 이마누엘 칸트(Immanuel Kant) 등을 꼽을 수 있다.[07] 이신론자들은 세계의 원천으로서 신을 인정하나, 세계와 보편적인 질서의 창조자인 신이 세계 밖에 있다고 생각했다. 신은 세상의 구체적인 일들에 개입하지 않고, 일단 창조된 세계는 자연법칙에 따라 운용된다는 것이다. 이들은 인간 생활에 직접 관계되는 섭리, 은총, 기적, 계시도 인정하지 않았다는 점에서 종교의 영역을 제한하고 축소한 근대적 종교관의 특징을 뚜렷이 보인다고 하겠다.

07　Daniel Pals, *Eight Theories of Religion* (New York: Oxford University Press, 2006), p.7.

프루스는 프랑스의 베르나르 퐁트넬(Bernard Fontenelle, 1657~1757)
과 이탈리아의 비코(1668~1744)도 종교가 학문적 분석과 설명의 대상으
로 자리 잡는 데 기여했다고 본다. 퐁트넬은 종교가 초자연적인 원인
에 기인한 것이라고 설명하는 대신, 종교현상의 심리학적, 역사학적
원인을 제시하려 시도했다. 예를 들어 퐁트넬은 신탁(oracle)이 미신적
인 사고에서 비롯된 것이며, 신화는 힘의 현상을 설명하려 했던 원시
인들의 역사 기술이라고 말했다. 비코는 종교가 공동체의 사고와 태
도에 의해 사회를 통합시킨다고 주장하며, 이때 공동체의 사고와 태
도는 공동체가 발전하면서 생겨난 역사적 산물이라고 설명했다. 간단
히 말하면, 사회적 필요에 의해 종교가 만들어졌다는 것과, 그 역사적
맥락을 추적하는 것이 가능하다는 주장을 펼친 것이다. 비코는 사회
학이 형성되기 전에 사회학적 관점에서 종교 이론을 제시한 셈이다.

데이비드 흄(1711~1776)은 『종교의 자연사』(The Natural History of
Religion, 1757)에서 종교를 과학의 범위 내에서 설명할 수 있을 것이라
고 주장했다.[08] 그는 "공평한 제3자의 관점" 강조하며, 종교를 자연사
학자의 입장에서 설명하고자 했다. 모든 개념은 타고나는 것이 아니
라 경험적으로 습득되는 것이라고 봤던 그는, 종교 역시 인간의 사고
작용에서 비롯된 파생적인 것이라고 주장했다. 성, 분노, 감사 등 1차
적인 감정과 달리, 종교는 특정 인상에 대한 특정한 해석에서 기원했
다는 것이다. 그러나 동시에 비가시적이고 지적인 신을 믿으려는 인
간의 성향이 보편적이라고 하면서, 이런 성향이 인간 본성에 일반적

08 데이비드 흄, 『종교의 자연사』, 이태하 역(서울: 아카넷, 2004[1757])를 참조했다.

으로 수반된다는 것을 인정하기도 했다. 흄에 따르면 종교는 숭고한 도덕적 신 관념에서 비롯된 것이 아니고, 미래의 근심과 두려움에서 시작되었다. 흄은 종교의 기원에서 감정의 역할을 인정했지만, 동시에 이성주의의 입장에서 두려움 등의 감정을 무시하기도 하여, 그가 '최저 단계'의 종교라고 여겼던 원시인들의 종교를 병자들의 몽상이자 원숭이들과 다를 바 없는 행동이라고 폄하했다. 또한 유일신교 전통 중 이성과 관련된 부분은 칭찬한 반면, 현실 종교의 모습은 신랄하게 비판했다. 예컨대, 창조주 신을 추론해 낸 것은 인간 이성의 특권을 활용한 것이며 신학체계에 담긴 도덕은 순수하다고 인정하면서도, 실제로 종교의 도덕이 실현되는 것은 매우 어렵다고 지적하며 특히 유대교, 그리스도교, 이슬람교 등 유일신교 전통에서 도덕적 실천이 타락한 모습을 지적하며 비판했다. 이는 모든 종교에 공정하고 비판적인 관점으로 접근하고자

한 것이다. 종교가 인간의 두려움과 근심에서 출발한 사고 작용에 근거하고 있다고 설명한 흄은 종교 연구의 패러다임을 신학에서 과학으로 옮기는 데 크게 공헌한 인물이라고 평가된다.

『종교의 자연사』보다 약 한 세기 뒤에 출간된 『종교의 본질에 대하여』(*Vorlesungen über*

데이비드 흄

루트비히 포이어바흐

das Wesen der Religion, 1851)에서 포이어바흐(1804~1872)는 흄보다 더 명확히 종교가 인간의 필요에 의해 만들어진 것이라고 선언했다.[09] 포이어바흐는 종교가 인간의 이기주의에 근거한 상상의 산물이며, 따라서 신학은 인간의 속성을 반영하는 인간학일 뿐이라고 단언하였다. 그는 정신적인 것은 물질적인 것에서 비롯된다는 유물론의 관점을 적용하여, 종교가 인간의 감정과 사고 작용에 의해 생겨난 것이라는 흄의 주장을 구체화하고 확장한 셈이다.

현대 종교학의 관점에서 본다면 포이어바흐의 종교 이론에 몇 가지 문제가 있는 것을 알 수 있다. 먼저 그는 종교를 관념적인 부분에만 한정했다. 포이어바흐의 목적은 종교를 비판하여 유물론 철학을 확인하고, 나아가 관념론을 비판하는 것이었다. 그는 관념론을 '합리화된 신학'이라고 비판하며 종교의 발생이 관념론의 발생과 같은 맥락에 있으며, 사물의 의인화에서 시작된다고 주장한다. 따라서 그의 종교는 관념론에 대응하는 부분에만 제한될 수밖에 없다. 또한 그가 종교의 본질로 제시하고 여러 종교에서 끌어오는 사례들은 자신

09 루트비히 포이어바흐, 『종교의 본질에 대하여』, 강대석 역(서울: 한길사, 2006[1851])를 참조했다.

의 전제에 근거한 것이다. 포이어바흐는 인간 사유 대상으로 '신'을 설정하고 그것이 종교의 본질이라고 주장하지만 이를 논증하려 하지는 않는다. 전제와 결론이 구분되지 않는 모습들이 포함되어 있는 것이다.

　　그러나 동시에 포이어바흐는 학문적 설득력을 지닌 연구 절차와 방법을 사용하기 위해 고민했고, 이를 바탕으로 기존 학자들과는 구별되는 방법론적 발전을 이루었다. 예를 들어, 그는 종교의 본질을 규명하기 위해 당시로서는 상당히 광범위한 비교 대상을 검토하는 비교 연구를 시도했다. 그는 『기독교의 본질에 대하여』(*Das Wesen des Christenthums*, 1841)에서 이미 사용했던 그리스도교의 사례들과 이에 대한 분석에 더하여, 주술이 중심이 된 원시종교, 조로아스터교, 그리스 로마의 고전종교, 근대의 이신론까지 폭넓게 다루는 본격적인 비교 연구를 했다고 할 수 있다. 또한 포이어바흐는 종교의 연구에서 '보편성' 또는 '유사성'뿐 아니라 '차이성'이 고려되어야 한다는 것을 분명히 인식했다. 그는 완전한 신의 의지로 표현되는 불변의 원리로서 종교의 교리는 인간의 의지를 배제한 것이며, 차이성, 다양성, 변화성, 비규칙성, 반법칙성만이 자유롭고 의지가 반영된 현상이자 작용이라고 주장한다. 또한 지역에 따라 종교가 달라지는 양상을 포착하고 있다는 것도 주목할 만하다. 포이어바흐는 포스트모더니즘 이후에야 현대의 학자들이 당연히 여기게 된 차이성과 다양성을 이미 19세기 중반에 강조했던 것이다.

　　흄에서 포이어바흐로 이어지는 계열의 학자들이 신학과 완전히 분리된 학문 전통을 세워 갔다면, 프리드리히 슐라이어마허

(Friedrich Daniel Ernst Schleiermacher, 1768~1834)는 신학의 영역을 확장하는 연구를 했다고 할 수 있다. 그의 신학은 신이 아니라 인간에 초점을 두고 있었던 것이다. 그가 『종교론』(*Über die Religion*, 1799)에서 제기한 가장 중요한 주장은, 종교에 반응할 수 있는 인간의 속성이 이성이나 의지가 아니라 직관과 감정이라는 것이었다.[10] 물론 슐

프리드리히 슐라이어마허

라이어마허의 종교 이론에 인간의 활동 이상의 것에 대한 신학적 전제가 깔려 있는 것이 사실이다. 인간의 감정을 강조하지만 그 감정이 반응하는 "무한자"의 존재가 당연한 것처럼 언급되고 있는 것이다. 또한 종교의 보편성에 대한 주장 역시 신학적 전제를 근거로 한다. 그는 인간의 종교적 감정이 보편적이라고 주장할 뿐 아니라, 세계의 다양성 속에는 우주와 인간성의 "통일성"이 있다는, 일종의 신앙고백적인 주장도 제기한다. 인간은 시대와 정황을 넘어서 원래 하나이며, "다른 계수와 결합되어 있는 동일한 형식이라는 최고 이상의 단조로운 반복"이 분명히 존재한다는 기술 역시 신학적이다.

---

10 F. D. E. 슐라이어마허, 『종교론』, 최신한 역(서울: 대한기독교서회, 2002[1799])을 참조했다.

그러나 『종교론』에는 방법론의 측면에서 현대 학문과 유사한 체계를 유지하고 있는 것으로 볼 수 있는 면들도 나타난다. 첫째, 슐라이어마허는 종교를 인간의 내면적 감정의 작용으로 규정하고 예들을 나열하여 이를 입증하려 함으로써, 현대 학문의 '설명'의 원리를 이용한다. 칸트 이후 계몽사상가들은 종교를 이성이나 윤리 등 인간의 본질적 속성과 연관시켜 설명하려 했다. 슐라이어마허는 기존 학자들과 달리 '감정'이 종교의 본질과 관련되었다는 주장을 강하게 제기하고, 이어서 나름의 구체적 사례들을 통해 자신의 논지를 뒷받침한다. 종교를 설명한다고 하면서 종교 내부의 이해와 언어를 동원하게 되면, 설명은 이루어지지 않고 '다른 말로 바꾸어 표현하기(paraphrase)'나 대상의 내용 또는 특징을 나열하는 '기술(description)'에 머물고 마는 경우가 많다. 그러나 슐라이어마허는 종교를 인간의 속성으로 환원하고 이를 논증하는 방식을 통해, 이론적 설명을 시도하고 있는 것이다. 둘째, 슐라이어마허는 신학 연구에 비교 방법을 적용하고자 했다. 그는 그리스와 로마의 종교 및 사상, 중세 연금술, 신비주의, 성경의 내용 등에서 자신의 주장을 입증하는 데 도움을 주는 유사한 사례들을 선별하여 제시한다. 또한 이 책의 마지막 장인 「여러 종교들에 대하여」에서는 그리스도교와 유대교를 직접 비교하기도 한다. 물론 그의 비교 방법이 그다지 세련되지 못했던 것은 사실이다. 그가 제시하는 논거들은 대부분 자신의 독특한 종교해석이나 전제에 근거한 것이었다. 자신의 전제에 묻혀서 공정한 비교 작업을 하지 못하고 있는 것이다. 그러나 기존의 신학적, 논리적 전개 방식을 넘어서, 다양한 사례들을 통해 종교를 인간현상으로 설명하려 시도했던 것은 당시로서는 획기적이었다고 평가할 수 있다.

2) 종교학의 태동과 전개: 뮐러부터 엘리아데까지

① 종교학 성립의 지적 배경

슐라이어마허와 포이어바흐 등의 학자들의 공헌으로 종교가 학문적 연구의 대상이 될 수 있는 토대는 어느 정도 마련된 셈이었다. 여기에 19세기 유럽의 지적 분위기가 결합하여 종교학이라는 독립된 학문 분야가 태동할 수 있었다. 샤프는 종교학 성립의 배경이 된 유럽의 지적 상황의 특징을 네 가지로 정리한다.[11]

첫째, 계몽운동의 합리주의에 반발하여 생겨난 낭만주의가 포괄적인 종교 연구의 분위기를 조성했다. 인간의 이성이 모든 종교의 공통적 기원이라는 확고한 신념이 있었던 이신론자들의 생각을 넘어서, 주관이나 감정 등 비합리적인 요소들도 이성과 함께 고려되어야 한다는 의식이 퍼졌다. 종교를 개인의 절대 의존 감정으로 정의한 슐라이어마허 역시 낭만주의의 흐름 속에 있었다고 볼 수 있다. 또한 보편성이 아니라 변화의 과정을 중시하여 역사에 대한 관심도 증대했다. 또한 이 시기에는 그리스도교가 들어오기 전에 유럽을 지배했던 '이교도 문화'를 이해하고자 하는 움직임도 일어났다.

둘째, 역사적으로나 지리적으로 다른 문명에 관한 자료들이

---

11 샤프, 『종교학의 전개』, 23-31쪽 참조.

축적되었다. 이미 17세기부터 중국의 자료들이 유럽에 들어와 지식인들에게 영향을 끼쳤고, 19세기에는 고대 근동 문명의 자료가 발견되고 인도-유러피언 자료가 주목을 받기 시작했다. 이집트의 상형문자와 메소포타미아의 설형문자가 해독되었고, 인도의 우파니샤드 철학과 『베다』에 매료되는 학자들이 늘어났다. 이들은 고대 중국의 학문적 성취, 여러 문명에 공통적으로 나타나는 우주창조신화, 인도-유러피언 신화와 언어의 공통적 요소 등을 발견하고 지적인 충격을 받았다.[12]

셋째, 종교 연구 역시 신학이나 철학적인 방법이 아니라 경험적 관찰과 이론적 설명에 근거해야 한다는 생각이 퍼지게 되었다. 그 배경에는 콩트의 『실증철학강의』(6권, 1830~1842)의 영향이 있었다. 콩트 이후 실증적 학문의 당위성에 동의하는 학자들이 늘어난 것이다. 콩트는 인간과 사회가 3단계를 거쳐 발전한다고 보았다. 그는 인간과 세계가 신의 뜻으로 설명되던 '신학의 단계'와 본질이나 궁극적 원인 등 추상적 개념들이 동원된 '형이상학적 단계'를 넘어서, '실증적 단계'에 들어서야 비로소 학문이 가능하다고 주장했다. 그는 반복되는 사실을 경험적으로 관찰하고 이성적으로 판단하여 그 사실에 나타나는 법칙을 발견하는 실증적 학문이야말로 진정한 학문이라고 단언했다.

넷째, 『종의 기원』(1859) 이후 다위니즘 진화론이 유럽 지성계에 엄청난 영향을 끼쳤다. 다위니즘은 당시 유럽에 유행했던 역사철학과 결합했고, 인간의 문화가 저급한 수준에서 더 상위의 것으로 진화

---

12 Pals, *Eight Theories of Religion*, p.6.

했다는 견해는 많은 지식인들 사이에서 마치 진리처럼 받아들여지게 되었다. 이 당시 허버트 스펜서(Herbert Spencer)는 인간의 역사, 사고, 진화를 하나로 종합할 수 있다고 주장했다. 진화론은 세계 각지의 식민지에서 유럽의 정부와 대학으로 몰려든 엄청난 양의 보고서들을 정리하는 기준이 되기도 했다. 예를 들어, 종교 관련 자료들은 당시 서양인들이 생각한 진화의 순서에 따라 원시종교, 다신교, 유일신교의 순으로 나열되었다. 다위니즘은 진화 과정을 거치기 전의 최초의 종교 형태를 찾으려 노력했던 초기 인류학자들에게 큰 영향을 끼쳤다. 그래서 타일러와 함께 초기 인류학의 성립에 크게 기여한 로버트 매럿은 "인류학의 아버지는 다윈"이라고 표현하기도 했다.

② 종교학의 아버지, 프리드리히 막스 뮐러

종교학의 아버지 막스 뮐러의 학문적 경향은 이러한 분위기를 잘 반영한다. 뮐러 자신이 『독일인의 사랑』(*Deutsche Liebe*, 1857)이라는 소설을 쓴 낭만주의 작가이기도 했는데, 산스크리트어와 고대 인도 문헌 연구자로서 서구 외부의 자료들을 접하며 인도-유러피언 신화체계를 탐구했다. 동시에 그는 계몽주의의 후예이기도 해서, 자연 종교의 성격이 다분한 종교의 정의를 제시했다. 그는 종교를 "무한한 것에 대한 지각으로, 인간의 도덕적 특성에 영향을 끼칠 수 있도록 표명된 것"으로 정의하고, 이것이 인류의 모든 종교 형태에 유사하게 나타났다고 주장했던 것이다.[13] 2장에서 언급했듯이, 그는 신학이나 형이상학이 아니라 과학의 방법으로 종교를 연구할 수 있다고 확신했기 때문에 종교학에 '종교의 과학'이라는 명칭을 부여하기도 했다.

밀러에 따르면, 종교학은 "모
든 종교, 혹은 아무튼 가장 중
요한 인류의 제 종교에 관한 공
평하고 참으로 과학적인 비교
에 기초를 두고" 있는 학문이
다.[14] 그는 "하나만 아는 사람은
결국 아무것도 모르는 사람"이
라고 반복하여 말하며, 자신이
종교의 연구에 도입한 '비교'와
'분류'의 방법이 귀납적이고 과
학적인 학문 수행에 필수적이

프리드리히 막스 뮐러

라고 주장했다. 개별적인 언어들이 아니라 '언어'가 무엇인지 알기 위
해서는 여러 언어를 비교해야 하는 것처럼, '종교'가 무엇인가 질문에
답하기 위해서도 여러 종교를 비교하는 연구가 수행되어야 한다고
단언했다. 또한 그는 **"언어질병설"**이라 불리우는 신화의 기원에 대
한 이론을 제시했다. 뮐러에 따르면, 언어의 발전 과정은, 단어가 만
들어지는 시기와 주요 어족들이 분리되고 문법이 고착화되는 시기를
거쳐, 신화가 형성되는 시기에 이른다. 자연현상을 표현하기 위해서
는 언어를 사용할 수밖에 없는데, 명사에 성(性)을 부여하는 언어의 속
성 때문에 자연을 의인화하게 되고 이 과정에서 신화가 생기게 되었

13 F. Max Müller, *Natural Religion: The Gifford Lectures Delivered before the University of
    Glasgow in 1888* (London: Longmans, 1889), p.188; 막스 뮐러, 『종교학 입문』, 김구산 역
    (서울: 동문선, 1997[1873]), 35–37쪽도 참조할 것.
14 뮐러, 『종교학 입문』, 44쪽.

다는 것이다.

밀러는 종교학이 학문 분야로 정립되는 데 큰 영향을 끼쳤으나, 그 시대의 한계를 고스란히 가지고 있던 학자이기도 했다. '무한'과 '도덕'의 개념에 근거하고 있는 밀러의 종교 정의는 그리스도교의 관점을 반영하고 있는 것이다. 또한 종교의 속성을 도덕에서 찾았다는 것과 인간이 애초부터 언어를 사용한 이성적 존재라고 봤다는 점에서는 밀러가 계몽주의 학자들의 견해를 이어받고 있다고 할 수 있다. 한편, 그의 언어질병설은 인간과 사회의 진화를 전제로 하고 있다는 점에서 진화론의 관점을 수용한 것이며, 명사에 성을 부여하는 인도-유러피언 언어의 특징을 일반화하고 있기도 하다. 밀러의 종교 및 신화 이론은 이미 그가 활동하는 중에도 수많은 반박과 비판을 받았고, 나중에는 학문적 가치를 인정받지 못하는 정도에 이르게 된다. 그러나 밀러의 종교 이론은 종교학 분야 최초의 학설로, 적어도 1860년대와 1870년대에는 유럽 학계를 주도했다고 할 수 있다. 무엇보다도, 종교를 객관적으로 연구할 수 있다는 그의 확신이 종교학의 성립에 큰 영향을 끼친 것은 부인할 수 없을 것이다.

③ 초기 종교인류학

밀러를 비롯한 문헌학자들의 뒤를 이어 종교 연구를 주도한 것은 인류학자들이었다. 특히 타일러는 『원시문화』(1871) 등의 저술을 통해 앤드류 랭(Andrew Lang), 로버트 매럿, 제임스 조지 프레이저 등 여러 초기 인류학자들에게 큰 영향을 끼쳤다. 그는 종교를 "영적 존재들에 대한 신앙"으로 정의하고, 동물이나 식물 또는 사물에 영혼이 깃들어 있다고 믿는 애니미즘이 최초의 종교라고 주장했다.[15] 타일러는 원시인들이 인간의 시체가 살아 있는 몸과 다른 것을 인식하고, 꿈과 엑스터시 상태(황홀경)에서 보는 환영의 이해를 접목시켜 "유령"이나 "영혼"의 존재를 상정하게 되었다고 주장했다. 또한 동물과 인간의 차이를 받아들이지 않은 원시인들은 동물에게도 이

에드워드 버넷 타일러

런 유령 등이 있다고 보았다. 그의 이론은 모든 인류에 적용되는 거창한 것이지만, 여러 종족들에 대한 관찰을 바탕으로 한 것이기는 하다. 그는 각 종족 집단의 민족학적 연구가 인류 전체의 동일성을 보여 주는 귀납법적 자료가 된다고 여겼다. 그러나 타일러의 애니미즘 이론은 계몽주의 사상가들의 관점을 그대로 이어받고 있다고 평가할 수 있다. 그는 소위 원시인들이 대단한 추론 능력을 가지고 합리적인 사고를 하고 있다고 전제한다. 원시종교의 신앙과 관습이 매우 일관되고 논리적이어서 대충 분류해 보면 종교의 형성 및 발전의 원칙이 드러난다고 주장하며, 소위 비합리적인 부분에 대해서는 크게 고려하지 않았다. '이성에 근거한 인간의 공통적 종교 형태'라는 자연종교

---

15 Tylor, *Primitive Culture*, pp.22-24.

앤드류 랭

개념에 진화론의 관점을 결합시킨 이론이라고 할 수 있다.

타일러의 후배이자 동료였던 랭은 진화론적 발전 단계가 다 맞는 것은 아니라고 말하며, 원시종교에 세상의 창조자이면서 가장 높은 위치에 있는 신의 개념이 존재한다는 것을 지적했다. 매럿은 위험하게 여겨지는 비인격적 힘 '마나'에 대한 인식이 사람이나 사물에 깃든 정령에 대한 신앙보다 먼저 있었을 것이라고 주장하여, 애니미즘 이론과 거의 인류 최초의 종교에 대한 또다른 이론을 동시대에 제시했다. 프레이저는 타일러와 윌리엄 로버트슨 스미스(William Robertson Smith)의 영향을 받았지만, 그의 주 저서 『황금가지』(1890)는 선배들의 저서들보다 훨씬 널리 그리고 오랫동안 독자들의 사랑을 받아 왔다. 그는 비슷한 것은 비슷한 것을 낳는다는 '유사성의 법칙'과 일단 접촉했던 것은 떨어지더라도 서로 영향을 주고받는다는 '접촉의 법칙'에 근거한, 일종의 원시 과학과 같은 **주술**의 개념을 제시했다. 프레이저에 따르면, 초기의 인간들은 가장 먼저 주술을 사용하여 환경을 통제하려 했으나 이것이 불가능하다는 것을 알게 되자, 인간보다 우월하고 강력한 힘을 달래서 원하는 목적을 얻어 내고자 하는 '종교'로 전환했다. 그는 '주술의 시대'와 '종교의 시대'가 불완전한 지식에 근거한 것이었다면, 발전한 인류는 종교에서 벗어나 '과학의 시대'에 살고 있다고 주장하여, 진화론의 관점으로 인류 역사의 시대를 구분했다.

초기 인류학자들의 연구를 요약하자면, '과학적 연구 절차의 강조'와 '이성적 인간에 대한 믿음'이라고 할 수 있다. 이들은 수집된 자료를 비교하고 분류하여, 일반적인 이론을 도출하는 과학적인 연구 절차를 강조했다. 또한 종교를 인류의 지적 진화 과정 속에서 발생한 것으로 보고, 종교는 과학 발전 이전에 인간들의 이성이 할 수 있는 최선을 다해 환경을 대하던 방식이라고 설명했다. 그러나 이들의 연구에 나타나는 문제들도 지적해야 할 것이다. 먼저, 이들은 인간의 지적인 요소를 너무 강조하여, 종교가 개인의 지적인 요소에 의해 발생한 것이라고 설명했다. 이 과정에서 비합리적인 면, 행위 및 의례의 영향, 사회의 역할 등은 고려되지 않았다. 둘째, 이들의 진화론적 서술도 문제가 된다. 이들은 다신교에서 일신교, 주술에서 종교 등으로 인류의 문화가 진화해 왔다고 보았다. 이는 자료를 통해 입증할 수 없는 일종의 전제로, 반례가 상당히 많이 제시될 수 있는 주장이다. 마지막으로 이들은 여러 문화의 자료를 수집할 때 그 역사적, 지역적, 문화적 맥락을 고려하지 않았다. 영국에서 활동한 초기 인류학자들은 직접 현지를 찾아가서 조사하는 방법을 사용하지 않고 식민지 보고서를 비롯한 문헌 자료에만 의존했기 때문에, 자료가 종종 피상적으로 이해되고 맥락과 동떨어지는 경우가 발생했다. 그래서 여러 시대와 장소에 관한 자료들에 우연히 나타나는 유사한 요소들을 아예 같은 속성의 것으로 단정하는 진술이 나타난 것이다. 이들보다 한 세대 후, 1920년대 초반에 활동한 인류학자들은 현지에 직접 방문하여 여러 문화적 요소들을 꼼꼼히 관찰하는 방법을 사용하여 1세대 인류학자들의 문제를 극복해 냈다.[16]

④ 초기 종교사회학

뮐러, 타일러, 프레이저 등 지금까지 살펴본 초기 종교학 연구자들은 종교를 인간의 이성이나 감성에서 비롯된 개인적인 것으로 설명했다. 종교가 사실은 사회적인 것이라는 이론은 프랑스의 사회학자 에밀 뒤르켐에 이르러서야 비로소 설득력 있는 이론으로 정립되었다. 그러나 18세기의 비코, 19세기 전반에 활동한 콩트, 뒤르켐의 스승이자 『고대도시』(*La Cité Antique*, 1864)의 저자 퓌스텔 드 쿨랑주(Fustel de Coulanges) 등 종교의 사회적 기능에 대하여 논했던 학자들이 있었고, 이들이 뒤르켐의 종교 이론에 영향을 끼쳤다. 또한 뒤르켐이 최초의 종교 형태로 언급했던 '토테미즘'에 대해 논했던 학자들의 영향도 무시할 수 없을 것이다. '동물과 식물의 숭배'에 대한 일련의 논문(1869~1870)에서 존 퍼거슨 맥레넌(John Ferguson McLennan)은 동물, 식물, 또는 동물로 생각된 천체를 신으로 숭배하는 토테미즘 개념과 더불어 그 사회적 기능을 설명하고 이것이 종교의 기원이라는 이론을 제시했다. 로버트슨 스미스는 『셈족의 종교』(*The Religion of the Semites*, 1889)에서 셈족 종교에서는 희생제의에 바쳐지는 동물이 집단 구성원들과 친족관계로 여겨진다고 주장했다.

뒤르켐은 『종교 생활의 기본 형태들』에서 토테미즘에 개개인

---

16   Pals, *Eight Theories of Religion*, p.6.

의 의식을 초월하는 집단적 정신이 가장 분명히 드러난다고 말했다. 뒤르켐에 따르면, 토템은 공동체에서 숭배되는 신 또는 신들을 나타내며, 그것을 중심으로 공동체가 결속된다. 또한 토템은 구성원 전체의 정체성을 형성하는 공동체 자체의 상징이다. 토템은 숭배 대상인 신이면서 동시에 공동체의 상징이라는 것을 생각하면, 신은 곧 공동체를 가리킨다는 결론을 내릴 수 있다. 뒤르켐은 토테미즘을 통해 인간이 숭배하는 신은 집단의식의 산물이고, 종교 역시 집단적인 정신에서 비롯된다고 주장했다. 종교의 기반이 되는 것은 인간의 집단적인 정신이 모든 사물을 '성'과 '속'이라는 두 범주로 구분하는 태도이다. 성스러운 것은 반드시 도덕적으로 선한 것을 가리키는 것이 아니라, 사회 전체의 유지와 이익을 위한 것이다. 반면 범속한 것은 사적이고 개인적인 것을 아우른다. 신의 개념은 성과 속의 개념을 구성하면서 생긴 부산물로, 사회는 이러한 신, 혹은 초자연적 존재들을 통해 개인들을 쉽게 통제할 수 있게 된다. 뒤르켐은 이러한 성스러움의 개념을 바탕으로, 종교는 "성스러운 것, 즉 격리되고 금지된 것과 관련된 신앙과 행위의 통합된 체계인데, 이 신앙과 행위는 신봉하는 모든 사람들을 단일한 도덕 공동체로 결속시킨다"고 주장했다.[17]

　　뒤르켐 이후 종교가 사회 내에서 필수적인 기능을 할 뿐 아니라 사회의 구성물이기도 하다는 견해가 확산되었다. 20세기 후반에도 뒤르켐의 관심을 이어 가며 종교의 사회 내 기능과, 사회의 다른 요소들에 미치는 종교의 영향에 대해 연구하는 종교사회학 연구들이

17　Durkheim, *The Elementary Forms of Religious Life*, p.46.

계속되었고 지금도 이어지고 있다.[18] 뒤르켐을 비판하는 학자들은 종교의 사회적 기능은 인정하면서도, 종교가 사회에 종속된 것이라는 견해에는 반대했다. 사회구조는 실재이고 종교는 겉으로 드러난 것에 불과하다는 뒤르켐의 주장은 종교 자체의 능동적 힘을 무시했다는 것이다. 또한, 복합적인 종교의 여러 다른 요소들은 모두 부수적인 것으로 취급하고 사회적인 면만을 본질이라고 보는 것에 대한 비판도 제기되었다.

독일의 막스 베버(Max Weber)는 뒤르켐과 다른 관점에서 종교와 사회의 관계를 설명했다. 그는 『프로테스탄트 윤리와 자본주의 정신』(Die Protestantische Ethik und der Geist des Kapitalismus, 1904~1905)에서 종교가 사회구조에도 영향을 끼친다고 주장했다. 베버는 "초기 프로테스탄트 정신의 일정한 특징과 근대 자본주의 문화 사이에 어떤 내적 연관성을 찾으려 한다면… 우리는 그것의 '순수한 종교적 성격'에서 찾아야만 한다"고 말하여 종교의 사회적 영향을 인정했다.[19] 베버는 경제적 조건이 자본주의 발달과 미래의 변화를 결정한다고 생각한 마르크스와는 달리, 경제적 조건이 독특한 문화적 총체성 안에 잠겨 있는 것이라고 간주했다. 복잡한 문화적 연결망 속에서는 어느 한 요소가 다른 것에 일방적인 영향을 끼치는 것이 아니라 여러 요소들이 서로 영향을 주고받는다. 따라서 소위 물질적 생산관계인 하부구조가 정치, 법률, 도덕, 예술, 종교 등 관념 및 이와 관련된 제도인 상부구조를 결정짓

---

18 그중에서도, Mary Douglas, *Purity and Danger: An Analysis of the Concept of Pollution and Taboo* (London: Routledge, 2004[1966]), pp.5~6을 참조할 것.

19 막스 베버, 『프로테스탄티즘의 윤리와 자본주의 정신』, 박성수 역(서울: 문예출판사, 1990[1905]), 31쪽.

는 것만이 아니라, 상부구조 역시 하부구조에 영향을 끼치는 것이다.

베버는 여러 문화 요소들이 복잡하게 연결되어 있다는 관점을 가지고 있었기 때문에, 특정한 방향의 일반 이론을 발전시키지는 않았다. 이에 대해 베버의 연구는 과학적인 이론화 작업이 빠져 있는 역사적 기술의 수준에 머물렀다는 비판이 가해졌다. 여러 저서들을 비교해 보면 일관되지 못한 진술들이 등장한다는 비판도 있다. 이 역시 방대한 범위의 자료를 다루는 베버의 학문적 특징을 지적하는 것이라고도 할 수 있다. 하지만 무엇보다도 베버가 문화의 자생적 발전에 주목하면서 문화권 사이의 상호 영향에는 별 관심을 보이지 않았다는 점에 대한 비판이 제기되어야 할 것이다. 베버는 서구에서 자본주의가 발전한 반면 다른 문화권에서는 그렇지 못한 요소를 설명할 때, 기준점을 서구 기독교 및 자본주의체계로 잡고 거기서 부족한 요소를 다른 문화에서 찾아내는 방식으로 연구를 수행했다. 각 문화권의 자본주의 발전이 해당 문화권 내부의 요소에 의해서만 결정되었다는 것을 전제로 논의를 전개하지만, 서유럽의 근대 자본주의는 수탈과 착취를 바탕으로 축적한 막대한 자본이 있었기 때문에 발전할 수 있었다는 점을 고려해야 한다. 각 문화권 내부의 요소들만

막스 베버

으로는 설명할 수 없는 부분이 있음을 부인할 수 없는 것이다.

⑤ 초기 종교심리학

사회에 초점을 맞춘 연구자들과 거의 비슷한 시기에, 다른 부류의 학자들은 종교를 인간 심리현상으로 설명하고자 했다. 미국의 심리학자이자 실용주의 철학자였던 윌리엄 제임스(William James)는 『종교경험의 종류들』(The Varieties of Religious Experience, 1902)에서 인간이 종교적인 경험을 통해서 무너진 자아를 회복하는 등, 유용한 결과를 얻는다는 점에 주목했다. 그의 연구는 종교적인 경험을 한 사람들의 진술에 의존하고 있었던 반면, 유럽에서는 개인의 의식적 심성은 빙산의 일각에 불과하기 때문에 그 아래에 있는 무의식을 고려해야만 종교를 이해할 수 있다고 본 학자들이 활약했다.

지크문트 프로이트

무의식의 배경에 성의 문제가 있다고 지적하여 당시 지식인들에게 큰 충격을 주었던 프로이트는 『토템과 터부』(Totem und Tabu, 1913)에서 종교적 충동 역시 무의식에 자리한 성적 욕구와 관련되었다고 주장했다. 그는 원시인들의 역사에는 유아기 남아가 아버지를 향해 품고 있는 '존경-애정'과 '미움-증오'라는 오이디푸스적 양가감정이 나타난다고 보았다. 프로이트에 따르면, 원시인들은 여성들을 독점하는 아버지를 미워하여 살해하고 그 시신을 먹었다. 하지만 보호를 제공한 아버지를 살해했다는 죄책감 때문에 아버지를 토템으로 재현하고 숭배하게 된다. 이들에게는 여전히 토템으로 상징되는 아버지를 살해하고 아버지에게 소속된 여성, 즉 어머니와 근친상간을 저지르고 싶다는 충동이 남아 있지만, 이에 대한 터부를 만들어 금하게 되었다.

프로이트의 이론이 매우 흥미롭고 매력적인 것은 사실이지만, 그 자체로는 학문적인 권위를 인정받지 못한다. 이런 원시 집단이 있었고 이들이 식인을 했다는 것 모두 증거가 없이 설정된 전제이다. 프로이트는 종교가 비합리적이며 나아가 신경증과 유사하다는 것을 전제로 놓고 논의를 시작하지만 결국 이 전제가 입증 대상이면서 결론이 된다.

카를 융(Carl Gustav Jung)은 종교를 무의식의 영역에 속한 것으로 보았다는 점에서는 프로이트의 견해를 이어받았으나, 종교에 부정적인 입장을 취했던 프로이트와는 달리 종교의 가치를 인정했다. 『심리학과 종교』(Psychology and Religion, 1938)에서 융은 종교가 가장 높거나 가장 강한 가치와 관계된다고 지적하고, 비록 종교에 비합리적인 면이 있다고 하더라도, 감정적인 면을 포함하며 유구한 세월 동안 보존되는 종교가 합리적인 이론보다도 더 가치가 있다고 주장했다. 그는 프로이트와 달리 종교가 신경증과 비슷하다는 점보다, 오히려 종교가 신경증 치료에 도움이 된다는 점을 강조하고, 종교적 경험이 신자들의 삶에 용기를 부여한다는 점에서 진리라고 할 수 있다고 주장하여, 제

카를 융

임스의 실용주의적 관점과 유사한 입장을 취하기도 했다.[20]

융의 종교 연구는 종교의 가치를 인정했다는 점에서 여러 종교학자들의 환영을 받았으나, 경험적 자료를 근거로 하지 않고 자신의 생각을 사변적으로 전개한 것에 지나지 않았다는 비판을 받았다. 그러나 프로이트와 융은 이전까지 중시되지 않았던 무의식이 종교의 이해에 필수적이라는 것을 밝혀냈다는 점에서 큰 의미가 있다. 이로써 의식적으로 드러나는 부분으로만 종교 관련 자료를 이해해서는 안 된다는 것이 당연하게 받아들여지게 된 것이다.

⑥ 종교현상학과 종교해석학

뒤르켐 등의 사회학자들은 종교가 사회에 의해 구성된 것이라고 주장했고, 프로이트 등의 심리학자들은 종교를 심리현상으로 설명했다. 이들은 종교의 본질을 다른 것으로 '환원'하여 설명하고자 했던 것이다. 그러나 이러한 경향에 반대하는 학자들은, 종교의 본질을 사회나 심리 등으로 환원하면 신자들의 관점이 배제될 수밖에 없다

---

20 융의 이런 관점을 확인하려면 C. G. 융, 『심리학과 종교』, 이은봉 역(서울: 창, 2001[1938]), 25, 28, 96-98, 161, 185쪽 등을 볼 것.

고 비판했다. 이들은 종교를 그 자체로 다루는 것을 중시하여 신자들이 경험하는 종교현상을 기술하는 방법을 사용했다. 이렇게 기술된 내용을 토대로, 여러 종교에 나타나는 종교현상들을 분류하여 항목별로 정리하는 연구가 이어지게 된다. 따라서 통시적인 관점보다는 공시적인 접근 방법을 사용하는 경우가 많았으며, 개별적인 문화 연구가 아니라 여러 문화를 교차문화적으로 비교하는 연구가 이루어졌다. 이러한 연구 경향을 지닌 학자들은 자신들의 연구 분야를 '**종교현상학**'이라고 불렀다.

네덜란드의 반 데르 레이우는 '종교현상학'이라는 용어가 받아들여지는 데 가장 크게 공헌한 학자이다. 그는 '종교현상학'을 전면에 내세운 저서 『종교현상학입문』(*Introiding tot de godsdienstgeschiedenis*, 1924)과 『종교현상학』(*Phänomenologie der Religion*, 1933)을 통해 20세기 전반 종교학계에 큰 영향을 끼쳤다. 반

데르 레이우는 그리스도교 신자로서 다른 종교 전통들을 종교 자체로 이해할 때 사용할 수 있는 방법으로 종교현상을 체계적으로 기술하고, 분류하고, 유형화할 것을 제안했다. 그는 이러한 방법을 통해 종교현상에 나타나는 의미를 이해하고, 종교현상들 사이의 관계, 즉 '구조'를 파악하고, 나아가 이 구

헤라르뒤스 반 데르 레이우

조가 종교들 사이에 공통적으로 나타나는 것, 즉 '본질'을 보일 수 있을 것이라고 생각했다.[21] 반 데르 레이우는 주관적 관점이 개입되지 않은 종교현상의 의미와 구조를 밝히기 위해서 두 가지 방법을 도입했다. 첫째는 현상학을 주창한 철학자 에드문트 후설(Edmund Husserl)이 제안한 '**판단 중지**'로, 자신의 관점 또는 선입관을 배제하고 한걸음 물러서서 관찰하는 방법이다. 둘째는 연구자 자신의 삶에 종교인의 경험을 비롯한 종교현상을 대입해 보는 '**감정이입**'이다.

반 데르 레이우가 20세기 전반 종교현상학 방법론을 체계화한 것은 사실이나, 그의 연구는 그리스도교의 문제의식과 관심사에서 그다지 벗어나지 못했다는 비판을 받는다. 예컨대, '죄와 속죄' 또는 '아들의 형상으로서 구세주' 등 그리스도교의 중심적인 주제가 모든 종교에 일반적인 주제인 것처럼 다뤄진다. 또한 그는 힘의 숭배(dynamism)와 정령 숭배(animism)를 중심으로 종교들을 분류하고, 힘의 숭배는 일원론(monism: 우주의 본체, 원리가 하나라고 보는 견해)이나 범신론(pantheism: 신과 우주를 동일시하여 세계의 모든 것이 신이라는 주장)으로 발전하고, 정령 숭배에서 유신론(theism)으로 전개된다고 설명했다. 이 분류는 종교의 여러 형태들에 대한 충분한 관찰과 비교에 근거하지 못했다고 평가되며, 내용면에서도 설득력이 없다는 비판을 받았다.

미르체아 엘리아데는 종교를 다른 것으로 환원하여 설명하는 경향에 반대하며, '종교 그 자체'를 기술하고 그 의미를 파악해야 한

---

21 게라르두스 반 델 레에우, 『종교현상학 입문』, 손봉호 · 길희성 역(왜관: 분도출판사, 1995[1924]), 24–26쪽.

다고 주장했다는 점에서[22] 흔히 그를 종교현상학자로 간주하거나 적어도 그가 종교현상학자들의 관점을 이어받았다고 평가한다. 예를 들어, 정진홍은 엘리아데가 "해석학적 종교현상학" 연구자였다고 설명하여, 그를 종교현상학의 계보에 포함시켰다.[23] 하지만 엘리아데는 반 데르 레이우와는 달리 '판단 중지' 등 현상학의 방법에 대해 거의 언급하지 않았을뿐더러, 자신의 연구를 종교현상학이라고 지칭하지도 않았다. 그는 자신의 연구를 '창조적 해석학'이라고 불렀다. 물론 2장에서 지적했듯이, 종교현상학과 종교해석학 두 진영에 속하는 학자들은 대개 종교경험을 비롯한 종교현상에 대한 적극적인 이해를 추구하는 비교종교학을 통해 연구했고, 따라서 연구의 방향과 내용이 크게 다르지 않았다는 점은 사실이다. 다만, 종교현상학자들과 종교해석학자들은 방법론 면에서 서로 다른 견해를 가지고 있었던 것에는 주의해야 할 것이다. 간단히 설명하자면, 반 데르 레이우 등 종교현상학자들이 선입관과 주관성을 최대한 배제해야 종교현상을 제대로 이해할 수 있다고 보았던 반면, 종교해석학자들은 주관적 입상을 완전히 배제하는 것은 불가능한 일이기 때문에 서로 다른 지평을 인정하고 융합해야 한다고 주장했다. 예컨대, 엘리아데의 시카고 대학교 전임자였던 바흐는 선입관과 주관성을 배제해야 한다는 종교현

22 엘리아데의 이러한 입장에 반대하는 목소리도 적지 않았다. 존 펜튼이 엘리아데가 반환원주의를 내세워 신학적 개념을 종교학에 도입하고 있다고 비판하며 종교학이 환원론을 사용할 것을 주장한 것은 1970년이다. 1980년대 들어 이 논의가 더 확장되어, 로버트 시갈이 1983년에 환원주의 방법론을 적극적으로 사용해야 한다고 주장한 이후 많은 학자들이 이에 동조했다. John Y. Fenton, "Reductionism in the Study of Religions", *Soundings* 53 (1970), pp.62–71; Robert A. Segal, "In Defense of Reductionism", *Journal of the American Academy of Religion* 51 (1983), pp.97–124.

23 정진홍, 「종교현상학의 전개: 1950년 이후를 중심으로」, 『종교연구』 3(1987), 63쪽.

미르체아 엘리아데

상학 방법에 반대하여, 연구자 자신의 주관적 입장을 인정하고 이를 적극적으로 적용해야 한다고 주장했다.[24] 종교현상학자들이 후설의 '판단 중지'에 영향을 받았다면, 종교해석학자들은 어떤 대상(텍스트)의 이해를 위해서는 대상의 세계와 학자의 현재 세계가 융합되어야 한다는 한스 게오르그 가다머(Hans-Georg Gadamer)의 '**지평융합**'에 동의하는 것으로 볼 수 있다.[25]

엘리아데는 뒤르켐의 이론에서 범속함과 대립되는 성스러움의 개념을 채용했지만, 성스러움이 사회에 의해 구성되는 것으로만 보지는 않았다. 엘리아데는 인간은 누구나 어느 정도 '**종교적 인간**(*homo religiosus*)'의 성향을 지니고 있어서 성스러움의 경험을 지향한다고 주장하고, 인간의 인식을 통해 드러나는 성스러움의 구조를 보이고자 했다. 엘리아데가 말한 '종교적 인간'은 성스러움과 접하는 시간과 공간을 구별하고, 성스러움과 교류했던 태초의 경험을 이야기로 구성하고 이를 의례를 통해 반복하며, 다양한 사물들을 통해 드러나

---

24 바흐의 해석학적 입장에 대해서는 Joachim Wach, *Understanding and Believing: Essays by Joachim Wach* (Westport, CT: Greenwood Press, 1968[1975]), pp.125-141을 볼 것.

25 Hans-Georg Gadamer, *Truth and Method*, translated by Joel Weinsheimer & Donald G. Marshall (New York: Continuum, 1994[1960]), pp.306-307.

는 성스러움의 속성을 발견한다. 성스러움은 범속함과 대립되는 것으로 설정되지만, 인간이 '성스러움의 드러남', 즉 '성현'을 경험하는 것은 범속한 세상 속에서만 가능하다. 엘리아데는 개념상 반대되는 성과 속이 성현을 통해 일치되는 양상을 '**성과 속의 변증법**'이라고 불렀다. 그는 『종교형태론』(1949)에서 하늘, 태양, 달, 물, 땅, 돌, 식물 등 자연물들로부터, 성스러운 시간과 공간, 그리고 성스러운 이야기(신화)와 행위(의례) 등, 인간이 성현으로 경험해 온 다양한 대상들의 형태를 체계적으로 기술하고, 이 다양한 모습들이 복잡하면서도 응집된 체계로 통합된다는 것을 보이고자 했다.[26]

　　종교를 종교 자체로 기술하고자 한 종교현상학자들 중에는 종교인들의 진술을 비판 없이 수용하는 학자들도 있었다. 그러나 종교인들의 진술은 종교적 지향과 이상을 보이기는 하지만 사실을 보이지는 못하기 때문에 학문적인 연구에 적합하지 못하다는 비판을 받기도 한다. 종교인들의 관점에서 종교현상들을 보면, 종교의 부정적인 면에 대해서는 다루기 어렵다는 점도 문제가 된다. 또한 일부 종교현상학자들은 종교현상을 기술하는 데 머물러 '설명'에 이르지 못한다는 비판을 받기도 한다. 설명은 모르는 것을 아는 것으로 바꾸어 말하는 과정을 수반해야 하는데, 기술 또는 묘사는 설명을 수반하지

---

[26] 수많은 학자들이 엘리아데의 이론에 대한 상이한 평가를 제시했다. 여기서 엘리아데의 종교 이론에 대한 평가를 논할 수는 없을 것이다. 엘리아데 이론 전반을 이해하기 위한 참고서로는 더글라스 알렌, 『엘리아데의 신화와 종교』, 유요한 역(서울: 이학사, 2008[2002])을 추천한다. 유요한, 『종교 상징의 이해』는 엘리아데의 이론을 이해하기 위한 입문서로도 사용될 수 있을 것이라고 생각한다. 이밖에, 유요한, 「인간을 변화시키는 종교와 종교학: 엘리아데의 인간론과 교육론」, 『종교연구』 76/1(2016), 1–22쪽도 도움이 될 것이다. 유요한, 「거인 엘리아데의 어깨 위에서」는 엘리아데 연구에 대한 비판들에 대한 필자의 견해를 밝힌 논문이다.

못한다는 것이다. 일부 종교현상학자들의 경우 신학적 관심을 너무 크게 반영하고 있으며, 신 또는 성스러움의 실재를 인정하는 존재론적 전제가 바탕에 있다는 비판을 받기도 한다. 이 비판이 모든 종교현상학자에 적용될 수 있는 것은 아니라는 것에 주의해야 한다. 연구자의 관점을 배제하고 신자들의 시선에서 종교현상을 기술하는 과정에서 성스러움의 실재를 전제로 하고 있는 것으로 보이는 오해가 발생하기도 했기 때문이다.

⑦ 레비스트로스의 구조주의

마지막으로, 엘리아데와 비슷한 시기에 활동했던 프랑스의 '구조주의' 인류학자 클로드 레비스트로스(Claude Lévi-Strauss)의 이론을 잠시 검토하겠다. 레비스트로스의 신화 이론은 도니거를 비롯한 종교학 분야의 신화 연구자들에게 큰 영향을 끼쳤다. '구조주의'의 기초가 되는 관점은 원래 언어학 분야에서 발전했다. 아주 간단히 말하면, 언어체계에서 기표(기호가 표시되는 형식)와 기의(기호가 나타내는 대상이나 의미)는 직접 관련된 것이 아니며, 어떤 기호의 의미는 언어체계 내의 다른 기호와의 관계에 달려 있다는 것이다. 구조주의자들은 이 관점이 모든 사물에 적용된다고 보고, 사물의 의미는 다른 사물들과의 관계에 따라 정해진다고 보았다. 레비스트로스는 신화의 요소들 사이의 관계에 대한 분석을 토대로, 각기 다른 개별적 신화들에 공통적으로 나타나는 체계적 논리를 보이고자 했다.[27] 레비스트로스는 겉으로 드러나는 차이점들을 통해 보편성, 달리 말해 그가 "경험적 다양성을 뛰어넘는 상수"라고 표현한 것을 찾아내고자 한 것이다. 그는 신화

등 인간이 구성해 낸 문화에서
는 물론, 인간의 사고 자체에서
이원적이면서 변증법적인 체계
를 발견할 수 있다고 보고, 이
를 통해 "지리적으로 떨어져 있
고 언어와 문화가 서로 다른 데
도 불구하고 나타나는" 공통적
인 특징을 해명할 수 있다고 생
각했다.[28] 그러나 레비스트로스
는 '성스러움'이나 '성현' 등 종
교 내부의 주요 개념, 나아가

클로드 레비스트로스

종교 자체에 별 관심이 없었다는 점에서 종교학자라고 볼 수는 없다.
엘리아데는 레비스트로스가 문자가 없는 사회의 종교적 생활을 이해
하는 데 크게 공헌했다는 것을 인정하면서도, 그가 성스러움의 본원
적 의미를 탐구하는 연구를 부인하기 때문에 종교학자인 자신은 레
비스트로스의 구조주의를 수용할 수 없다고 비판한 바 있다.[29]

그러나 크게 보면 엘리아데와 레비스트로스 사이에는 아주 중
요한 공통점이 있다. 엘리아데는 인간에게 종교적 지향성이라는 공
통적 속성이 있다고 주장했고, 레비스트로스 역시 문화적, 역사적, 지

27　C. 레비스트로스, 『신화학 1: 날것과 익힌 것』, 임봉길 역(파주: 한길사, 2005[1964]), 108쪽.

28　C. 레비스트로스, 『야생의 사고』, 안정남 역(파주: 한길사, 2005[1962]) 110쪽; C. 레비스트
로스, 『슬픈 열대』, 박옥줄 역(파주: 한길사, 2006[1955]), 168, 171, 247쪽; Claude Lévi-
Strauss, *The Naked Man*, translated by John & Doreen Weightman (Chicago: University
of Chicago Press, 1990[1971]), pp.625-639 등을 참조할 것

29　Eliade, *The Quest*, p.17; *Ordeal by Labyrinth*, p.142.

리적 차이를 넘어 나타나는 인간의 공통성을 보이고자 했다는 것이다.[30] 이러한 거대 관점은 엘리아데와 레비스트로스 세대의 학자들 이후에는 힘을 잃게 된다. 1980년대에 '후기구조주의'와 '포스트모더니즘'이 세계 학계에 확산되면서, '보편성'에 대한 탐구 자체가 거센 공격을 받고 부정된다. 1980년대 이후 서구 학계에서 인간을 아우르는 공통적 특징에 대한 연구는 상당한 정도로 동력을 잃게 된다. 이때부터 바야흐로 대부분의 2000년대 종교학자들이 당연하게 여기는 학문적 관점이 주를 이루는 '현대 종교학'이 시작된 것이다.

3) 현대 종교학의 동향: 1980년 무렵부터 2000년 무렵까지[31]

앞에서도 살펴본 것과 같이, 1980년대는 비교종교학의 입지가 축소되는 시기였다. 종교학 연구 분야들 중의 하나로 축소되거나,[32] 종교를 연구하는 데 필요한 기본적인 태도나 소양 정도로 간주되는 경향이 있다.[33] 미국 각 대학의 종교학과에서 비교종교학을 다루는

---

30 레비스트로스, 『야생의 사고』, 354, 375쪽. 레비스트로스는 개별 신화의 분석을 통해 "세계를 공시적이면서 통시적인 전체로 동시에 파악"하고자 했다

31 이 부분은 유요한, 「비교종교학 연구의 최근 동향: 학문적 엄밀성이 요구되는 비교종교연구와 종교학」, 『종교문화연구』 8(2006), 23-39쪽; 「새로운 비교종교방법론의 발전 가능성과 그 방향: 조나단 스미스의 "같은 지점"의 확인을 통해」, 『종교와 문화』 13(2007), 89-115쪽; 「종교학의 비교방법론: 공동작업에 근거한 비교철학 연구를 위한 제언」, 『종교와 문화』 14(2008), 144-177쪽 등에서 다룬 내용을 보완, 발전시킨 것이다.

32 샤프의 『종교학의 전개』 초판이 나온 지 20년 후에 출판된 Walter Capps, *Religious Studies: The Making of a Discipline* (Minneapolis: Fortress Press, 1995)에서는 종교학을 'Religious Studies'라고 칭하고 있으며, 비교종교학은 그중 한 분야로 제6장에서 다루고 있다.

33 Eck, "Dialogue and Method", p.131.

교과가 상당히 줄어들었으며, 대신 각 종교 전통에 대한 더 세심하고 깊이 있는 연구가 강조되었다. 이 시기 비교종교학의 범위 축소는 포스트모더니즘의 시각에 근거하여 기존 종교학을 비판하는 학자들의 영향을 받았다고 할 수 있다. 많은 학자들이 비교 방법을 서구우월주의의 산물이라고 비판하면서 그 학문적 효용성도 부정하였다.

그러나 1990년대 이후에는 전통적인 비교 방법이 종교 연구에 필수적이라고 주장하는 학자들의 반론이 제기되었다. 그들은 비교 방법에 수반될 수 있는 문제점들을 학자들이 충분히 의식한다면 극복이 가능하다고 반박하며, 비교를 통해 일반적 수준의 설명을 제시하는 절차가 없다면 종교 연구의 학문적 가치를 확보할 수 없다고 주장했다. 비교종교학 방법에 대한 의심이 한창 제기되면서 그 위치가 축소되고 있던 1990년대에, 페이든은 포스트모더니즘의 비교 방법에 대한 비판을 극복할 수 있는 비교종교학의 기준을 제시했고,[34] 도니거는 기존 비교종교학에 대한 비판들을 넘어서는 비교 연구가 가능하다고 확언했다.[35] 이후에도 비교 연구가 학문적 엄밀성을 지니고 수행된다면 종교의 이해에 가장 효율적이며 강력한 수단이 될 수 있다고 보는 학자들이 비교종교학에 가해진 비판에 대해 답변하고 대안을 제시했다.[36] 요컨대 1990년대 종교학계에는, 전통적인 종교학의

---

34 William E. Paden, "Elements of a New Comparativism", *Method and Theory in the Study of Religion* 8.1 (1996) pp.5-14. 본고에서는 페이든이 이를 개정하여 같은 제목으로 출판한 "Elements of a New Comparativism", pp.182-192를 주로 참조하였다.

35 Doniger, *The Implied Spider*, pp.64-71.

36 예를 들어, 1995년과 1996년에 미국종교학회(AAR: American Academy of Religion)에서 발표된 논문들을 중심으로 2000년에 출판된 *A Magic Still Dwells: Comparative Religion in the Postmodern Age*는 포스트모더니즘의 비교종교학 비평에 대한 종교학계의 분석 및 대응을 다루는 폭넓은 주제들의 논문들을 포함하고 있다. 또한, 2004년에 나온 *Method and*

연구 대상 및 방법을 발전적으로 계승해야 한다고 보는 학자들과, 거대한 시각에서 종교를 일반화해 온 전통적 종교학의 태도를 거부하며 그 한계를 지적하는 데 집중한 학자들이 공존하고 있었다고 할 수 있다.

① 새로운 비교 연구의 기준

비교 방법을 옹호한 학자들 중에서는 특히 페이든을 주목할 필요가 있다. 그는 전통적 비교 방법을 사용한 연구가 "성립이 불가능하다고 주장하거나 수행되어서는 안 된다고 믿는 사람들"[37]에 반대하여, 학문적인 엄밀성을 지닌, 엄격하게 통제된 비교 방법을 제기했다.[38] 페이든은 비교종교학을 향한 비판에도 불구하고, 비교의 범주, 분석, 관점이 없으면 종교의 연구가 불가능하다고 주장했다. 범주를 통해 세계를 보고, 이론을 성립시키고 개념을 설명하기 위해서는 비교 방법이 수반될 수밖에 없다는 것이다. 그는 전통적 비교 연구가 서구의 시각을 중심으로 이루어졌을 뿐 아니라, '성스러움'이나 '거룩함' 등 신학적 범주에만 초점을 맞추었던 점을 인정한다. 이러한 문제점을 극복하고, 종교학을 다른 학문 분야로부터 고립되지 않은, 엄밀한 학문적 태도를 지닌 분야로 세우기 위해 비교 방법론의 의미를 재

Theory in the Study of Religion 16.1호는 더 엄밀한 비교 방법의 가능성을 모색하는 것에 초점을 맞춘 논문들을 게재했다.

37 Doniger, *The Implied Spider*, p.64.

38 Paden, "Elements of a New Comparativism" 외에도, 페이든의 신비교론과 이에 대한 비판을 정리한 김종서, 「현대 종교학의 비교방법론: '신 비교주의(New Comparativism)'를 중심으로」, 『한국의 종교사상』(서울: 서울대학교 철학사상 연구소, 2002), 15~50쪽을 참조할 것.

구성하여 정립할 것을 제안하며,[39] 새로운 비교 연구의 다섯 가지 기준들을 정리한다.

첫째, 전통적인 종교현상학이 보편적인 것에 우위를 두고, 인류학이 현지조사를 바탕으로 다양한 내용의 자료를 축적하는 민족지학 관점의 차이들을 중시한다면, 새로운 비교 연구는 유사성과 차이점들을 모두 보이는 작업이다. 둘째, 비교의 범주들을 통해 새로운 발견을 할 수 있는 발견적 도구의 기능을 한다. 종교 내부에서는 자신들의 절대적 신앙을 상대화하는 것으로 여겨지는 비교 및 범주화를 거부하기 마련이지만, 비교 연구에서는 동일한 성질을 지닌 부류를 구별하는 범주화의 작업이 필수적이다. 셋째, 종교적 주제들만 비교의 공통 요소가 될 수 있는 것이 아니다. 모든 주제의 자료가 비교 종교의 유형들을 구성할 수 있다. 넷째, 비교의 틀을 분석적으로 통제하여, 현상들의 중요한 측면들을 이론적으로 초점을 맞추어 선택한다. 다섯째, 종교의 내부적 언어와 구별되는 해석자의 담론을 제시하고 일반화를 구성해 낸다.

② 조나단 스미스의 비교종교학

페이든의 소위 '신 비교론'은 당대 종교학자들의 연구의 경향을 정리한 것이 아니라, 바람직한 비교종교학이 가야 할 방향을 제시하는 규범적인 주장이라고 할 수 있다.[40] 페이든의 이러한 종래 비

---

39 Paden, "Elements of a New Comparativism", pp.183-184, 190.

40 그는 이미 1988년에 출판된 책에서도 기존 비교종교학의 문제점들을 넘어서 효과적으로 비교 연구를 가능하게 하는 비교론적 시각의 가능성을 모색한 바 있다. William E. Paden, *Religious Worlds: The Comparative Study of Religion* (Boston: Beacon Press, 1988)

교 방법의 문제점의 인식과 새로운 비교 연구 관점의 제시는, 1970년 대 이후 종교학의 문제점들을 꾸준히 제기해 온 조나단 스미스에게서 많은 영향을 많이 받은 것으로 볼 수 있다. 종교학에서 이루어지는 비교의 속성에 대한 논쟁은 포스트모더니즘이라는 외부의 도전을 받아 가속화된 것이 사실이지만, 스미스가 시작한 비교 관련 연구는 포스트모더니즘적 시각에서 제기되는 내용들을 이미 오래전부터 포함하고 있었다. 스미스는 당시까지 사용되어 온 비교 방법의 문제점을 조목조목 비판했지만, 비교 방법을 포기해야 한다고 하지는 않았다. 1970년대부터 그는 비교가 인간의 인식 과정에 필수적이라는 것을 지적하는 동시에, 엄밀한 학문적 비교를 종교학에 도입해야 한다고 했다.[41] 그래서 비교종교학의 문제점에 대한 스미스의 비판적 지적이 1990년대 이후에는 포스트모더니즘의 공격으로 맞게 된 비교종교학의 위기를 극복하기 위한 논리로 사용된 것이다. 당시 비교 연구를 옹호했던 여러 학자들이 비교가 학문적 작업의 필수 과정이라는 것에 근거하여 비교 방법을 공교히 발전시켜야 한다고 주장했던 것은 스미스가 20여 년 동안 주장했던 내용과 맥을 같이 한다.

이런 점에서 스미스는 기존 종교학의 연구 방법을 무작정 거부하고 비판하는 학자라기보다는, 문제점에 대한 정확한 진단을 바탕으로 끊임없이 더 나은 방법을 추구해 온 학자이다. 기존 종교학 이론과 방법론의 문제들을 끊임없이 비판하던 1970년대에, 스미스가

pp.2–5.
41 Jonathan Z. Smith, *Map is Not Territory* (Chicago: University of Chicago Press, 1993[1978]) p.240.

종교학 분야에는 이전 시대의 비교 연구를 대신할 새로운 시대가 오지 않았다고 단언하고, 종교학에서 비교 방법의 발전은 "더 나은 수준의 같은 지점"에 도달해야 한다고 말했던 것을 기억할 필요가 있다.[42] 그는 기존 비교종교학 방법론에 나타난 문제점들을 파헤치고, 나아가 종교의 학문적 연구에 좀 더 적합한 비교 방법론을 모색했다. 기존 비교 방법이 민족지적(ethnographic) 비교, 백과사전적(encyclopedic) 비교, 형태론적(morphological) 비교, 진화론적(evolutionary) 비교 등 네 유형으로 요약될 수 있다고 말하고, 각각의 문제점들을 지적한 것이다.[43]

1980년대에도 스미스는 논의를 계속 발전시켜, 새로 등장한 비교 방법으로 통계적 비교, 구조주의적 비교, 체계적인 서술과 비교라는 세 유형을 제시하고, 이 세 비교의 형태는 모두 기존의 네 유형이 변형된 것이라는 결론을 내린다. 그는 기존의 비교 방법 중 유일하게 학문적 효용성과 가치를 지닌 것은 형태론적 비교 방법이라고 보았다. 이에 따라 이 방법의 한계로 지적한 역사와 시간성을 무시하는 문제점을 극복할 수 있는 가능성을 탐색하여, 역사 및 시간의 개념과 통합된 형태론적 비교 방법을 주창한다.[44]

같은 시기 스미스는 비교종교학 방법론의 다양한 문제들에 대해 심층적으로 파고들었다. 예를 들어, 그는 비교종교학자들이 비교 대상들의 "같음"에만 주목해 왔던 경향을 지적하면서 "차이"의 중요

---

42 Smith, *Map is Not Territory*, p.264.
43 Smith, *Map is Not Territory*, p.264. 네 유형의 자세한 내용은 유요한, 「종교학의 비교방법론」, 150–151쪽을 볼 것.
44 Jonathan Z. Smith, *Imagining Religion: From Babylon to Jonestown* (Chicago: University of Chicago Press, 1982), pp.25–29.

성을 역설했다.[45] 또한, 비교 주체와 타자를 비교 대상으로 놓고 분류하는 과정에서 이들을 쉽게 "같은 것"으로 보거나 어느 한쪽을 일방적으로 "유일한 것"으로 간주하는 경향을 경계했다.[46] 그는 단순한 비교 결과의 나열이 아닌 기준점에 근거한 비교가 이루어져야 한다고 주장하는 등,[47] 비교 절차와 방법 면에서 기존 연구의 대안을 지속적으로 제시했다. 또한 스미스는 비교종교학에서 비교의 방법과 절차만큼이나 비교 자료의 선정이 중요하다는 것을 보여 주었다. 그는 역사적 사실로 받아들여지는 기록들도 특정 집단의 관점에 근거하고 있을 수 있다는 것을 지적하며, 객관적인 학문이 성립하기 위해서는 자료의 맥락을 철저히 점검해야 한다고 말했다. 스미스는 당연히 받아들여져야 하는 텍스트는 없으며, 모두 관점이 적용된 주석으로 보고 접근해야 한다고 주장했다.[48] 즉 종교의 자료들은 있는 그대로의 사실을 드러내는 것이 아니라, 기록자 혹은 진술자의 이데올로기적 관점을 나타낸다는 것이다. 또한 자료들이 담고 있는 사회적인 이상과 그 이면에 있는 사회적인 실재는 종종 불일치를 이루며 갈등하기도 한다.[49] 그래서 비교 대상이 되는 종교 자료의 맥락을 이해하는

---

45 Smith, *Imagining Religion*, pp.1-18; Smith, *To Take Place*, pp.13-22. 여기서 스미스는 중심의 상징에 초점을 맞춘 엘리아데를 비판한다. 이와 연관하여, 엘리아데가 주변부를 상대적으로 경시하고 중심을 강조했던 것을 지적한 "The Wobbling Pivot", in *Map is Not Territory*, pp.98-99를 참조할 것.

46 Smith, *Imagining Religion*, p.6.

47 Jonathan Z. Smith, *Drudgery Divine: On the Comparison of Early Christianities and the Religions of Late Antiquity* (Chicago: University of Chicago Press, 1990) p.33.

48 Jonathan Z. Smith, "The Domestication of Sacrifice: Discussion", in Robert Hamerton-Kelly (ed.), *Violent Origins: Walter Burkert, Rene Girard, and Jonathan Z. Smith on Ritual Killing and Cultural Formation* (Stanford: Stanford University Press, 1987), p.207.

49 Smith, *To Take Place*, pp.40-42.

것이 중요하다. 따라서 어떤 자료가 비교 작업을 위해 선별될 것인지 여부를 결정할 때, 그 자료의 역사적 맥락이나 원문 내용의 맥락, 체계 상의 맥락 등을 고려해야 하는 것이다.[50] 스미스는 종교 연구에서 '자료로 간주되는 것'을 엄격하게 검토하는 일이 비교종교학의 가장 중요한 업무 중의 하나라는 사실을 설득력 있게 보여 주었다. 최근 대부분의 종교학자들이 '당연하게 받아들여야 할 자료는 없으며 모든 자료는 주장을 위해서 선택된 것'이라는 것을 늘 염두에 두게 된 데에는 스미스의 공헌이 가장 컸다고 본다.

1990년대 후반부터 2000년대 초반에 이르는 기간 동안 스미스는 비교종교학의 연구 방향에 대한 견해들을 개진했다. 무엇보다, 스미스가 지역성 및 특정성을 강조하는 포스트모더니즘의 관점이 종교학에 그대로 적용되어서는 안 된다고 강조했다는 점에 주목해 보자.[51] 그는 기존의 비교종교학이 학문적으로 입증할 수 없는 '보편성'을 추구해 왔다고 지적하면서도, 다른 극단으로 향하는 20세기 말 종교학계의 경향 역시 비판했다. 이번엔 포스트모더니즘의 영향으로 지역주의(localism)에 치우쳐, 일반화(generalization)를 위한 모든 시도를 서구의 기만으로 낙인찍었다는 것이다. 스미스는 지역성만 남기고 모든 일반화를 거부한다면 학문적인 설명을 포기하는 셈이라고 말한다. 그는 특수화(specialization)나 보편성(the universal)을 추구하는 양쪽 극단 모두를 거부해야 하며, 그 대신 '일반적인 것'을 추구해야 한다고

---

50 Smith, "The Domestication of Sacrifice: Discussion", p.209; Smith, *Drudgery Divine*, pp.17-22.
51 Smith, *Relating Religion*, p.134.

주장한다. 스미스에 따르면, '일반적인 것'은 예외들을 인정한다는 점에서 '보편적인 것'과 다르며, 선별의 과정을 거쳐 정해진다는 점에서 '특정적인 것'과도 다르다. 그는 엄밀한 학문적 자세에 근거한 종교 연구라면, 지역적인 수준의 기술에만 집중하거나 모든 것을 아우르는 보편적 담론을 만들어 내는 대신, 선별된 대상의 비교를 근거로 일반적 설명을 도출해 내야 할 것이라고 주장한다.[52]

또한 스미스가 비교종교학의 목적은 비교 자체가 아님을 강조하고, 비교를 통해 비교 자료에 대한 새로운 설명이 도출되어야 한다고 주장한 것도 중요하다. 비교는 인간의 지적인 활동 및 작용의 근본적인 특징이기 때문에, 학문적인 연구 과정에서 비교를 이용하지 않을 수 없다.[53] 그러나 비교는 공정하지 못한 비교 주체의 입장에서 이루어지기 때문에, 엄밀한 비교 작업을 수행하기 위한 노력이 늘 필요하다. 그는 현상을 공정하게 설명하기 위해서는, 보편적이지 않으면서도 특정적이지 않은, 엄밀한 절차를 거친 '일반화' 혹은 '이론화'의 작업이 필요하다고 주장한다. 스미스에 따르면, "종교 연구의 한 가지 목적은, 확고하게 자리 잡은 자료의 세심한 기술을 기반으로 하는, 비교에 근거한 일반론들을 제시하는 것이다."[54] 스미스는 이 목적을 달성하기 위해 밟아야 하는 비교 연구의 절차를 '기술(description)', '비교(comparison)', '재기술(redescription)', '개정(rectification)' 등 4단계로 정리

---

52 Smith, *Relating Religion*, pp.31, 369-372. 스미스에 따르면, "일반화(generalization)"는 선택되고 규정된 특징들이 동시에 나타나는 것에 주의를 기울이면서 다른 특징들은 배제하는 지적(知的) 작업으로, 비교와 분류를 수반한다. 스미스는 일반화가 없으면 대상에 대한 이론적 설명이 이루어질 수 없다고 본다.
53 Smith, *Map is Not Territory*, p.240.
54 Smith, *Relating Religion*, p.31.

했다.[55]

　먼저 '기술'의 단계에서는 비교 대상으로 선정한 자료를 사회적, 역사적, 문화적 맥락에 위치시켜 살피고, 그 자료가 학문적 전통 내에서 어떻게 수용되었는지를 검토하는 이중적인 '맥락화(contextualization)' 작업으로 구성된다. 두 개 이상의 비교 대상을 기술하는 단계가 끝나면, 범주, 유형, 이론 등에서 중요하다고 여겨지는 측면에 관하여 그 대상들을 '비교'하는 단계가 이어진다. 이 비교 작업을 통해, 어떤 비교 대상이 되는 케이스를 다른 케이스에 비추어 이전과 다르게 설명하는 '재기술'이 가능하고, 나아가 기존 학문적 범주들을 '개정'할 수 있게 된다. 스미스는 비교 연구의 과정과 목적을 명확히 정리하고, 학문적으로 유의미한 비교의 기준을 제시한 것이다. 비교와 일반화는 개별적 현상들을 학자의 지적인 영역 속에 위치하도록 하고, 이를 통해 종교 자료를 이론적으로 '설명'하고 이전의 설명을 '개정'하는 최종적인 단계에 이르게 하는 것이다. 요컨대 스미스는 비교 연구의 기준을 제시하면서, 그 과정과 목적을 명확히 정리했다고 할 수 있다.

　스미스는 1980년대 이후 2017년 사망할 때까지 종교학 분야에서 가장 영향력이 큰 학자였다. 1980년부터 2020년까지 40년 동안 종교학 이론을 대표하는 학자 한 명이 누구인지 묻는다면 많은 학자들이 스미스를 꼽을 것이다. 데이비드 화이트(David White)는 스미스가 동시대 포스트모더니스트들의 수사법을 사용하지 않고도 근대주의적

55　Smith, "The 'End' of Comparison: Redescription and Rectification", in *A Magic Still Dwells*, p.239; Smith, *Relating Religion*, p.29.

성향의 선배 종교학자들의 문제점들을 교묘하게 지적해 왔다고 칭송하며, 비교종교론을 논의하는 종교학자들을 스미스의 견해에 동의하는지 여부에 따라 "존경받아 마땅한" 거인 스미스의 어깨 위에 올라 있는 학자들(On the Shoulder of Jonathan Z. Smith)과 그렇지 않은 학자들(Not On the Shoulder of Jonathan Z. Smith)로 구별할 수 있다고 말하기도 했다.[56]

스미스가 종교학계에 끼친 영향이 매우 컸다는 것은 분명하지만, 그의 학문적 업적이 비판으로부터 자유로운 것은 아니다. 첫째, 스미스는 폭넓은 범위의 종교 자료들을 조사하고 비교하는 연구에는 힘을 기울이지 않았다. 비교 방법의 문제에 초점을 맞추다 보니, 정작 직접 종교 자료들을 선별하고 이론의 형태로 일반화하는 본격적인 연구가 많이 이루어지지 못한 것이다. 이런 면에서 그는 자신을 소논문을 저술하는 학자(essayist)라고 규정하기도 했다.[57] 스미스가 종교학 방법론과 이론을 한 차원 높은 수준으로 끌어올렸으며 종교 자료를 이해하는 탁월한 시각을 보여 준 것은 사실이지만, 풍성한 자료를 깊이 있게 비교하여 일반론 수준의 설명으로 발전시킨 사례가 많지 않다는 점은 아쉽다고 하겠다.

둘째, 스미스는 종교를 표상과 표현의 문제로 이해하여 종교의 언어적 측면에만 초점을 맞추었다. 이 책의 2장에서 언급했듯이, 스미스는 '종교를 실재와 경험의 문제로 보는 부류'와 '종교를 언어와 표상의 문제로 보는 부류'로 종교에 접근하는 학자들을 나누고, 본인

---

56 David Gordon White, "The Scholar as Mythographer", in *A Magic Still Dwells*, pp.47-48.
57 Smith, "The Domestication of Sacrifice: Discussion", p.206. 그는 스스로의 학문적 태도에 대해 다음과 같이 말하고 있다. "I am an essayist, which makes me more elusive and indirect than a writer of monographs. I tend to do my work in explicit relation to others."

은 후자의 입장에 있다는 것을 명확히 했다. 종교학을 표상과 표현의 문제로 접근하는 것은 종교의 매우 중요한 부분을 다루는 일일 뿐 아니라, 종교 내부의 전제를 배제하여 객관적이고 역사적인 연구가 수행되는 것을 보장해 준다는 장점이 있다. 하지만 웬디 도니거가 지적했듯이, 종교의 연구가 역사적이고 경험적인 자료에만 의존하게 되면 신화 등 종교의 주요 요소에서 결정적인 역할을 하는 인간 상상력의 힘을 무시하는 결과를 낳을 수 있다는 것도 기억해야 한다.[58] 한편, 최근에는 스미스가 종교를 언어와 표상의 문제로 간주함으로써 종교의 비언어적인 측면을 간과했다는 비판도 제기된다. 특히 정동이론(affect theory)에 기반하여 종교를 설명하는 학자들은 종교가 언어적 표현 및 표상으로만 이해되어서는 안 된다고 강조하며, 종교의 발생과 작동에 두려움, 불안, 기쁨 등 감정적인 측면과 동물적 본능이 중요하게 작용한다고 주장한다. 정동이론에 대해서는 5장에서 더 자세히 설명하기로 하고, 여기서는 스미스가 주목한 종교의 언어적 측면 외에도 감정적이고 정서적인 측면 역시 종교의 종합적인 이해와 설명에 중요한 부분이라는 것을 지적하고 넘어가도록 하자.

③ 도니거의 비교 연구

거인 스미스의 어깨 위에 올라 있지 않은 현대 종교학자 중, 전통적인 종교학을 계승하고 발전시키려는 입장을 지닌 학자로는 도니거가 대표적이다. 바로 앞에서 언급했듯이, 도니거는 스미스의 종교

---

58 Doniger, *The Implied Spider*, p.52.

연구가 비역사적인 구조를 버리고 역사적 맥락만을 강조함으로써 상상력보다 경험주의를 우위에 두게 되고 결국 신화에서 상상력의 힘을 간과하는 데 이를 수 있다고 경고한다. 물론, 도니거 역시 비교 방법을 옹호하고 더 세련된 비교 방법을 제시하고자 했던 스미스의 관점을 공유하는 것은 사실이다. 도니거는 비교 방법의 문제점들을 꼼꼼히 찾아내어 이들을 극복하며, 학문적 위험성을 유발할 수 있는 요소들을 배제함으로써, 더 학문적으로 엄격하고 유용한 방법을 추구한다. 그러나 그녀는 '같음'보다 '차이'를 중시한 스미스와 달리, 전통적으로 비교 연구에서 사용되어 온 "같음의 원리(the doctrine of sameness)"도 포기해서는 안 된다고 말한다. 그녀는 교차 문화적 비교 연구를 통해 인류의 공통적인 면을 조명하며, "문화적 장벽들을 초월하여 폭넓게 공유되는 인간의 결속과 전제들"을 인정한다.[59] 또한 비교에서 "같음"을 강조한 것이 타자에 대한 편견을 표현하는 데 사용되는 등 잘못 적용되어 온 것이 사실이나, 이를 바로잡으면 종교 연구에 유용할 수 있다고 강조한다.[60] 이를 위해서 도니거는 보편적 개념에서 출발하여 세부적 현상들을 비교하고 해석해 온 기존의 "위로부터 아래로(from the top down)" 방식을 버리고, 대신 개별적 현상에서 시작하여 각 현상들 간의 유사성을 찾아가는 "아래로부터 위로의 방식(from the bottom up)"을 이용하자고 제안한다. 이러한 방법은 텍스트를 생성한 개별 저자들의 개별적 논점이 모여 형성된, "점묘법(pointillism)"에 근거

---

59 Wendy Doniger, *Splitting the Difference: Gender and Myth in Ancient Greece and India* (Chicago: University of Chicago Press, 1999), pp.4-5.

60 Doniger, *The Implied Spider*, pp.27-33.

한 '같음'을 바탕으로 실제 사람들을 강조한다. 이로써 같음에 대한 논의가 초월성을 전제로 하는 것처럼 보이는 문제를 제거한다는 것이 제안의 핵심이다. 이러한 비교 방법을 적용한 연구에서 텍스트의 저자들은 정치적인 행위자로 간주되면서 미학, 철학, 종교의 입장에서 해석될 수 있으며, 많은 개인들이 비교에 포함됨으로써 이상적인 한 개인의 개념이 기준점이 되는 문제를 방지한다.[61]

　　도니거는 폭넓은 종교 자료들에 대한 깊이 있는 연구를 계속해 왔으며, 풍부한 비교 연구 업적을 남겨 왔다.[62] 그녀는 특히 힌두교 신화를 중심으로 각종 서사 자료들에 초점을 맞춘 연구를 해 왔다. 훌륭한 산스크리트어 전문가이자 인도 문헌학자이기도 한 도니거로서는 자신의 전문 분야의 자료를 중심으로 연구를 진행해 온 셈이다. 다만 도니거의 신화 연구에 종교의례와 행위를 비롯한, 종교의 여러 측면들이 종합적으로 고려되지 않았다는 점은 아쉽다고 할 것이다. 신화를 종교 전체의 맥락에 위치시키는 작업이 더 본격적으로 이루어졌다면, 신화를 통해 인간을 더 깊이 이해하고자 한 그녀의 목적이 더 효율적으로 달성될 수 있었을 것이다.

④ 포스트모더니즘의 영향
한편, 소위 '포스트모더니즘'의 관점을 수용하여 기존 종교학

61　Wendy Doniger, "Post-Modern and -Colonial -Structural Comparisons", in *A Magic Still Dwells*, pp.70-71.

62　Wendy Doniger, *Other Peoples' Myths: The Cave of Echoes* (Chicago: University of Chicago Press, 1988)와 *Splitting the Difference* 등에서 풍부한 종교 자료들을 엄격한 학문적 자세로 비교하는 연구의 사례를 찾을 수 있다.

의 문제점을 지적하고 비판해 온 학자들은 1980년경부터 2000년 무렵까지 활발하게 활동했다. 이 시기에는 서구의 형이상학 및 근대적 사유 방식을 해체하고자 한 자크 데리다(Jacques Derrida)와, 당연하게 받아들여지는 지배적 담론의 배후에 있는 권력을 폭로한 미셸 푸코(Michel Foucault)의 저작들이 종교학계에서 폭넓게 수용되고 이들을 언급하지 않으면 시대에 뒤처진 학자들로 여겨질 정도였다. 물론 철학이나 문학 등 다른 분야에서 근대 이후 서구 문명의 기본 가치로 받아들여져 온 것들을 거부하는 움직임은 그보다 더 먼저 시작되어, 데리다가 미국에서 열린 한 학술대회에서 레비스트로스의 구조주의를 비판하는 논문「인문과학 담론에서 구조, 기호, 변용」을 발표한 1966년과『그라마톨로지』(Grammatologie)를 출간한 1967년 이후 본격화되었다고 할 수 있다.[63] 하지만 미국과 유럽의 종교학계에 포스트모더니즘 담론이 큰 영향을 끼친 것은 1980년경부터이며, 다른 지역의 경우 이보다 더 늦었다고 보는 것이 타당할 것이다. 1970년대까지 종교학계에는 여전히 큰 시각으로 인간과 종교를 이해하고자 하는 학자들이 많았기 때문이다.

여기서 잠시 포스트모더니즘이라고 불리는 20세기 후반의 지적인 움직임의 특징들을 간략히 다루고 넘어가는 것이 좋을 것이다. 포스트모더니즘이라는 모호한 개념을 설명하는 것이 결코 쉬운 일이 아니지만, 흔히 포스트모더니즘은 불확정성, 단편화, 규범적 원리에 대한 거부, 혼합 및 절충의 지향 등의 특징으로 요약된다.[64]

63 프라이, 「문학이론」, 228쪽.
64 포스트모더니즘에 대한 설명은 Ihap Hassan, *The Postmodern Turn: Essays in*

먼저 포스트모더니즘은 명확한 논리 전개에 따른 일관된 논점을 추구하는 것이 아니라, 불확정성, 애매모호함, 불연속성, 변용을 당연하게 여긴다. 데리다가 제시한 '차연(différance)' 개념 역시 불확정성과 관련되어 있다. '차연'은 텍스트의 의미가 확정적이지 않고, 이어지는 의미의 작용 속에서 하나의 가능한 해석에서 다른 해석으로 지연된다는 것을 가리킨다. 둘째, 포스트모더니즘은 종합과 총체화를 거부하고 단편적인 것을 선호한다. 1990년대 종교학자들이 보편적인 거대 이론을 거부하고 일반화의 작업을 꺼려 하며, 단편적인 주제에 천착했던 것 역시 포스트모더니즘 비평의 영향이라는 것을 알 수 있다. 셋째, 포스트모더니즘은 정통이라고 여겨지는 것을 거부한다. 지배적이고 권위적인 담론을 추구하지 않고, 각 문화적 맥락을 강조하며 소수의 의견에 주목하는 연구 경향은 종교학계에도 들어왔다. 중심, 진리, 성스러움, 주체 등의 개념은 해체의 대상으로 여겨진 반면, 타자와 주변부로 여겨지는 것에 대한 논의가 활발해진 것이다. 마지막으로, 여러 장르의 경계를 허문 혼합과 절충의 작업이 이루어졌다. 이 시기 이후, 소설, 비평, 철학 등 여러 장르가 혼합된 작품이나 연구 결과물들을 흔히 볼 수 있게 되었다.

덧붙여 말하자면, 포스트모더니즘은 탈식민주의 및 후기구조주의의 흐름과 밀접한 관련이 있다. 비슷한 시기에 나타난 이 사조들은 서양 중심의 근대성에 대한 반성과 거부의 입장을 공유한다. 포스트모더니즘과 탈식민주의 이론은 서구 중심주의를 비판하고 타자

Postmodern Theory and Culture (Columbus, OH: Ohio State University Press, 1987)에 나온 내용에 근거한 것이다.

성과 주변부를 중시한다는 점에서 일치한다. 포스트모더니즘 사상은 후기구조주의 철학에 바탕을 두고 있다고 이야기되기도 한다. 레비스트로스를 다루며 언급했듯이, 구조주의는 역사와 문화를 넘어서는 인간의 보편적인 사유 방식을 밝혀내려 했다. 반면 후기구조주의는 개별적인 인간을 중시하며, 역사성과 상대성을 추구했다. 당연한 것으로 받아들여지는 개념들의 해체를 주장한 데리다의 '해체주의'도 후기구조주의의 흐름에 포함된다. 레비스트로스는 구조의 의미가 선-악, 낮-밤, 그리고 성속과 같이 대립되는 이원적 쌍을 통해 드러난다고 봤으나, 데리다는 구조의 의미를 특정한 맥락 속에서 이해해야 한다고 주장했다. 예컨대, 문화마다, 지역마다, 나아가 개인마다 성스러움과 범속함의 의미가 달라질 수 있다는 것이다. 간단히 말해, 포스트모더니즘은 서양 중심적인 근대의 특징들로 규정되는 것에 대한 거부로 요약할 수 있을 것이다.[65]

포스트모더니즘 이론을 적극적으로 수용하거나 이 경향에 동조한 학자들은, 기존 종교학이 거대 이론과 서양의 제국주의적 담론을 내세워 같음을 강조하고 차이의 중요성을 간과했다고 지적했다. 이들은 특히 비교종교학자들이 서구 중심적인 시각에서 비서구의 타자를 이해하고 지역적인 맥락을 무시했다고 비판하였다. 또한 이들은 엘리아데를 비롯한 종교학의 선구자들이 학문을 통해 불순한 의도가 담긴 이데올로기를 드러냈다고 단죄했다. 포스트모더니즘 관점에 바탕을 둔 공격으로 인해 미국과 유럽의 여러 대학에서 문화적 차

---

65 Robert Ellwood, *Introducing Religion: Religious Studies for the Twenty-First Century*, 5th Edition (New York: Routledge, 2019), p.244 참조.

이를 넘어서는 일반적 이론을 추구하는 연구는 대상의 개인적 특질을 손상시키는 것으로 간주되어 배제되고, 대신 범위가 축소된 지역 연구가 중심으로 자리를 잡게 되었다.[66]

물론 모든 종교학자들이 포스트모더니즘을 수용한 것은 아니었다. 예를 들어, 로버트 시갈(Robert A. Segal)은 종교 이론에 포스트모더니즘의 영향은 전적으로 부정적인 것이라고 주장한다.[67] 그는 포스트모더니즘이 사회과학의 일반화와 이론들에 반대하면서도 이론화 작업에 대해 잘 알지 못한다고 비판하며, "종교를 연구하는 단 한 가지 적합한 방법은 포스트모던적인 것이 아니라 모더니즘에 입각한 것이다"라고 단언했다.[68] 한편, 포스트모더니즘 비판 때문에 기존의 종교 연구를 포기할 것이 아니라, 포스트모더니즘을 이용하여 기존 연구 방식을 세련되게 다듬어야 한다고 주장하는 학자들도 있었다. 더 엄밀한 학문적 특성을 지닌 종교학 이론 및 방법론을 발전시키는 자극이자 수단으로 포스트모더니즘 시각을 수용해야 한다고 본 것이다. 예를 들어 도니거는, 포스트모더니즘의 비평은 종교학자들이 텍스트의 다양한 의미와 그 맥락들을 주목하도록 하고 특정 저자들이나 문화에만 주목하여 이를 본질화하는 것을 피하도록 함으로써, 더 세련되고 자기를 의식하는 교차문화적 비교 연구를 할 공간을 마련해 줄

---

66 Kimberley C. Patton & Benjamin C. Ray, "Introduction", in *A Magic Still Dwells*, pp.1–3; Jeffrey Carter, "Comparison in the History of Religions", *Method and Theory in the Study of Religion* 16.1 (2004), p.3 및 Jonathan Z. Smith, "Afterword: Religious Studies: Whiter (wither) and Why?", *Method and Theory in the Study of Religion* 7.4 (1995), pp.407–414 참조.

67 Robert A. Segal, "All Generalizations Are Bad: Postmodernism on Theories", *Journal of the American Academy of Religion* 74.1 (2006), pp.157–171.

68 Segal, "All Generalizations Are Bad", p.157.

수 있다고 말했다.[69] 패튼은 포스트모더니즘의 시각에 수용해야 할
부분도 있으나 과도하고 부당한 면이 적지 않음을 지적하며, 전통적
인 종교학의 범주와 비교 방법을 적극 옹호한다.[70]

　더 많은 학자들은 포스트모더니즘의 영향을 받아 종교학의 전
통적 범주들에 담긴 문제점들을 지적하고 기존 종교학의 내용을 비
판적으로 재기술하는 데 힘을 기울였다. 그중 대표적이라 할 수 있는
러셀 맥커천(Russell T. McCutcheon)은 초월적 존재와 관련된 종교 개념이
나 경험주의적이지 않은 종교경험에 주목해 온 기존의 연구 경향을
강하게 공격했다.[71] 그러나 이 과정에서 맥커천은 종교학계에 반지성
주의가 만연한 것처럼 묘사하여, 당시 학계의 자기비하적인 태도를
주도했다는 비판으로부터 자유롭지 못하다.[72] 맥커천 외에도 1990년
대 북미종교학협회(NAASR: North American Association for the Study of Religion)를
중심으로 활동했던 여러 학자들이 종교경험이나 성스러움에 대해 다
루었던 이전 세대의 종교학 연구를 맹렬히 비난했다.[73] 이 학자들은

69　Doniger, "Post-Modern and -Colonial -Structural Comparisons", pp.71-73. 이 밖에도
　　Method and Theory in the Study of Religion 16.1 (2004)에 실린 논문들도 참조할 것.
70　Kimberley C. Patton, "Juggling Torches: Why We Still Need Comparative Religion", in *A
　　Magic Still Dwells*, pp.153-171.
71　Russell T. McCutcheon, *Critics Not Caretakers: Redescribing the Public Study of
　　Religion* (New York: SUNY Press, 2001)을 볼 것.
72　Joanne Punzo Waghorne, "Moving Comparison out of the Scholars Laboratory", *Method
　　and Theory in the Study of Religion* 16.1 (2004), pp.72-79 참조.
73　1985년 도날드 위브(Donald Wiebe)와 토마스 로손(Thomas Lawson)등의 주도로 시작
　　된 이 단체는 종교학 연구에는 엄격한 사회과학적 방법론만 사용되어야 한다고 주장하며,
　　1990년대 중반까지 미국종교학회(AAR)를 중심으로 하는 기존 종교학계와 갈등하며 대립
　　하였다. 이러한 움직임에 대해서는 Donald Wiebe, *The Politics of Religious Studies: The
　　Continuing Conflict with Theology in the Academy* (New York: Palgrave, 2000), Russell
　　T. McCutcheon, *Manufacturing Religion: The Discourse on Sui Generis Religion and the
　　Politics of Nostalgia* (New York: Oxford University Press, 1997)와 *Critics Not Caretakers*,
　　그리고 Timothy Fitzgerald, *The Ideology of Religious Studies* (New York: Oxford

특히 엘리아데의 성스러움의 개념을 비역사적인 기독교적 개념으로 비판하고,[74] 종교는 "사회적 정체성과 관계에 관한 사고의 사회적 방식"이라고 정의했다.[75] 이들은 종교학이 학문적이거나 과학적이지 못했다고 비판하며, "독립된 학문 영역으로서 종교학에는 비신학적인 이론적 근거가 없다"고까지 주장했다.[76]

북미종교학협회를 중심으로 활동한 학자들은 포스트모더니즘 외에, 전통적 종교학 이론에 대한 조나단 스미스의 비평에 영향을 받았다. 종래의 비교 방법을 비롯하여, 전통적인 종교학 이론의 문제점을 가장 날카롭게 비평한 사람도 스미스이다. 그러나 앞에서 언급한 바와 같이, 스미스의 이러한 비평 작업은 더 나은 수준의 종교학 방법론을 모색하기 위해 노력한 것이라는 점에서, 맥커천 등이 학문 분야에 대한 비하로 여겨질 정도로 종교학을 공격했던 것과는 차이가 있다. 스미스가 대표를 지냈던 시기인 1990년대 후반부터 북미종교학

University Press, 2000) 등을 참조할 것.

74 이 시기 다수의 학자들이 엘리아데를 맹렬히 비판하였으나, 그를 지지하는 학자들도 적지 않았다는 것을 덧붙여야 할 것이다. 스미스는 엘리아데의 이론과 방법론이 놓치고 있는 점들을 지적하면서도 한편으로는 엘리아데의 학문적 가치를 인정하기도 했다. Smith, *Relating Religion*, pp.12, 99 등 참조. 이외에, Brian Rennie, *Reconstructing Eliade: Making Sense of Religion* (Albany: State University of New York Press, 1996); Brian Rennie (ed.), *Changing Religious Worlds: The Meaning and End of Mircea Eliade* (Albany: State University of New York Press, 2001); David Cave, *Mircea Eliade's Vision for a New Humanism* (New York: Oxford University Press, 1993); Douglas Allen, *Myth and Religion in Mircea Eliade* (New York: Routledge, 2002); Daniel Gold, *Aesthetics and Analysis in Writing on Religion: Modern Fascinations* (Berkeley: University of California Press, 2003); Kimberley C. Patton, *The Sea Can Wash Away All Evils*, Chapter 1 등을 참조할 것.

75 Charlotte Allen, "Is Nothing Sacred? Casting out the Gods from Religious Studies", *Lingua Franca* 6.7 (November 1996), p.30 참조. 북미종교학협회 회원인 Ron Cameron이 기사의 필자 Allen과 인터뷰 중 언급한 내용이다.

76 Wiebe, *The Politics of Religious Studies*, p.113; Fitzgerald, *The Ideology of Religious Studies*, p.3.

협회에 기존 종교학에 대해 긍정적인 평가를 하는 학자들도 참여하게 된 것이나, 이전에는 갈등했던 미국종교학회와 적극적으로 연계하여 학술 활동을 벌이기 시작한 것 역시 스미스의 영향이라고 봐야 할 것이다.

이 장에서 우리는 종교학이라는 학문 분야가 성립되기 이전의 종교 연구로부터, 종교학 태동 이후 1980년 무렵까지 전개된 학문적 흐름, 그리고 조나단 스미스의 선구적인 비평과 포스트모더니즘의 영향으로 형성된 현대 종교학의 이론 및 방법론적 쟁점들까지 통시적으로 검토하였다. 이제는 우리 시대 종교학 연구의 학문적 성향을 공시적으로 분석할 차례이다. 다음 장에서는 2020년 현재 가장 중시되는 종교 이론과 방법론을 중심으로, 종교를 연구하는 학자들의 관점을 크게 셋으로 분류하고 각각의 개략적인 특징을 살펴보도록 하겠다.

5장

우리 시대의 종교학

　　대니얼 팰즈(Daniel Pals)는 1980년대 이후 종교학의 학문적 동향을 적절하면서도 간결하게 정리했다.[01] 먼저 그는 1960년대 미국을 중심으로 두드러지게 나타났던 엘리아데의 학문적 영향력이 1980년대 이후 약화되었다는 점을 지적한다. 다음으로는 프로이트와 마르크스의 환원론적 이론의 학문적 위상이 떨어졌다고 말한다. 심리학자들은 프로이트의 정신분석학 방법론을 신뢰하지 않게 되었고, 동유럽 공산 정권의 붕괴 이후 마르크스 담론의 영향력이 급속히 약화되었다는 것이다.

　　이어서 팰즈는 자신이 책을 출간할 무렵인 2000년 전후에는

01　이 부분의 내용은 Pals, *Eight Theories of Religion*, pp.292-304을 의존하여 정리한 것임을 밝혀 둔다. 이 책에서 주로 인용한 *Eight Theories of Religion*은 2006년에 출간된 2판인데, 팰즈는 1996년에 나온 초판이나 2014년에 출간된 3판에서도 비슷한 내용으로 "최근의 이론적 관심"을 정리한다.

특정한 이론이 학계를 주도하는 경향은 나타나지 않았으며 여러 경쟁적인 종교 이론의 유형들이 공존한다고 주장하고, 이를 다섯 가지 유형으로 요약했다.

첫째, 인문학적 연구를 수행하는 학자들은 종교적 활동을 다른 모든 인간 행위처럼 생각, 의도, 감정에 의해 좌우되는 인간 활동으로 간주한다. 이들은 종교 자체와 종교의 영향을 설명할 때, 개념, 가치, 상황, 원인 등을 폭넓게 조사하고 인용하여 연구한다. 팰즈는 이 유형에 속하는 학자로 도니거를 꼽았다. 뒤에서 다시 다루겠지만, 도니거는 종교적 개념과 동기가 역사적, 사회적, 심리학적, 예술적, 정치적 요인 등과 함께 상호작용하여 형성되는 인과관계의 그물망에 있다고 보고 이 인과관계의 그물망을 설명하려 노력하는 학자이다. 그녀는 종교학자들이 한 가지 특정한 방법론만 고집할 것이 아니라, 도구 상자에 담긴 여러 도구들을 필요에 따라 꺼내 쓰는 것처럼, 또는 목적지에 따라 버스를 갈아타듯이, 연구 중 필요한 방법을 바꿔 가며 사용해야 한다고 주장하기도 했다.

둘째, 오늘날 심리학적 관점에서 연구하는 학자들은 대개 프로이트 정신분석학의 연구 방법을 거부하고, 자료 수집, 자료 간 관련성의 탐색 및 분석 등 자연과학적 연구 절차를 중시한다. 최근에는 종교를 병리적인 것이 아니라 정상적인 것으로 여기는 학자들이 주류를 이루고 있다. 1980년대 이후 정신적 건강과 관련된 연구 주제가 대두되는데, 종교는 정신적 건강과 신체적 건강이 조화를 이루는 장으로 여겨진다.

셋째, 많은 사회학적 종교 연구자들이 오늘날에도 뒤르켐의 이론적 관심을 비판적으로 계승하고 있다. 이들은 원시사회에서는 종교가 구성원들을 효과적으로 결속시켰으나, 현대사회에서는 종교의 기능이 축소되어 복잡한 사회를 구성하는 여러 요소들 중 하나가 되었다는 데 주목한다. 예를 들어, 피터 버거(Peter L. Berger)는 근대화가 사회적 공동체와 사람들 사이의 결속을 깨뜨렸으며, 종교는 사회의 지배적인 신앙체계의 힘을 상실했다고 주장한다.

넷째, 정치경제적 연구자들 사이에서 마르크스주의의 직접적 영향은 약화되었지만, 기존 서구 문화에 대한 강력한 비판이 다양한 방식으로 제시된다. 근대 서구의 제국주의적 문화에 저항하는 반헤게모니주의, 후기식민주의 이론, 체제전복적 담론 등이 대두했고, 소위 '포스트모더니즘' 관점이 1980년대 이후 약 20년 동안 서구 지성계를 장악했다. 푸코는 서구 역사에서 권력을 잡은 주류의 폭력성을 폭로했고, 아사드는 종교학 연구에도 서구 중심적 관점이 자리 잡고 있었음을 지적했다. 한편, 로드니 스타크(Rodney Stark)와 필립 베인브리지(Philip Bainbridge)는 인간이 비용과 이익을 계산하는 관점에서 종교를 믿는 결정을 한다는 '합리적 선택 이론'을 제시했는데, 이는 자본주의 관점을 적극적으로 적용한 이론이라고 할 수 있다.

다섯째, 많은 인류학 관점의 종교 연구자들은 1920년대 말리노프스키(Branislaw K. Malinowski)와 래드클리프-브라운(Alfred R. Radcliffe-Brown)이 시작하고 1950년대부터 에반스-프리처드(Edward E. Evans-Pritchard)가 엄격한 원칙을 발전시킨 현지조사 방법을 계속 사용한다. 이들 중에는 현지에서 조사한 자료를 통해 종교의 사회적 기능과 관련된 이론적 연구를 발전시킨 학자들도 있다. 이어서, 팰즈는 1980년대 무렵 시작되어 2000년대 초반에 많은 호응을 얻은 자연과학적인 종교 연구의 경향을 소개한다.[02] 진화생물학, 인지과학의 이론적 모형에 대한 관심이 증대했고, 종교를 설명할 때 유전자적 특질에 기반한 정신구조를 제시하는 경향이 생겨났다.

이 장에서 나는 팰즈가 정리한 종교학 이론의 유형들을 '인문학 관점의 종교 연구', '사회과학 관점의 종교 연구', 그리고 '자연과학 관점의 종교 연구' 등 세 분야의 연구 경향으로 재구성하고, 이 분야들에서 최근 30년간 이루어진 종교 연구의 특징들을 검토할 것이다. 앞 장에서 종교학 연구의 역사를 개괄할 때처럼, 오늘날 종교학의 공시적 특징들 역시 '이론'에 초점을 맞추어 기술된다. 이론은 어떤 대상을 설명하기 위한 가설이다. 물론 모든 가설이 이론인 것은 아니다. 어떤 가설이 이론으로 인정되기 위해서는 "상당한 수준의 내적 일관성"을 갖추어야 한다. 인문학 분야에서 이론은 근본적인 질문을 던지고 체계를 구축하기도 하며 "생각할 수 있는 것에 대한 개괄적인 기술을 목표로" 하지만, 많은 경우 순수하게 사변적인 수준에만 머무르지 않고 대상을 설명하기 위해 응용된다는 점에서 철학과는 구별된다. 이론과 더불어 '방법론'도 언급할 것이다.

방법론은 지식을 얻기 위한 '방법'에 대한 논의이다. 왜 어떤

02 Pals, *Eight Theories of Religion*, pp.303-304. 팰즈가 언급하는 학자들과 저작은 다음과 같다. E. O. Wilson, *On Human Nature* (1978); E. Thomas Lawson & Robert N. McCauley, *Rethinking Religion: Connecting Cognition and Culture* (1990); Stewart Guthrie, *Faces in the Clouds: A New Theory of Religion* (1993); Pascal Boyer's *Religion Explained: The Evolutionary Origins of Religious Thought* (2001); Ilkke Pysaiennen, *How Religion Works: Toward a New Cognitive Science of Religion: Cognition and Culture* (2001); David Sloan Wilson's *Darwin's Cathedral: Evolution, Religion, and the Nature of Society* (2002); Dean Hamer,*The God Gene: How Faith Is Hardwired into Our Genes* (2004).

이론이 종교 자체의 설명을 위해 또는 특정 종교 자료의 설명을 위해 사용되어야 하는지, 아니면 왜 어떤 이론이 종교 또는 특정 종교 자료의 설명에 적합하지 않은지가 논의의 초점이다. 주로 어떤 이론이 적용되어야 하는지가 다루어진다는 점에서, "방법론을 '응용된 이론'이라고" 보는 폴 프라이(Paul Fry)의 설명은 적절하다고 할 수 있다. 또한 나는 여기서 '관점'이라는 표현도 사용했다. 관점 역시 이론과 분리해서 생각할 수 없다. 프라이는 이론에 관심을 가져야 하는 이유로 우리에게 관점이 있다는 것을 인정해야 하기 때문이라고 말했다. 이 책에서 내가 말하는 '관점'은 양립 가능하고 공존할 수 있는 이론적 전제 또는 원리들로 구성되는 더 큰 체계이다. 인문학 관점, 사회과학 관점, 그리고 자연과학 관점의 종교 연구자들은 종교를 설명하기 위한 이론적 원리와 전제들을 느슨하게나마 공유하는 학자들이라 할 수 있다.[03]

먼저 팰즈가 말한 '인문학적 연구'는 현대 종교학의 이론적 경향 중 하나인 동시에, 종교학의 태동 이후 가장 많은 종교학자들이 천착하여 발전시키고 다듬어 온 연구 유형이다. 여기에 대해서 살펴보는 것은 오늘날 세계 여러 대학의 인문대학 종교학과의 연구 방향을 이해하기 위해 반드시 필요한 일이다. 이어서, 종교 외부의 관점에서 종교를 설명하고자 하는 '사회과학' 이론을 근거로 이루어지는 종교 연구의 경향을 살펴보도록 하겠다. 앞 장에서 다룬 이론들의 언급은 최소화하고, 오늘날 사회과학 관점의 종교 연구자들이 초점을 맞추고

03 폴 프라이, 『문학이론』, 정영목 역(파주: 문학동네, 2019[2012]), 18~26쪽. 이론, 방법론, 관점의 개념에 대한 이 단락의 설명은 프라이의 정리를 기반으로 한 것이다.

있는 연구 주제들을 다룰 것이다. 마지막으로, 자연과학적으로 종교에 접근하는 인지과학자들의 종교 연구의 동향에 대해 좀 더 자세히 설명하도록 하겠다. 전통적인 종교 연구와는 다른 방향에서 이루어지는 인지과학적 종교 연구의 특징과 의미에 대해 살피게 될 것이다.

1) 인문학 관점의 종교 연구

가장 먼저, 인문학적 종교연구자들이 감당해야 하는 과제는 인간에 대한 깊은 이해를 추구하는 동시에 엄밀한 학문으로서의 가치를 확보하는 일이라는 것을 강조하고자 한다. 미국, 유럽, 일본, 우리나라 등 전 세계 대부분의 대학에서 종교학과가 인문대학 또는 문과대학에 소속되어 있는 것을 보면 알 수 있듯이, 종교학은 전통적으로 인문학의 한 분야로 간주되어 왔다. 달리 말하면, 지금까지 종교학자들이 이루어 온 연구들의 가장 큰 흐름은 인문학 분야에서 형성되었다는 것이다. 그러나 인문학은 매우 폭넓은 연구 분야를 포괄한다는 점과, 인문학 관점의 종교 연구가 하나의 통일된 방향으로 이루어진 것은 아니라는 점부터 상기할 필요가 있다. 인문대학 종교학과의 교수들 사이에도 종교를 보는 시각과 종교에 접근하는 방법에 대한 견해가 각기 다르다. 당연히 인간에 대한 이해와 학문적 정당성에 대한 입장에도 차이가 있을 수밖에 없다.

인문학은 결국 인간을 이해하고 설명하기 위한 학문이다. 인간의 사상과 문화 전반을 다루며, 좀 더 구체적으로는 언어, 문학, 역사, 철학, 예술, 종교 등이 연구의 대상에 포함된다. 그런데 인문학자들은 인간에 대한 연구를 어떤 방법으로 수행할 것인지의 문제에 대해서 일치된 견해를 가지고 있지 않다. 많은 인문학자들은 자신이 가진 관점을 적용하여 연구 대상을 이해하고 자료를 해석한다. 이러한 연구는 처음부터 객관적인 논증이나 입증을 목적으로 이루어지지 않는 경우가 많다. 경험적 방법에 근거하는 자연과학이나 사회과학과 달리, 인문학은 학자 개인의 사유를 바탕으로 사변적인 논의를 전개하는 것이 허용되는 학문 분야로 인정되어 왔기에 가능한 일이다. 반면 좀 더 객관적이며 입증이 가능한 설명을 추구하는 인문학자들도 있다. 이들은 인문학 연구도 역사 자료에 나타나는 것, 통계로 뒷받침되는 것, 실험에 의해 반복적으로 확인되는 것에 근거하여 이루어져야 한다고 본다.

두 입장 사이의 차이는 종교를 연구하는 학자들 사이에서도 나타난다. 종교인들에 감정이입하여 그들의 종교경험에 직접 참여하는 수준의 이해를 추구하는 학자들이 있는 반면, 종교인들의 경험을 인정하는 것은 결국 종교적이지 학문적인 것은 아니라고 비판하는 학자들도 있다. 다시 종교현상학에 관한 논쟁의 예를 들어 보자. 자신들의 연구를 종교현상학이라고 부르던 20세기 중반의 학자들은 자신들이 신앙인들의 경험 속으로 깊이 들어가 이해하는 동시에 초연하고 비판적인 자세를 유지할 수 있을 것이라고 생각했다.[04] 하지만 이들은 타자의 경험에 들어가면서도 그 경험에서 초연하게 거리

04 Winston L. King, *Introduction to Religion: A Phenomenological Approach* (New York: Harper & Row, 1954), pp.1-8 참조.

를 두는 것, 다시 말해 반대되는 두 상태를 변증법적으로 종합하는 작업이 어떻게 가능할 것인지에 대해서는 자세히 설명하지 않았다. 고작 학자 개인의 직관을 통해 가능하다고 말했을 뿐이다. 학문의 완결성과 엄밀성을 추구한 학자들은 여기에 동의할 수 없었다. 예를 들어 윌러드 옥스토비(Willard G. Oxtoby)는 종교현상학 연구가 결국 직관에 근거한 개인적인 인식이라고 비판했다.[05] 그는 종교현상학자들이 직관에 근거하여 종교를 설명하게 되면 모든 학자들마다 다른 분석이 나올 수 있으며, 이 중에 무엇이 옳은 분석인지 평가할 방법도 없다고 지적했다. 종교현상학적 진술은 결국 학술적 연구가 아니라 문학 혹은 예술 비평과 다를 바 없다는 것이다.

나는 종교학이 '종교적인 경험을 하는 인간에 대한 더 깊은 이해'와 '엄밀한 학문의 추구'라는 두 목적 사이에서 균형을 이루어야 한다고 생각한다. 다시 말하지만 종교학은 인문학의 한 분야이다. 인문학 연구의 가치는 얼마나 새롭고 독창적인 주장을 담고 있는지, 그 주장이 얼마나 학문적인 설득력을 확보하고 있는지에 달려 있다. 대상을 새롭게 보기 위해서는 끈덕진 관찰, 깊이 있는 성찰, 그리고 당연하게 받아들여지는 것을 거부할 수 있는 담대함이 필요하다. 그러나 여기에서 멈춘다면 재미있는 가설을 제시하는 데 그치고 말 것이다. 연구 대상에 대한 분석, 비판, 사유가 학문적 설득력을 지니기 위해서는 역사적, 사회적, 문화적 맥락에 대한 철저한 조사가 이루어져야 한

05 Willard G. Oxtoby, "Religionswissenschaft Revisited", in Jacob Neusner (ed.), *Religions in Antiquity: Essays in Memory of Erwin Ramsdell Goodenough* (Leiden: E. J. Brill, 1968), pp.590–608.

다. 또한 자료 자체가 말할 수 있을 정도로 충분한 사례들로 뒷받침
되어야 한다. 종교인들의 경험에 감정이입하는 것은 학자의 학문적
관심의 영역으로 대상을 끌어온다는 점에서 연구의 훌륭한 출발점이
다. 여기에 덧붙여 조나단 스미스가 말했던 '두 개 이상의 사례에 대
한 이중적인 맥락화' 작업과 비교의 과정을 거쳐 논거를 확보해야 한
다. 종교 자료에 나타난 사건, 상황, 특징 등에 대한 역사적 설명만 목
표로 할 필요는 없다. 예컨대, 고대의 종교적 인간들이 신화를 통해
지향하고자 한 삶의 모습을 설명하는 작업도 맥락에 대한 철저한 검
토와 가능한 한 많은 사례들에 대한 분석이 이루어진다면 학문적 설
득력을 확보할 수 있다.

　　팰즈의 기준에 따르면, 종교적 활동을 다른 모든 인간 행위처
럼 생각, 의도, 감정에 의해 좌우되는 인간 활동으로 간주하며, 종교
현상의 설명을 위해, 개념, 가치, 상황, 원인 등을 폭넓게 연구하는 학
자들이 바로 인문학적 종교 연구자들이라 할 수 있다. 조나단 스미스
가 이 기준을 확실하게 충족시킨다는 점에서 인문학적 종교연구자
인 것은 분명하다. 스미스는 매우 꼼꼼하게 종교 자료의 역사적 맥락
을 검토한 학자이기도 하다. 그는 엘리아데가 성스러움에 대한 설명
을 할 때 역사적 맥락을 무시했다고 비판하기도 했다. 도니거는 스미
스의 이 비판이 정당하다고 인정하면서도, 역사를 넘어서 나타나는
구조를 버리고 역사성과 사회적 맥락만을 강조하는 것은 위험하다고
함께 지적했다. 그녀는 종교, 특히 신화의 연구에서 상상력보다 경험
주의를 우위에 두면 신화에 담긴 인간 상상력의 힘이 무시되는 결과
가 생긴다고 단언했다.[06] 외부 관찰자의 관점에서 엄격한 역사적 연

구를 진행하여 학문적 완결성을 확보하는 동시에, 인간의 상상력에 공감하고 이를 깊이 이해하는 연구를 포기하지 않는 것이 인문학 관점의 종교학 연구의 과제일 것이다.

1940년생인 도니거 다음 세대의 학자들 중 인간의 지향과 상상력의 영역을 인정하면서도 학문적 설득력을 충실하게 확보하는 연구자로 킴벌리 패튼(1958~)과 로버트 올시(Robert A. Orsi, 1953~)를 꼽을 수 있을 것이다. 패튼과 올시는 2000년대를 대표하는 뛰어난 종교학자로, 그 두 사람이 인문학 관점의 종교 연구가 지향하는, '깊은 이해'와 '엄밀한 학문' 두 목적 사이의 균형을 맞추는 모델이 될 수 있을 것으로 생각한다.

패튼은 종교에 나타나는 보편성을 강조했던 전 세대 학자들의 이론을 현대 종교학이 수용 가능한 형태로 만들기 위해서는 학문적 엄밀성을 결합해야 한다고 본다. 예컨대, 자신이 "보편적으로 인식되는 자연물들의 특질에 대한 종교적 반응의 형태를 매우 강조하는" 엘리아데의 입장을 수용했음을 밝히고, 엘리아데의 이론에 제기된 주요한 비판들이 공정하지 않았다고 지적한다. 특히, 엘리아데가 말했던 "비교종교학의 형태들"이 "특정한 것을 일반화하는 식민주의 가치를 따르는 것"이라는 포스트모더니즘 계열의 비판은 "무지에 가깝다"고 조소한다. 문화적으로 특정성을 넘어서 나타나는 일관된 요소들이 많다는 점은 부인할 수 없는 사실이라는 것이다. 그러나 동시에 엘리아데를 그대로 수용할 수 없는 부분이 있다는 것을 인정하며,

06 Doniger, *The Implied Spider*, p.52.

"도전하고 문제시"할 필요도 있다고 말한다. 패튼은 엘리아데가 종교적 경험을 초월적 존재에 대한 실제 경험으로 간주했다고 해석하고 인간의 종교적 경험을 "인간의 인식의 차원에서 발생"하는 것으로 본다면 현대 종교학에서 충분히 수용할 수 있다고 말한다. 그녀는 엘리아데의 이론을 "좀 더 경험에 근거한 방법론에 의해 수정"하여, 종교 경험을 "자연적 요소 자체에 대한 인간의 인식에서 출발"하는 것으로 이해할 수 있다고 말한다.[07]

또한 패튼이 종교적 인간의 입장에서 고대 종교 자료를 재기술했다는 점도 중요하다. 그녀는 고대 그리스 종교를 비롯하여, 조로아스터교의 이단으로 알려진 주르반(Zurvan, 무한한 시간) 신을 숭배하는 종교, 고대 북유럽 종교, 유대교, 이슬람교 등의 자료를 비교분석했다. 이를 바탕으로, 희생제의가 태초에 신이 행했던 최초의 제의를 인간이 반복하는 것이라고 해석했던 엘리아데의 이론에 동의한다. 패튼은 여기서 한 걸음 더 나아가, 엘리아데의 주장을 그대로 따르면 신의 종교적 행위가 인간에게 훈시를 내리며 인간의 종교적 행위를 고정시키는 것으로만 보일 수 있다고 지적한다. 그녀는 고대 종교적 인간들이 자신의 종교 행위의 근원을 신이라고 믿었으며, 희생제의를 비롯한 종교적 행위가 신의 종교적 행위를 모방하는 것이라고 여겼다는 이론을 풍부한 사례들과 더불어 설득력 있게 밝혀낸다.

07 Patton, *The Sea Can Wash Away All Evils*, pp.14-17. 그러나 패튼의 수정이 없어도, 엘리아데 자신이 성스러움을 인간 인식 차원에서 발생한 것으로 생각했다고 볼 수 있는 가능성도 크다. 2장에서 언급했듯이, 페이든은 엘리아데의 성스러움이 인간 활동의 산물이자 인간 가치의 개념이라고 설명했다. 엘리아데가 성스러움을 신학적이고 존재론적으로 상정했는지 아니면 인간 인식의 산물로 보았는지에 대한 필자의 견해는 유효한, 「거인 엘리아데의 어깨 위에서」, 58-65쪽에 밝힌 바 있다.

그녀는 기존 자료에 대한 새로운 관점의 설명, 종교적 인간에 대한 깊은 이해, 그리고 학문적 엄밀성의 확보라는 인문학적 종교학의 목표를 조화롭게 이루었다고 할 수 있을 것이다.[08]

패튼의 이론적 성취 중 하나는, 성스러움의 경험이 상징의 구조를 통해서 이루어졌다고 강조한 엘리아데의 이론을 보완하여, 성스러움으로 여겨진 대상이 자연물 자체로 확장되어야 한다는 것을 보여 준 것이다. 엘리아데는 "그 자신이 아닌 다른 것"으로 간주되는 물질적 상징이 종종 성스러움과 동일시된다는 것을 언급하기도 했다. 그러나 그는 이러한 동일시가 "기본적", "원초적", 또는 "원시적"인 수준에서 일어나는 "기호와 신성함의 혼동"이라고 말했다.[09] 반면 패튼은 성스러움으로 인식되는 대상이 상징이 아닌 자연물 그 자체인 경우를 놓치면 안 된다고 지적했다. 패튼은 바다가 '성스러운 다른 것'을 가리키기 때문에 신성하게 여겨진 것이 아니라, 그 자체가 성스럽게 인식되었다는 것을 설득력 있게 보여 주었다.[10]

패튼은 종교적인 사람들이 자연물뿐 아니라 인공물도 그 자체로 성스러운 것, 나아가 성스러운 존재로 여길 수 있다는 것까지는 언급하지 않았다. 반면 올시는 샘물, 흙, 사체 등의 자연물은 물론 인쇄된 상이나 글자, 십자가, 인공 바위 등 사람이 만든 물건도 "실제 현

08 Kimberly C. Patton, *Religion of the Gods: Ritual, Paradox, and Reflexivity* (Oxford: Oxford University Press, 2009). 이 책 15–16쪽에서 패튼은 엘리아데의 이론을 "도전"하거나 "문제화"한다고 말하는 대신, 엘리아데의 주장에 "미묘한 차이를 주고(nuance)" 이를 "상세히 부연(expand on)하고자 한다"고 완화된 표현을 사용했다는 것도 주목할 만하다.

09 Mircea Eliade, *Patterns in Comparative Religion* (New York: Sheed & Ward, 1958[1949]), pp.229–231; pp.24–28도 참조할 것.

10 Patton, *The Sea Can Wash Away All Evils* 전체의 주제이다.

존"으로 경험될 수 있다고 주장하여, 성스러운 물질의 범위를 확장했다. 그는 현대 서구 사회에서는 일반인들은 물론 학자들도 "실제로 자신들 곁에 있는 신들과 함께 사는 사람들을" 무시하며 이들을 "야만적이고 원시적"이라고 불러왔다고 지적한다. 그는 "실제로 현존하는 신들", 즉 "인간들이 여러 시대와 장소에 걸쳐서 관계를 맺어 왔던 모든 특별한 초인간적 존재들"을 "상징, 기호, 은유, 기능, 그리고 추상적 개념"으로 간주하는 종교 이론들을 비판한다.[11] 다르게 표현하면, 올시는 종교적 인간이 경험하는 성스러운 존재를 상징이나 기호로 환원하는 것에 반대한다고 할 수 있다. 올시에 따르면, 성스러움의 실제 현존은 초월적으로 규정되어서는 안 된다. 종교적 인간들이 경험하는 신들은 "일상생활의 물질적이고 정치적인 상황" 속에 "내재적으로 현존"하는 것이다.[12]

　요컨대, 올시는 종교인들의 성스러움 경험이 "없는 것"을 전제로 논의를 전개한 현대 지성사의 흐름에 반대한다. 도니거처럼 올시도 상상력의 영역이 학문에서 배제되어서는 안 된다고 지적하며, 종교현상을 사회적 구성물로 설명하는 것은 이 현상들을 역사적이고 문화적인 것으로 축소하여 지적인 상상력을 완전히 배제하게 된다고 주장한다. 학자들의 상상력을 제한하게 되면 학문적 연구 대상인 타자들의 상상력도 제한하게 되는 결과를 낳는다는 것이다.[13]

　상징을 통해 종교현상을 설명해 온 전통적인 종교학 이론의

11　Robert A. Orsi, *History and Presence* (Cambridge, MA: Harvard University Press, 2016), pp.3–4.
12　Orsi, *History and Presence*, p.69.
13　Orsi, *History and Presence*, pp.58–64.

관점에서 보면 올시의 주장에 전적으로 동의하기 어려운 부분도 있다. 올시는 종교경험 속에서 신은 내재적으로 옆에 있을 뿐 아니라 초월적이기도 하다는 점, 그리고 성스러움은 상징의 구조를 통해서도 경험될 수 있다는 점을 무시했다고 할 수 있다. 그는 "실제적인 것과 상징적인 것의 구별" 역시 "근대의 속성을 지닌 것"이라고 비판하면서도, 자신은 실제적인 것과 상징적인 것을 엄격하게 구별한다. 올시는 "상징은 어떤 것의 경험이 아니라 그것의 기호이거나 표상이다"라고 말하지만,[14] 많은 전통에서 표상은 성스러움을 경험하는 중요한 방법이었다는 것도 간과해서는 안 된다. 루이 뒤프레(Louis Dupré)는 상징이 의미를 나타내는 대상을 표상하는 것은 그 대상이 존재하도록 만드는 동시에 그것을 대신하는 이중적인 방식으로 이루어진다고 지적한 바 있다.[15] 성스러움을 표상하는 상징은 현실과 구별되는 존재의 질서 개념을 형성하고 그 개념에 사실성을 부여함으로써 종교인들이 성스러움을 경험하도록 한다.[16] 그래서 성스러움을 표상하는 사물들은 그 자체의 속성을 유지하는 동시에 종종 전혀 다른 것으로 경험되는 것이다.

올시 역시 구체적인 사물을 통해 성스러움을 경험할 때 상징의 구조가 나타난다는 것을 알고 있는 것으로 보인다. 그는 가톨릭 신자들이 "성모 마리아의 현존의 힘"을 가지고 있다고 믿어지는, 성모 마리아 신앙의 중심지인 프랑스 루르드 동굴(Lourdes Grotto, 마사비엘

14   Orsi, *History and Presence*, pp.37-38.
15   Louis Dupré, *Symbols of the Sacred* (Grand Rapids: Eerdmans Publishing, 2000), p.1.
16   기어츠가 종교를 상징체계로 설명한 부분을 인용했다. Geertz, *The Interpretation of Cultures*, p.90.

루르드 동굴의 성모상

동굴)을 본떠 뉴욕 브롱크스에 유사한 동굴을 조성하고, 여기로 가는 새로운 순례를 설명한다. 그는 브롱크스의 "인공 바위에서 흘러나오는 수돗물"이 "평범하면서도 특별하며, 루르드의 물과 똑같으면서 다르다"고 말한다.[17] 인공 동굴의 물은 평범한 수돗물이면서 진짜 루르드 동굴의 물과 같은 것으로 경험된다. 이 물은 루르드 동굴의 물을 표상할 뿐 아니라, 그것을 대신하고 또 그것이 실재하는 것으로 경험되게 만든다는 점에서 상징인 것이다. 요컨대, 올시의 이론은 종교적인 인간이 구체적인 사물을 성스럽게 경험하는 것을 있는 그대로 인정하지 않고, 그 사물이 다른 것을 나타낸다는 측면만 강조해 온 종교학 이론을 비판하고 극복하려는 시도인 것은 사실이다. 하지만, 올시가 '상징의 구조를 통한 성스러움의 경험'을 배제하는 것 역시 상징과 실재를 너무 철저히 구별하는 근대 학문의 전통을 반영한 것으

17 Orsi, *History and Presence*, p.54.

로 볼 수 있다.

그러나 올시의 연구가 현대 종교학의 경향을 보여 주는 동시에, 현대 종교학이 새롭게 나아갈 방향을 보여 주는 것은 분명하다. 그의 연구는 인문학 관점의 종교 연구에서 중요하게 여겨지는 두 가지 측면을 잘 반영한다.

첫째, 올시는 필요에 따라 다양한 방법을 사용하여 주장의 설득력을 효과적으로 확보한다. 올시는 도니거가 말했던 것과 같이 종교 자체와 종교인의 경험을 설명하기 위해 필요에 따라 여러 방법을 매우 효과적으로 사용한다. 그는 시간 순으로 사건의 전개와 그 맥락을 자세히 서술하는 역사적 방법, 기록된 문헌을 촘촘하게 분석하는 문헌학적 방법, 유물과 예술작품을 들여다보는 고고학자들이나 미술사학자들의 방법, 그리고 현지를 방문하여 종교인들과 심층적으로 면접하는 현지조사 방법 등을 효과적으로 사용하여 자신의 주장을 뒷받침한다.

종교 연구를 위해서는 항상 다양한 방법들이 사용되어 왔으나, 최근에는 하나의 특정한 방법에 우위를 두지 말고 필요에 따라 전혀 다른 방법들을 동원해야 한다는 것이 더욱 강조되고 있다. 예를 들어 한국의 종교학자가 현대 한국 불교에 관한 연구를 한다고 하자. 승단의 조직 형태나 승려와 재가신자의 관계 등에 대해 설명하기 위해서는 종교조직론이나 공동체론 등 사회학 이론을 참조해야 하고, 신자들의 수, 종단의 규모 및 사회 내 영향력 등을 밝히기 위해서는 통계를 작성하거나 기존의 통계 자료를 사용해야 할 것이다. 현대에 강조되는 교리를 이해하기 위해서는 불교철학 및 교학 연구를 수행해야 하며, 오늘날 한국 불교의 특징에 영향을 끼친 요소들을 설명하기 위해서는 역사적인 요인들을 추적해야 할 것이다. 또한 예불 등의 불교 예식과 불교식 명상에 참여하는 신자들의 마음에 대해 설명하려면 종교현상학의 감정이입 방법이 사용되거나 심리학적 분석이 이루어져야 할 것이다. 종교는 인간과 사회의 복잡한 연결망에 있는 복합적인 체계이기 때문에, 인문학 연구자들 역시 사회과학 분야에서 사용되어 온 방법을 채용해야 하고, 필요하면 자연과학적 관점도 도입해야 할 것이다.

둘째, 올시가 다양한 인공물과 자연물을 연구의 대상으로 삼았다는 것을 기억해 보자. 그는 현대 종교학에서 중시되고 있는 연구 대상 및 자료의 확장 사례를 잘 보여 주고 있는 것이다. 인문학적 관점의 종교학자들은 오랫동안 문헌에만 의존하는 연구를 해 왔다. 문헌 연구는 대개 의미의 해석에 집중하고, 그 내용을 근거로 종교에 참여하는 사람들의 경험과 종교 자체에 대한 설명을 제시했다. 문헌이 아니라 물질 자료를 근거로 연구를 진행하는 사람 역시, 연구 대상인 사물을 상징으로 보고, 겉으로 드러나는 기호 아래에 숨겨진 의미를 밝히는 작업에 힘을 기울였다. 그러나 올시는 사물 자체가 다른 것을 나타낸다고 여겨진 전통에 도전하고, 그 자체가 성스러운 현존으로 경험된다는 것을 강조한다. 1990년대 후반 이후 물질 자체에 주목하기 시작한 종교학 연구의 경향을 잘 반영하고 있는 것이다. 이 책의 앞부분에 언급했듯이, 스마트는 1996년 출간된 책에서 자신이 10여 년 전에 말했던 종교의 여섯 가지 특징적 요소에 덧붙여, 종교에는 "물질적, 감각적 요소"가 있다는 것을 지적한 바 있다.[18] 2000년대 이후에는 많은 종교학자들이 기록된 문헌의 해석이나 사물의 상징적 의미가 아니라, 물질 자체에 초점을 맞추기 시작했다. 마누엘 바스케즈(Manuel A. Vásquez)는 종교 연구의 "재물질화(rematerialization)"를 주창한다. 그는 기존 연구자들이 종교를 단순히 개인적인 신앙의 문제로 간주해왔다고 지적하며, 물질주의의 관점으로 종교의 연구를 수행해야 한다고 주장한다. 이러한 관점의 전환을 바스케즈는 "물질주의적 전환(materialist turn)"이라고 명명한다.[19] 많은 학자들이 바스케즈의 주장에 동의하며 물질의 성스러운 위상, 물질이 종교인의 삶에서 수행한다고 여겨지는 일들 등에 대한 연구를 활발히 진행하고 있다. 이들은 고고학자들이 발굴하는 물질 자료들은 물론 현대 종교인들이 사용하는 광범위한 물질들을 연구의 대상으로 삼는다.

브렌트 플레이트(S. Brent Plate)는 종교 연구자들이 신앙이나 추상적 개념의 문제에만 관심을 기울일 것이 아니라 일상적 사물에도 초점을 맞출 필요가 있다고 지적하며, 사람들이 종교적인 맥락에서 돌, 향, 북, 십자가, 빵 등 다섯 가지 사물과 관련을 맺어 온 양상을 설명한다.[20] 또한 그는 인간이 물질을 직접 감지하는 감각작용에도 주목했다. 그는 "먼저 감각하지 않고서 생각하는 것은 불가능하며" 인간의 다섯 가지 감각기관은 "자아가 세계와 만나는 주요한 접점"이라고 주장한다.[21] 데이비드 모건(David Morgan)은 종교와 관련된 예술작품

18 Smart, *Dimensions of the Sacred*, pp.275-288.

19 Manuel A. Vásquez, *More Than Belief: A Materialist Theory of Religion* (New York: Oxford University Press, 2010), pp.3, 87 등.

20 S. Brent Plate, *A History of Religion 5 1/2 Objects: Bringing the Spiritual to its Senses* (Boston: Beacon Press, 2014).

21 Plate, *A History of Religion 5 1/2 Objects*, pp.5, 7. 인간의 감각 작용이 종교경험에 결정적

들을 포함하는, 시각 문화에 초점을 맞춘 연구를 수행해 왔다. 그는 특히 그림 등의 시각 문화가 인간의 감각을 통해 성스럽게 받아들여지는 과정을 설명했다. 모건은 보는 것이 단순히 직접적이고 물리적인 작용이 아니라 "추정, 의향, 습관, 관례, 역사적 연상과 문화적 관습에 의존하는 작용"이라고 지적한다. 따라서 성스러운 이미지가 사람의 마음을 사로잡는 힘을 발휘하는 것은 눈에 들어온 이미지 자체가 아니라 "이미지에 대한 생각"이라는 것이다.[22]

종교 경전의 연구에도 새로운 시도가 시작되었다. 종전까지 연구의 중심이었던 종교 경전의 내용을 넘어서, 책 자체의 물질성이 갖는 위상과 의례 맥락에서의 역할로 연구 범위가 확장된 것이다. 종교학자들이 경전의 내용에만 초점을 맞춰서는 안 된다는 주장은 1971년 발표된 윌프레드 캔트웰 스미스의 논문에서 제기된 바 있다. 그는 종교학의 경전 연구는 교리적인 내용이 아니라 일반적인 맥락에서 그것이 어떤 역할, 의미, 중요성을 갖는지, 그리고 신자들이 경전을 가지고 무엇을 하는지에 주목해야 한다고 주장했다.[23] 그 이후로 윌리엄 그래엄(William Graham)과 미리엄 레버링(Miriam Levering) 등이 경전이 낭송되거나 큰 소리로 낭독됨으로써 그 내용과 상관없이 신

역할을 한다는 것은 이미 엘리아데가 지적한 바 있으나, 지금까지 주목받지 못했다. 플레이트는 "감각의 개입이 없다면 종교경험도 있을 수 없다. (…) 종교사 전체에서 감각 작용은 성스러움에 참여하고 신성에 이르는 수단이다"는 엘리아데의 주장을 인용한다. Mircea Eliade, *Myths, Dreams and Mysteries*, translated by Philip Mairet (New York: Harper & Row, 1960[1957]), p.74를 볼 것.

22 David Morgan, *The Sacred Gaze: Religious Visual Culture in Theory and Practice* (Berkeley: University of California Press, 2005), pp.1–3.

23 Wilfred Cantwell Smith, "The Study of Religion and the Study of the Bible", *Journal of American Academy of Religion* 39.2 (1971), pp.131–140.

자들에 의해 이용되어 온 다양한 방식들을 밝히고, 경전의 구술적이고 청각적인 차원에 대한 설명을 제기했다.[24] 그러나 이들의 연구는 근대 이전까지 종교 내 소수의 엘리트들이 독점했던 경전의 낭송과 읽기에 제한되었다는 점에서, 경전의 물질성을 아우르는 종합적인 연구는 아직 이루어지지 못했다고 할 수 있다.

물질로서 경전이 갖는 위상과 경전이 수행하는 역할에 대한 연구는 2000년대 이후에 본격화되기 시작했다. 제임스 왓츠(James W. Watts)는 이전까지 종교 연구자들이 경전의 의미론적(semantic) 차원에만 집중한 것을 비판하고, 경전의 성스러운 위상의(iconic) 차원과 수행적(performative) 차원을 설명하는 논문을 발표하여 학계에 영향을 끼쳤다.[25] 그 이후 한국의 종교학자들을 포함한 세계 여러 나라의 학자들이 경전은 다양한 종교 전통에서 그 내용과는 별개로, 성스러운 존재로 여겨지며 종교인들이 기대하는 결과를 낳는 수행적 역할을 한다는 것을 보이는 연구를 계속해 왔다.[26] 2016년 독일 보훔 대학교에서 열렸던 "성스러운 책을 보고, 만지고, 잡고, 맛보기(Seeing, Touching, Holding, and Tasting Sacred Texts)"라는 주제의 학술대회에서 발표된 논문들을 중심으로 『성스러운 책 감지하기』라는 책이 출간되었다.[27] 또

---

24 William Graham, *Beyond the Written Word: Oral Aspects of Scripture in the History of Religion* (Cambridge: Cambridge University Press, 1987); Miriam Levering (ed.), *Rethinking Scripture: Essays from a Comparative Perspective* (Albany: SUNY Press, 1989).

25 James W. Watts, "The Three Dimensions of Scriptures", *Postscripts* 2.3 (2006), pp.135–159.

26 특히 James W. Watts (ed.), *Iconic Books and Texts* (Sheffield, UK: Equinox 2013)는 종교 경전 연구의 범위를 물질적 측면으로 확장시킨 공헌을 한 것으로 평가된다.

27 James W. Watts (ed.), *Sensing Sacred Texts* (Sheffield, UK: Equinox, 2018).

한 2017년에는 서울대학교에서 "성스러운 존재인 책들(Books as Sacred Beings)"이라는 제목으로 국제학술대회가 열렸고, 여기서 발표된 논문들을 중심으로 『몸이면서 성스러운 존재인 책들』이라는 제목의 책이 출간되기도 했다.[28] 책과 문헌의 내용을 중심으로 이루어져 온 오랜 인문학 관점의 종교학 연구 경향이 바뀌어, 물질로서 책 자체, 나아가 인간이 책과 관련을 맺는 다양한 방식에 대한 연구가 심화되고 있는 것이다.

　다시 말하지만, 종교학은 엄밀한 학문의 추구와 종교적인 경험을 하는 인간에 대한 깊은 이해라는 두 목적 사이에서 균형을 이루어야 한다. 특히 인문학적 관점의 종교 연구자들은 인간의 지향, 열망, 상상력의 영역에 관심을 기울이는 동시에 학문적 설득력을 확보해야 하는 것이다. 2000년대를 대표하는 인문학 관점의 종교학자 중에서 패튼과 올시는 두 목적을 모두 성취하고 있는 것으로 평가할 수 있다. 21세기 인문학 분야의 현대 종교학자들이 인접 분야의 다양한 방법을 채용하여 연구의 주장을 탄탄하게 뒷받침하고자 한다는 점도 중요하다. 또한 기존의 연구 대상과 자료를 확장하여 종교의 물질적 측면에 관한 연구를 활발히 진행하고 있고, 경전의 내용이 아니라 책 자체의 물질적 측면에 초점을 맞춘 연구도 발전시키고 있다.

5 우리 시대의 종교학

28　James W. Watts & Yohan Yoo (eds.), *Books as Bodies and as Sacred Beings* (Sheffield, UK: Equinox, 2020).

2) 사회과학 관점의 종교 연구

앞에서 언급했듯이, 대부분의 교육 및 연구 기관에서 종교학은 인문학 분야의 일부로 간주된다. 그러나 종교학의 태동기부터 사회과학 관점의 종교 연구는 활발하게 이루어졌고 종교학의 발전에 크게 기여하기도 했다. 앞 장에서 종교학의 전개를 개괄하며 언급되었던 종교인류학, 종교사회학, 종교심리학 등의 분야들은 사회과학 분야에 포함되는 학문의 관점에서 종교를 연구한 분야들이다.

종교를 인간의 심리 작용과 밀접한 관련이 있다고 본 학자들 중에는 프로이트와 융의 심층심리학을 바탕으로 연구를 전개한 사람들이 많았다. 최근에는 임상적인 상황에서 종교가 무의식에 끼치는 유익한 영향에 주목한 연구가 두드러진다. 케네스 파거먼트(Kenneth I. Pargament)는 심리치료사들이 신앙과 관련된 이미지들이나, 용서나 감사와 같은 종교적인 개념 등을 사용하여 환자들이 어려운 문제들을 극복할 수 있도록 도울 수 있다고 주장했다. 파거먼트는 윌리엄 제임스의 실용주의적 관점으로 돌아가고 있는 연구 경향을 대표하는 학자로 평가받는다.[29] 정신분석학을 기반으로 철학적이고 이론적인 연구도 꾸준히 이루어지고 있다. 20세기 후반에는 프로이트 이론에 구조주의와 언어학을 도입해 재해석한 자크 라캉(Jacques Lacan)이 종교 연구에도 큰 영향을 끼쳤고, 라캉 정신분석학의 개념과 용어를 이용하여 비평 이론을 발전시킨 슬라보예 지젝(Slavoj Zizek)은 지금도 종교와

---

29 Kenneth I. Pargament, *Spiritually Integrated Psychotherapy: Understanding and Addressing the Sacred* (New York: Guilford, 2013); Ellwood, *Introducing Religion*, p.90.

관련된 논의를 계속하고 있다.

　　20세기 후반 이후에는 인문학 관점의 종교 연구와 사회과학적 종교 연구의 접점이 점점 많아지고 있다. 인문학적 연구자들은 사회과학적 자료를 이용하여 객관성을 확보하려는 노력을 확장해 왔다. 4장 말미에 언급했듯이, 북미종교학협회를 중심으로 활동한 일부 종교학자들은 종교학을 인문학의 분야로 간주하는 것을 반대하고, 사회과학적 방법론만이 적합하다고 주장하기도 했다.[30] 이 학자들은 사회학이나 인류학의 방법이 종교학의 주류적 방법론으로 자리 잡아야 한다고 생각했다.[31] 이들에게 영향을 끼친 조나단 스미스도 자신이 시간성을 고려한 역사학적 시각과 함께 사회과학의 시각을 이용하여 자료를 본다고 말한 바 있다. 스미스는 특정 문화를 연구할 때 해당 문화의 외부에서 관찰하는 방법으로서 인류학의 시각을 강조하기도 했다.[32]

　　특히 인류학 분야에서 발전된 현지조사 방법은 종교 연구자들 사이에서 매우 중시되고 있다. 인문대학 소속의 종교학자들도 특정 지역이나 문화를 다룰 때면 현지조사 방법을 사용하는 경우가 늘고 있다. 직접 현장에 가지 않는 경우에도, 현지조사를 통해 수집된 자료를 매우 중시한다. 현지조사 방법은 1920년대 처음 사용되기 시작한 시기부터 기존 이론을 비판하고 수정하는 역할을 했다. 원시인들이 현대인들과는 구별되는 비합리적 정신을 가지고 있었다는 이론의

30　Allen, "Is Nothing Sacred?", p.32. Allen이 Wiebe의 주장을 정리한 내용이다.
31　McCutcheon, *Critics Not Caretakers*, p.175. Fitzgerald, *The Ideology of Religious Studies*, pp.10, 50–53.
32　Smith, *To Take Place*, pp.98–99.

문제점은 바로 현지조사 연구를 통해서 드러났다. 20세기 초반, 진화론에 입각하여 종교 이론을 발전시킨 인류학자들 사이에서는 소위 '원시 종족'들은 '원시적 정신'을 가지고 있다는 이론이 일반적으로 받아들여졌다. 이들은 현대의 종교 역시 원시 종족의 비합리적인 정신과 연관되어 있다는 것을 보임으로써 종교 자체를 비판하고자 했다. 타일러나 프레이저 등은 과학이 발전하면서 비합리적인 원시성이 극복되듯이 종교 역시 극복될 것이라 생각하기도 했다. 이러한 '원시적 정신' 이론은 말리노프스키가 원시인들의 사고와 종교 행위가 비합리적이지 않다는 것을, 남태평양 파푸아뉴기니 동부에 있는 트로브리안드 군도 주민들의 사례를 통해 보여 주면서 흔들리게 된다.[33] 현대 종교학자들도 기존 종교 이론을 비판하고자 할 때는, 특정 집단의 사람들이 실제로 경험하며 살아 내는 종교에 대한 면밀한 관찰에서 도출된 사례들로 기존 이론에 대한 반론을 구성한다.

현지조사에 근거한 연구는 경전이나 교리서 등 종교인들의 문헌에 관한 연구는 물론, 채록된 신화나 의례 절차 보고서 등 종교에 관한 기록에 초점을 맞춘 연구를 보완하고 수정하는 역할을 한다. 지금까지 종교학자들이 주 연구 대상으로 삼아 온 경전, 교리, 신화, 의례는 종교적 사고와 행위를 이해하는 데 필수적인 것이 분명하다. 그러나 기록 자료들은 실제로 일어난 사실을 보여 주는 것이 아니라 기록한 사람들의 경험을 통해 재구성된 것을 보여 준다. 사람들이 실제로 믿고, 생각하고, 실천하는 것을 이상화하고 과장한 버전이라 할 수

---

33 Bronislaw Malinowski, *Magic, Science and Religion and Other Essays* (Prospect Heights, IL: Waveland Press, 1992[1925]), pp.25–35 참조.

있을 것이다. 1920년대부터 학자들은 기록된 문헌만으로는 종교인들의 실제 삶에서 벌어지는 일들을 이해하는 데 한계가 있다는 것을 인식하게 되었다. 현지조사 연구의 선구자 격인 말리노프스키는 『서태평양의 항해자들』(Argonauts of the Western Pacific, 1922)에서, 현지에 가서 그들의 문화를 직접 체험하고 관찰하는 것을 통해 살아 있는 사람들의 실제적이고 일상적인 삶을 밝혀낼 수 있으리라 보았다.[34] 사회인류학의 발전에 크게 공헌한 에드워드 E. 에번스-프리처드는 서재에 앉아서 낯선 관념이나 이상한 관습에 대한 선교사들의 보고서만 보고 있어서는 안 된다고 생각하여 1926년부터 아프리카 수단에서 현지조사 연구를 수행했다.[35]

오늘날 인문학적 관점의 종교학자들이 다양한 방법을 사용하여 종교를 설명하고자 한다는 것은 여러 차례 언급했다. 그중에서도 특히 인류학의 주요 연구 방법인 현지조사를 적극적으로 활용하고 있다. 필자도 현장에서 종교인들을 직접 만나서 그들이 종교에 참여하는 모습이나 종교적 시각으로 인간과 우주를 이해하는 방식을 관찰하고 조사하는 연구를 해 왔고, 이를 통해 문헌 자료에는 나타나지 않는 중요한 정보와 지식을 얻어 왔다.[36] 서울대학교 종교학과에

---

34 Sharpe, *Comparative Religion*, p.176.

35 Pals, *Eight Theories of Religion*, p.235.

36 예를 들어, 유요한, 「신들 사이의 영역 구별, 신과 인간의 영역 구별: 제주 토착종교의 정결 개념에 관한 연구」, 『종교와 문화』 25(2013), 27–65쪽; Yohan Yoo, "View of the Soul in Jeju Shamanistic Religion as Found in Neokdeurim Ritual", *Seoul Journal of Korean Studies* 31.2 (2018), pp.219–234; Yohan Yoo, "Performing Scriptures: Ritualizing Written Texts in Seolwi-seolgyeong, the Korean Shamanistic Recitation of Scriptures", *Postscripts* 10.1, 2 (2019), pp.9–25; Yohan Yoo, "Material God: Jeju Shamans' Instrument and Tutelary Deity, *Mengdu*", in S. Brent Rodriguez-Plate, Pooyan Tamimi Arab & Jennifer Scheper Hughes (eds.), *The Routledge Handbook of Material Religion* (forthcoming) 등을 참조할 것.

서 일하는 필자의 동료 최종성 교수는 학생들에게 종교 연구에는 "좌사우사(左寫右寫)"의 방법이 균형 있게 사용되어야 한다고 강조한다. 이 말은 "왼손에는 사전을 들고 오른손에는 사진기를 들어라"라는 뜻으로, 기록된 문헌의 충실한 연구와 살아 있는 종교인들의 실제 삶에 대한 관찰이 병행되어야 한다는 말이다. 책에 집중해 온 기존 인문학 연구는 현장에서 확인되는 삶의 모습으로 보완되어야 하며, 현대 종교학은 이 작업을 충실하게 해내고 있다.

이제 1990년 이후 사회과학 관점을 적용하여 이루어진 종교 연구의 주제들을 살펴보자. 지난 2~30년 동안 현대 종교학의 흐름에 주도적으로 참여해 온 연구의 주제로는 '**지구화**(globalization)' 관련 연구, **세속화 이론**에 대한 반성과 종교의 공적 역할에 대한 연구, 그리고 '**종교경제**(religious economy)'와 관련된 이론 및 분석 등 세 가지를 꼽을 수 있다.

첫째, 지구화라고 불리는 세계의 변동에 초점을 맞춘 연구들이 1990년대부터 활발하게 이루어졌다. 지구화는 세계 여러 나라의 정부, 문화, 기업, 그리고 국민들이 상호작용하며 느슨한 형태의 통합된 체계를 이루어 가는 과정을 말한다. 1990년대에는 상품, 정보, 기술, 서비스, 재화, 그리고 인력이 특정한 국가의 경계를 넘어 전 세계의 단위로 움직이는 모습이 분명해졌고, 각 경제 및 정치의 단위들의 상호의존 역시 점점 증가했다. 마누엘 바스케즈 등은 지구화 과정에서 종교들이 역동적으로 변하는 모습이 나타난다고 지적하며, 지구화는 변화하는 현대의 종교를 설명하는 틀을 제공한다고 주장한다.[37] 현대의 종교 상황이 지구화라는 주제에 주목하지 않을 수 없는 것이다. 예컨대, 지구화는 여러 종교들이 만나는 상황을 형성하며, 여러 종교들의 만남 때문에 지구화가 더욱 가속화된다. 타 종교와의 만남과 공존이 요청되는 상황에서 각 종교가 대응하는 방식은 다양하다. 어떤 종교들은 타 종교를 인정하면서도 자신의 우위를 확인하는 논리를 개발하고, 어떤 종교들은 다른 종교와 자신의 유사성을 강조하며, 또 다른 종교들은 타 종교를 극도로 적대시하며 공존을 거부한다. 종교들이 타자와 만남에 대응하는 이러한 방식들은 지구화의 상황에서 명확히 나타나며, 따라서 지구화라는 맥락과 연결해서 설명되어야 한다.

또한 지구화의 과정은, 소위 '세속화'에 의해 그 공적인 영향력이 약화된 것으로 알려진 종교가 여전히 사회 내에서 공적인 힘을 발휘하고 있음을 확인해 준다.[38] 달리 말하면, 20세기 후반 주류 종교사회학자들이 주장했던 '세속화 이론'을 비판적으로 검토할 수 있게 해준다고 할 수 있다. 곧이어 살펴보게 될 것처럼, 현대 세계에서도 종교가 정치적이고 공적인 영역에서 영향력을 확대하는 사례를 많이 찾을 수 있다. 일단 여기서는 지구화가 종교의 공적 영향력을 확인할 수 있는 장이 된다는 것만 지적하도록 하자. 피터 바이어(Peter Beyer)는 오늘날 지구화라는 큰 맥락에서 종교가 다원화되고 기능적으로 분화된 사회를 통합하는 기능을 하는 한편, 특정 지역의 문화적 독특성을 뒷받침하는 정치 운동의 역할을 하기도 한다고 강조했다.[39] 지구화는

---

37   Manuel A. Vasquez & Marie Friedmann Marquardt, *Globalizing the Sacred: Religion across the Americas* (New Brunswick: Rutgers University Press, 2003) p.34.

38   Vasquez & Marquardt, *Globalizing the Sacred*, p.48.

39   Peter Beyer, "Privatization and the Public Influence of Religion in Global Society",

현대의 특징이지만 지구화된 세계 내에서 종교의 역할이 축소되기만 하는 것은 아닌 것이다.

1990년대 후반부터는 지구화가 이루어진 세계 속에서 종교가 구성원들의 주요한 정체성을 제공하는 역할을 한다는 점에 주목한 연구들이 많이 이루어졌다. 스튜어트 홀(Stuart Hall)은 지구화된 세계에서 모든 사람들은 하나가 아니라 다수의 사회적 정체성으로 구성된다고 지적했다.[40] 수잔 루돌프(Susanne Hoeber Rudolph) 역시 지구화된 세계의 구성원들이 가지게 되는 여러 정체성 중 종교의 중요성을 강조했다. 루돌프는 종교를 "다수의 국가와 민간 단체가 행위자로서 선택하는 연합"의 형태에 영향을 끼치는 여러 사회적 분파들 중 하나로 본다. 또한 종교적 정체성은 민족 정체성, 이데올로기 정체성, 정책 정체성 등 여러 종류의 정체성들과 더 중요한 지위를 놓고 경쟁하는 관계에 있다.[41] 지구화와 정체성의 관계에 대한 연구는 종교가 사회를 통합하는 기능을 한다는 오래된 종교사회학 이론에 대한 반례를 제공하기도 한다. 루돌프는 지구화된 세계에서 종교는 사회를 결속하는 기능을 할 뿐 아니라, 문화적 갈등의 언어, 상징, 동기 등을 제

Theory, Culture & Society 7.2-3 (1990), pp.373-395.

40 Stuart Hall, "Old and New Identities, Old and New Ethnicities", in Anthony King (ed.), *Culture, Globalization, and the World-System* (Minneapolis: University of Minnesota Press, 1997), pp.41-68.

41 Susanne Hoeber Rudolph, "Dehomogenizing Religious Formations", in Susanne Hoeber Rudolph & James Piscatori (eds.), *Transnational Religion and Fading States* (Boulder: Westview Press, 1997), pp.243, 257. 루돌프는 여기서 '시민사회' 개념을 도입하고, 종교도 시민사회의 역할을 할 수 있다고 주장한다. 그녀는 시민사회의 속성 중, "국가가 없더라도 사회는 인간 행위를 통제할 수 있는 관습과 균형을 가지고 있다는 생각", 달리 말해 "질서를 수립하는 데 힘과 강제력이 반드시 필요한 것은 아니라는 생각을 대표한다"는 점을 강조한다. Rudolph, "Introduction", in *Transnational Religion*, pp.9-10; "Dehomogenizing Religious Formations", p.246을 볼 것.

공하여 내부의 갈등을 유발하는 정체성의 주요 요소가 된다고 주장한다.[42] 마누엘 카스텔(Manuel Castells)은 지구화의 영향으로 인종보다 종교, 국가, 지역성이 공동체의 구성에 더 큰 동력이 된다고 말하지만, 전통적인 종교의 영향력은 오히려 약화되었다고 지적한다. 사회를 정당화하는 역할을 해 온 종교의 전통적인 정체성은 오늘날 축소되고 희미해지는 경향이 있다는 것이다. 카스텔은 한 사회에 만연한 지배적인 사회 경향이 있을 때, 이에 대한 방어적 반응으로 나타나는 정체성이 중요하다고 강조하며, 종교 역시 지배에 대한 저항의 정체성으로 작용할 수 있다고 주장한다. 그는 특히, 지구화의 맥락에서 주류 사회에 대한 저항을 나타내고 문화적으로 주류와 구별되는 코드의 역할을 하는 종교들에 주목한다. 서구 사회 내 무슬림 구성원들의 소외로 인해 형성된 급진적 이슬람 정체성이 공동체의 저항을 위한 기제로 작용하고 있는 것을 예로 들 수 있을 것이다.[43]

지구화의 결과로 여러 종교들의 공존 상황이 가속화되면서, 특정 국가 및 사회 내 종교들의 공존과 갈등에 대한 연구도 계속되고 있다. 에크는 여러 종교 전통들이 뒤섞이고 각 전통 내의 다양한 관점들이 공존하는 미국의 종교 상황을 학문적으로 설명하기 위해서는 비교의 방법, 역사적 방법, 대화의 방법 등의 세 가지 방법을 사용해야 한다고 주장했다.[44] 또한 그녀는 미국에 이주해 온 힌두교인, 불교인, 이슬람교인 등의 사례를 들어 여러 종교 전통의 정체성을 지닌

---

42 Rudolph, "Introduction", pp.6–7.
43 Manuel Castells, *The Power of Identity* (Malden: Blackwell, 1997), pp.9–11, 20, 63–65.
44 Eck, "Dialogue and Method", pp.131–149.

사람들이 미국인이라는 정체성도 함께 지니고 살아가고 있다는 주장을 했고, 예전에는 기독교 국가로 분류되던 미국이 이제는 종교적으로 가장 다양한 모습을 지니게 될 정도로 큰 변화가 발생하고 있음을 강조하기도 했다.[45] 한 사회 내 여러 종교들이 공존하는 상황은 전 세계에서 확인되며, 2020년에도 이 주제에 대한 연구는 계속되고 있다. 2019년 가을에는 한국의 전북대학교에서 "종교의 갈등과 공존: 한국의 맥락과 세계의 맥락"이라는 주제로 국제학술대회가 개최되어, 필자를 비롯한 한국 학자들과 미국에서 방문한 학자들, 그리고 인도와 중동 출신의 학자가 모여서 현재 세계 각지의 다종교 상황을 확인한 바 있다.[46]

둘째, 지구화와 관련되어 잠시 언급했듯이, 종교가 공적 영역에서 영향력을 잃어 가는 것을 강조한 세속화 이론을 반성하고 종교의 공적 위상 및 역할에 주목하는 연구가 계속되고 있다. 이미 1962년에 위르겐 하버마스(Jürgen Habermas)는 종교개혁 이후 생겨난 "소위 종교의 자유"로 인해 종교는 사적이고 자율적인 영역을 확보하게 되었고 이후 종교는 결국 사적인 문제가 되었다고 규정한 바 있다.[47] 1960년대 대부분의 종교사회학자들은 종교의 공적인 영향력이 약화되고 점차 사적인 영역으로 제한되고 있다는 데 동의했다. 브라이언

---

45 Diana L. Eck, *A New Religious America: How a "Christian Country" Has Become the World's Most Religiously Diverse Nation* (New York: HarperCollins, 2001).

46 이 학술대회에서 발표된 논문들을 중심으로 2020년 국제학술지 *Religions*의 특별호 *Religious Conflict and Coexistence: The Korean Context and Beyond* (2020)가 출간되었다. https://www.mdpi.com/journal/religions/special_issues/Korean_Religion 참조(2020년 8월 26일 접속).

47 Jürgen Habermas, *The Structural Transformation of the Public Sphere* (Cambridge, MA: The MIT Press, 1991[1962]), p.11.

윌슨(Bryan R. Wilson)은 "종교적 사고, 실천 및 제도들이 사회적 중요성을 잃어 가는 역사적 과정"인 세속화가 진행되고 있다고 확언했고,[48] 피터 버거, 토머스 루크만(Thomas Luckman), 탤컷 파슨스(Talcott Parsons) 등도 종교의 사회적 영향력이 어떤 형태로든 쇠퇴하고 약화될 것이라고 주장했다.[49]

그러나 1980년대 이후에도 세계 각지에서 종교의 영향력이 유지되었으며 종교가 다양한 모습으로 공적 역할을 담당하고 있다는 것이 확인되면서, 당연하게 받아들여지던 세속화 이론은 비판을 받게 된다. 1960년대 세속화 이론을 주장했던 학자들 중 한 명인 피터 버거는 1997년에 자신을 비롯한 종교사회학자들이 잘못된 주장을 했다고 인정하며, "오늘날 대부분의 세계는 분명 세속적이지 않다. 매우 종교적이다"라고 말했다.[50] 로드니 스타크와 로저 핑키(Roger Finke)는 세속화 이론이 '근대화가 이루어져 합리적 정신과 과학이 발전하면 결국 종교가 없어질 것'이라는 18세기 이후 서구 학자들의 주장을 그대로 이어받은 이론이라고 지적한다. 이들의 어조는 매우 단호하다.

> 이제 그것을 탐욕스러운 사고의 한 산물로 인정하면서 세속
>
> 화 이론에 대한 사회과학적 믿음의 종말을 선언해 보자. […]

48 Bryan R. Wilson, *Religion in Secular Society: Fifty Years On* (Oxford: Oxford University Press, 2016[1966]), p.6.

49 피터 버거, 『종교와 사회』, 이양구 역(서울: 종로서적, 1981[1967]); 토머스 루크만, 『보이지 않는 종교』, 이원규 역(서울: 기독교문사, 1982[1974]); Talcott Parsons, "Christianity", in David Sills, (ed.), *The International Encyclopedia of Social Sciences* (New York: Macmillan and Free Press, 1968) 참조.

50 Peter Berger, "Epistemological Modesty: An Interview with Peter Berger", *The Christian Century* 114.30(October 29, 1997), p.974.

세속화 이론은 거의 3세기 동안 완전히 실패한 예언들과 과
거 및 현재에 대한 잘못된 묘사 이후 실패한 이론들의 공동묘
지에 들어가 고이 잠들라고 속삭일 때가 된 것 같다.[51]

스타크와 핑키는 종교의 쇠퇴를 받아들인 이론이 일종의 신화
이자 폐기되어야 하는 견해라고 단언한 것이다.

현대 세계에서 종교의 세속화를 인정하면서도, 이를 보편적인
것으로 받아들이지 않고, 종교와 사회의 복잡한 관계 속에서 설명하
는 연구도 이루어지고 있다. 호세 카사노바(José Casanova)는 특정 지역
에서 나타나는 현상은 그 역사적, 문화적 맥락 속에서 이해해야 하며,
다른 곳에서는 이와 다른 모습의 현상이 있을 수 있다는 것을 고려
해야 한다고 말한다. 카사노바는 서구 학계에서 당연하게 받아들여
진 세속화 이론은 세속화 외의 다른 경향의 존재를 고려하지 않았다
고 지적한다. 그는 세속화 이론의 전망과는 달리 종교의 공적 역할이
지속되고 있는 구체적인 사례들을 보여 주며, 이를 '공공 종교(public
religion)'라고 명명했다.[52] 데이비드 마틴(David Martin)은 세속적인 세계관
을 전통적인 종교적 세계관에 대응되는 문화적 쌍으로 이해하고, 세
속화는 이 두 쌍 사이의 관계 속에서 복합적으로 일어나는 일이라는
것을 강조한다.[53] 전통 종교의 관점을 대신하는 세속적 관점은 현대

51 로드니 스타크 · 로저 핑키, 『종교경제행위론』, 유광석 역(성남: 북코리아, 2016[2000]), 128-
    129쪽.
52 José Casanova, *Public Religions in the Modern World* (Chicago: The University of
    Chicago Press, 1994), pp.17-19; "Rethinking Secularization: A Global Comparative
    Perspective", *The Hedgehog Review* 8.1-2 (2006), p.17.
53 David Martin, "Secularization: An International Debate from a British Perspective",

인들이 세계를 이해하고 그 속에서 살아가는 방식을 규정한다는 점에서 현대적 종교성을 반영하고 있다고 할 수 있다. 그는 또한 수많은 현대인들이 제도적인 종교에서 떠났더라도, 종교가 축적해 온 것들은 사회적 현실이자 실체가 분명하다고 지적한다. 이러한 축적물들의 공적인 영향력도 부인할 수 없다는 것이다.[54]

셋째, 경제학의 관점을 도입하여 종교를 설명하는 이론이 널리 받아들여지게 되었다. 로드니 스타크는 1980년대부터 '종교경제' 개념에 근거한 분석과 이론적 설명을 제시했다. 스타크는 모든 사회 체계 안에는 종교활동을 포괄하는 하위 체계가 있다고 지적하며 이를 '종교경제'라고 명명했다. 스타크에 따르면, "종교경제는 어느 사회에서나 일어나는 모든 종교 활동으로 구성되어 있다." 그는 종교경제를 "종교 조직에 의해 제공된 종교 문화, 신자를 유지하거나 충원하고자 하는 종교 조직들의 구조, 그리고 현재적 및 잠재적 신자들로 구성된" 하나의 시장이라고 규정한다.[55] 종교체계를 하나의 시장으로 보는 종교경제론은 스타크가 윌리엄 베인브리지와 함께 제안한 "**합리적 선택 이론**(rational choice theory)"과 결합하여 많은 사람들의 호응을 얻었다.[56] 이 이론에 따르면, 인간은 종교적 선택에서 이성에 기초하여 합리적으로 비용과 편익을 계산한다. 또한, 종교의 본질은 "교환

Society 51.5 (2014), pp.470–471.

54 데이비드 마틴, 『현대 세속화 이론』, 김승호 외 역(파주: 한울, 2008[2005]), 152쪽.

55 이 부분은 스타크 · 핑키, 『종교경제행위론』, 297쪽에서 인용했으나, 스타크는 이보다 훨씬 앞서 종교경제 개념을 제시하기 시작했다. 1983년 캐나다 레스브리지 대학교에서 열린 학술대회에서 발표한 논문인 "Religious Economies: A New Perspective"에서도 이 개념을 논했다.

56 스타크와 베인브리지는 다수의 연구를 공동으로 수행했는데, 합리적 선택 이론을 본격적으로 제시한 저술은 Rodney Stark & William Sims Bainbridge, A Theory of Religion (New Brunswick, NJ: Rutgers University Press, 1996[1987])이다.

관계"이며, 인간은 종교를 통해 "실제적 보상"과 "대리 보상"을 얻고
자 한다. 이 세상에서 사람들은 사회적 지위, 돈 등 눈에 보이는 편익
인 실제적 보상을 다 얻을 수 없으므로, 그 등가물로 기능할 수 있는
"대리 보상"으로 나머지를 채우려 하는데, 종교는 영생, 구원과 같은
눈에 보이지 않는 대리 보상을 제공한다.

합리적 선택 이론은 시대와 장소에 상관없이, 소위 원시인으
로부터 21세기 현대인까지, 모든 인간은 동일한 합리성을 가지고 있
다고 전제한다.[57] 이 이론은 종교를 기본적으로 합리적인 선택과 결
정에 의한 현상이라고 간주한다. 종교적 믿음과 행위는 결국 합리적
인 본성을 지닌 인간의 행위에 기반을 두고 있기 때문이다. 물론 인
간의 감정적인 면을 비롯한 사고와 행위를 모두 합리적이라고 단언
하는 것은 아니며, 인간의 합리적 선택이 항상 합리적인 결과를 도출
한다고 주장하지도 않는다. 이 이론은 인간이 자신의 선택과 결정에
대한 책임을 수용한다는 점에서 합리적이라고 평가한다. 예컨대, 극
단적인 종말론을 믿는 종교 단체에 가입하는 신자들은 재산을 헌납
하거나, 가정을 포기하고, 집단 자살을 택하는 등, 합리적으로 보이지
않는 행위를 하기도 한다. 그러나 합리적 선택 이론에 따르면, 이러
한 결정 뒤에는 자신의 행위가 가져오는 편익에 대한 계산과 투자비
용의 상대적 비교 등, 기대하는 이익에 대한 합리적 판단이 있다. 내
세에 관한 믿음 역시 합리적 계산으로 설명할 수 있다. 내세에 대한

---

57 합리적 선택 이론에 대한 설명 부분은 유광석, 『종교시장의 이해』(서울: 다산출판사, 2014)에
기초하고 있음을 밝힌다. 유광석은 종교경제론 및 합리적 선택 이론을 바탕으로 한국의 종교
상황을 분석하는 연구를 수행하고 있다.

믿음 뒤에는, 내세가 있으면 이익이지만 내세가 없더라도 손해는 없다는 판단이 깔려 있다. 다시 말해, 믿지 않는 선택을 하는 경우에는 내세가 존재하면 손해를 보게 될 것이라는 판단, 내세가 존재하지 않아도 이익은 얻지 못한다는 판단이 이루어진다. 요컨대, 내세를 믿는 신자들은 믿지 않는 것의 기대 이익이 더 적을 것이라고 판단한다는 것이다.

경제의 논리로 종교를 설명하는 것은 전통적으로 성스러움과 관련되었다고 생각되어 온 종교를 철저히 세속적으로 분석함으로써 종교인들을 계산적인 사람처럼 무시하는 것으로 보일 수도 있다. 그러나 합리적 선택 이론 주창자들은 오히려, 인문학적 관점의 종교학자들이나 다른 사회과학적 종교학자들이 종교 전통을 적대하고 무신론을 정당화해 왔다고 비판한다. 스타크와 핑키는 종교에 대한 편견을 배제하고 종교현상학자들처럼 종교현상에 감정이입함으로써 종교인들과 같은 심정이 되어 봐야 종교를 이해할 수 있다고 강조한다.[58] 또 한편으로 합리적 선택 이론은 엄정한 학문적 방식으로 종교를 설명하고자 하는 이론이기도 하다. 이 이론을 주창한 학자들은 종교를 객관적으로 연구하는 것은 성스러운 종교를 모독하는 것이라는 일부 종교인들의 태도 역시 거부하며, 인간의 언어로 종교의 인간적인 측면을 연구하는 학문적 작업이 충분히 가능하다고 본다. 스타크와 핑키는 자신들의 "근본적 목적은 사회과학적 도구들을 인간과 그들이 성스러움으로 경험하는 것들 간의 관계에 적용하는 것이다"라

---

58 스타크 · 핑키, 『종교경제행위론』, 38쪽.

고 말한다.[59] 사회과학적 이론을 통하여 종교를 설명 가능하도록 만드는 작업을 하고 있는 것이다.

종교경제론 및 합리적 선택 이론은 종교를 원시적이고 비합리적인 것, 근대성에 배치되는 것으로 이해했던 예전 종교사회학자들의 편견을 뒤집으려는 시도인 것은 분명하다.[60] 그러나 인간의 합리적인 면에만 초점을 맞춤으로써 종교의 비합리적인 요소들이 설 자리가 배제되고 있는 것도 사실이다. 종교에서 공포, 경외, 애착 등 감정적 요소들이 작용하는 것을 모두 합리적으로 설명하는 것은 무리가 있다. 정동이론을 근거로 종교를 설명하는 학자들이 종교의 언어적 속성에만 초점을 맞춘 조나단 스미스의 관점에 비판적 입장을 취하는 것 역시 이 같은 문제의식에서 비롯한다. 사실 일부 인문학적 종교학자들은 이미 오래전부터 인간의 합리성만 강조하는 연구를 경계해 왔다. 예를 들어, 루돌프 오토는 종교를 합리적인 것으로만 설명하는 경향을 비판하며, 종교를 이해하기 위해서는 인간의 비합리적이고 감정적인 면을 주시해야 한다고 주장했다. 또한 반 데르 레이우는 현대인들도 비합리적 속성을 가지고 있다는 것을 강조하여, 비합리성과 원시성을 동일시한 전통을 극복하려 했다. 결국 인간과 종교에 대한 더 포괄적이고 종합적인 설명을 위해서는 다양한 방향에서 접근할 필요가 있는 것이다.

59 스타크 · 핑키, 『종교경제행위론』, 35–37쪽.
60 스타크 · 핑키, 『종교경제행위론』, 16쪽.

3) 자연과학 관점의 종교 연구

19세기 후반부터 다윈의 자연선택설 등 자연과학 이론을 적용하여 종교의 기원과 속성을 설명하려는 시도는 계속되어 왔으나, 인문학과 사회과학 분야의 연구에 비해 수나 영향력 면에서 그다지 주목할 만하지 못했던 것이 사실이다. 하지만 2000년 이후에는 자연과학 관점의 종교 연구가 여러 분야에서 점점 더 많이 이루어질 뿐 아니라 그 학문적 위상도 점점 더 확고해지고 있다. 뇌과학, 신경학, 진화생물학, 진화심리학, 인지과학 등의 지식과 방법을 바탕으로 종교 및 문화에 대한 자연과학적 연구가 활발히 진행되고 있다.

앞 절 말미에 언급했던 정동이론 연구자들 중에도 자연과학의 관점을 종교 연구에 적용하려는 학자들이 있다. 이들은 지적이고 언어적인 작용과 직접 관련되지 않은 즉각적이고 급격한 감정인 정동(情動, affect)에 주목한다. 일부 학자들은 철학적 성찰과 사변에 의지하여 정동의 속성을 규명하려 하지만, 더 많은 학자들은 진화생물학과 동물생태학 등 자연과학 연구의 성과를 연구의 출발점이자 주장의 근거로 사용한다. 예컨대, 인간의 종교 행위가 동물에게서 관찰되는 행위 양태와 공통되는 것을 지적하며, 인간과 동물과의 연속성의 관점에서 종교의 동물적 측면을 밝혀내는 식이다. 정동이론을 종교 연구에 적용한 대표적인 학자 도노반 섀퍼(Donovan O. Schaeffer)는 인간의 감각이나 감정에 관하여 철학적으로 진술하면서도,『종교 정동: 동물성, 진화, 권력』(Religious Affects: Animality, Evolution, and Power, 2015)에서 영장류 동물학자 제인 구달(Jane Goodall)를 인용하여 침팬지가 거대한 폭포를 보고 가지게 된 놀람과 경이에서 논의를 시작한다.[61] 그는 정동을 통해 인간 종교의 동물적인 면을 더 잘 이해할 수 있다고 주장한다. 셰퍼에 따르면, 종교는 "언어, 책, 또는 신앙에 관한 것일 뿐 아니라 사물이 느껴지는 방식과 우리가 원하는 것에 관한 것"이며 "동물과 인간을 구별하는 것이기보다는 우리를 다른 동물 신체와 연속성 속에 있도록 하는 것"이다(p.3). 셰퍼는 종교의 비언어적 측면에 집중하며 그 중에서도 감정을 강조한다. 그는 정동이 "언어 외부의, 이전의 그리고 언어 아래에 있는 몸을 통해 발휘되는 힘의 흐름"이며 "언어나 자주적인 의식에 의해 반드시 포착되지 않고 포착될 수 없는 경험, 사고, 감각, 느낌, 행위의 추진력 있는 요소들"로 이해될 수 있다고 설명하며, 정동이 곧 "종교의 결정적 요소"라고 단언한다.

사실 종교가 의식과 언어에 기인한 것이 아니라 감정적인 측면에서 비롯되었다는 주장이 완전히 새로운 것은 아니다. 4장에서 살펴보았듯이, 종교가 감정과 직관에 근거한다는 이론은 이미 18세기에 상당히 발전되었던 바 있다. 데이비드 흄은 두려움과 근심이 종교의 출발점이라고 주장했고, 슐라이어마허는 인간이 종교에 반응할 수 있는 것은 이성이 아니라 직관과 감정의 능력에 근거한다고 확언했던 것이다. 하지만 20세기 종교학자들이 종교의 지성적인 면, 특히 언어에 근거한 요소들에 집중하며 상대적으로 감정과 직관은 무시했던 것이 분명하다는 점에서 셰퍼 등의 정동이론 연구자들이 관점을

---

61 Donovan O. Schaefer, *Religious Affects: Animality, Evolution, and Power* (Durham: Duke University Press, 2015), p.3. 감정(emotion)이 인간의 지적 활동을 거쳐 발생한다고 보며 이를 정동(affect)과 엄격히 구별하는 정동이론 학자들도 있으나, 셰퍼는 감정을 느낌(feeling)이나 정동과 같이 비언어적인 것으로 간주하는 학자들과 견해를 공유한다.

전환하자고 제안하는 것은 정당하다고 볼 수 있다.

그러나 종교의 연구에서 동물과의 연속성을 강조하면서 종교에서 동물과 구별되는 지적, 언어적 측면은 부수적인 것으로 취급한다면 이 역시 종교를 균형 있는 시각에서 보지 못하는 것이다. 정동이론은 인간과 동물의 유사한 점이 언어적인 틀 내부의 구조보다 선행한다고 주장하며 언어가 적용되지 않는 세계의 중요성을 부각시킨다(p.15). 이 과정에서, 언어와 지적인 측면의 중요성은 정당한 설득과정 없이 배제된다. 예를 들어, 섀퍼는 인간이나 다른 동물이 내리는 도덕적 결정 역시 언어 이전에, 정동이라는 구체적으로 드러나는 형태에 의해 만들어진다고 주장한다(p.133). 이는 도덕의 원인에 대한 과감한 설명이기는 하지만 전제를 결론에 반복하는 순환론에 가깝다고 할 수 있을뿐더러, 도덕적 결정의 내용과 수준에 대한 고려가 이루어지지 않고 있다는 점 역시 문제이다.

서울대학교 종교학과에서 학문적 종교 연구에 대해 배운 학생들은 정동이론이 대두되기 오래 전부터, 특정 상황에서 나타나는 동물의 반응과 행위가 인간의 종교적 경험에 수반되는 것과 유사하다는 것에 대해 생각할 기회를 가져왔다. 1980년부터 2005년까지 서울대학교 종교학과에서 가르쳤던 고(故) 윤이흠 교수는 이 책 2장에서 다루었던 루돌프 오토가 설명한 누미노제 경험이 인간만의 것으로 규정할 수 없음을 구체적인 사례와 함께 논의했다. 학생들은 그의 주장에 동의하기도 하고 거부하기도 했는데, 많은 학생들이 그 설득력을 인정했다. 윤이흠 교수의 주장은 누미노제 경험이 매혹과 공포라는 존재론적 충격을 수반하는데, 이는 동물도 경험할 수 있다는 것이었다. 그가 미국에서 박사과정을 밟고 있을 때 바로 옆집의 이웃이 윌러스라는 이름의 고양이를 키웠는데, 이 고양이는 집 밖에 나가지 않고 집 안에서만 살았다고 한다. 그 이웃이 장기간 집을 비울 사정이 생겨서 윤이흠 교수에게 윌러스를 맡기게 되었는데, 그는 윌러스를 호숫가의 큰 공원으로 데려갔다. 집 밖의 세계를 처음 본 윌러스는 거부할 수 없는 끌림과 두려움을 함께 경험하는 존재론적 충격의 상태였다고 한다. 종교 경험의 감정적인 면에 동물과의 연속성이 있는 것을 구체적 사례와 더불어 1980년부터 강조했던 것이다. 그런데 그가 고양이 윌러스에 대한 관찰을 이야기한 것은 누미노제 경험이 복합적인 종교 경험 그 자체가 될 수 없음을 설명하기 위한 것이었다. 종교현상이 구성되려면 인간의 근원적 열망과 가치가 부여되어야 하고 사회 구성원들에 의해 반복되는 문화적 요인이 결합되어야 한다고 지적하며, 어느 하나의 요소로 종교를 설명하려는 시도를 경계했다. 종교의 비언어적 측면, 정동과 다양한 감정도 고려해야 하지만, 그것으로 인해 종교의 주요한 다른 면을 이차적인 것으로 배제하는 것 역시 연구를 매우 제한한다는 것을 기억해야 한다. 합리적인 측면만 강조하는 것도, 비합리적인 측면만 부각하는 것도 가장 복합적이고 복잡하기까지 한 종교에 균형 있게 접근하는 태도는 아닌 것이다.

이 외에 몇몇 대표적인 자연과학적 종교 연구자들의 주장을 간략하게 살펴보자.[62] 다른 학자들보다 한 세대 앞서 에드워드 윌슨

---

62 이 단락은 구형찬, 「민속신앙의 인지적 기반에 관한 연구: 강우의례를 중심으로」, 서울대학교 대학원 종교학과 박사학위논문(2017), 64–69쪽 및 Ellwood, *Introducing Religion*, p.90에

(Edward O. Wilson)은 『인간 본성에 관하여』(1978)에서 인간의 종교적 복종 행위가 동물의 서열 행동과 유사하다고 주장하며, 이를 생존과 번식의 가능성을 높이는 생물학적 적응으로 설명한 바 있다. 빌라야누르 라마찬드란(Vilayanur S. Ramachandran)은 『두뇌에 있는 유령』(1998)에서, 뇌의 측두엽 간질과 신비 체험 사이에 관계가 있다는 것을 보임으로써 특정한 종교에 속하지 않더라도 신경의 조건이 충족되면 신비 체험을 할 수 있다고 주장했다. 데이비드 슬론 윌슨(David Sloan Wilson)은 『다윈의 대성당』(2002)에서 종교 집단의 응집력과 자원 공유 등을 근거로 종교를 집단 선택에 의한 생물학적 접근으로 설명했다. 딘 해머(Dean Hamer)는 『신 유전자』(2004)에서 종교적인 사람들은 낙천적 감각과 관련된 유전자를 지니고 있어서 스트레스를 극복하고 저항력을 높일 수 있었고, 따라서 자연선택의 과정에서 유리했을 것이라고 말했다. 앤드류 뉴버그(Andrew Newberg)는 『우리가 믿는 것을 우리는 왜 믿는가』(2006)에서 수도승들의 명상이나 기도에 몰두하는 수도승들의 뇌를 영상 촬영한 결과를 근거로, 종교경험과 뇌의 작용에는 분명한 상관관계가 있다고 주장했다. 이러한 연구들이 "엄밀하게 말해 충분히 입증된 것은 아니며 여전히 매우 논쟁적"이지만, 종교에 대한 이해를 확장시켜 줄 수 있을 것이라고 기대되고 있는 것은 분명하다.[63]

서술된 내용을 요약한 것이다. 인용된 원저는 다음과 같다. Edward O. Wilson, *On Human Nature* (Cambridge, MA: Harvard University Press, 1978); Vilayanur S. Ramachandran & Sandra Blakeslee, *Phantoms in the Brain: Probing the Mysteries of the Human Mind* (New York: HarperCollins, 1998); David Sloan Wilson, *Darwin's Cathedral: Evolution, Religion, and the Nature of Society* (Chicago: The University of Chicago Press, 2002); Dean Hamer, *The God Gene: How Faith Is Hardwired into Our Genes* (New York: Doubleday, 2004); Andrew Newberg & Mark Robert Waldman, *Why We Believe What We Believe* (New York: Free Press, 2006).

　　자연과학적 관점의 종교 연구 중에서도 가장 주목받는 분야는 인지과학(cognitive science)의 관점과 방법을 종교 자료에 적용한 '인지종교학'이다. 인지종교학은 토머스 로슨(E. Thomas Lawson)과 로버트 맥컬리(Robert N. McCauley)의 『종교 다시 생각하기: 인지와 문화 연결하기』(Rethinking Religion: Connecting Cognition and Culture, 1990)가 나온 이후 학계의 관심을 끌기 시작한 신생 분야라고 할 수 있으나, 2000년대 이후에는 놀라울 정도로 많은 연구 결과물들을 생산하고 있다. 맥커천은 인지종교학자들이 오늘날 "종교 이론을 다루는 연구자들 중 가장 조직적이고 야심찬 진영"을 구성하고 있다고 평가할 정도이다.[64] 인지과학은 인간의 인지과정과 관련된 정신 활동의 특징과 뇌의 작용을 연구하는 학문으로, 심리학, 컴퓨터과학, 철학, 언어학 등 여러 학문 분야의 방법을 동원하여, 개인과 개인의 집합인 문화 내에서 인간의 생각이 전개, 저장, 전달되는 방식에 주목한다. 인지과학을 이용하여 종교를 설명하는 인지종교학자들은 종교적 행위와 사고가 종교인들에게 갖는 가치와 의미를 해석하는 일에는 관심이 없다. 대신 이들은 사람들이 종교적인 사고를 발전시키고 종교적인 행위를 하는 이유에 관한 이론적 설명을 시도한다.[65]

　　당 스페르베(Dan Sperber)는 『문화 설명하기: 자연주의적 접근』(Explaining Culture: A Naturalistic Approach, 1996)에서 유물론적 존재론에 토대를 둔 자연과학의 관점과 방법을 사용하여 종교와 문화를 연구해야

63　구형찬, 「민속신앙의 인지적 기반에 관한 연구」, 70쪽.
64　맥커천, 「종교연구 길잡이」, 277쪽.
65　맥커천, 「종교연구 길잡이」, 210-211쪽.

한다고 주장하며, 문화적 사실에 대한 인과적 설명을 위해 "표상 역학" 연구를 제안한다.[66] 스페르베에 따르면, "표상 역학은 심적 표상과 공적 표상이 얽혀 있는 인과 사슬에 관한 연구이다"(104쪽). 표상 역학에 대해서는 좀 더 설명이 필요할 것이다. 스페르베는 표상이 문화현상을 정의하는 데 핵심적인 역할을 하기 때문에 종교를 비롯한 문화현상을 설명하기 위해서는 표상을 고려해야 한다고 지적한다(47쪽). 그는 표상을 개인의 두뇌에서 생기고 소멸하는 '심적 표상'과, 언어, 부호, 이데올로기 등 의사 소통의 수단으로 사용되는 '공적 표상' 등 두 유형으로 설명한다. "기능적 용어로 서술된 뇌의 상태"인 심적 표상은 당연히 물질적인 것이며, 두뇌 외부에 있지만 두뇌가 입력으로 처리할 수 있는 공적 표상 역시 복잡한 심적 표상에 근거하여 작동하는 물질적인 것이라고 규정한다(48-50, 59, 103쪽). 심적 표상은 뇌의 상태이며, 표상의 분포 역시 두뇌와 유기체, 그리고 환경 사이에서 벌어지는 "물질적 상호작용"에 의해 설명된다(50쪽). 심적 표상은 대부분 개인의 내부에서 발견되지만 일부는 의사 전달자에 의해 공적 표상으로 변환되고 청자에 의해 다시 심적 표상으로 변환된다. 소통되는 표상 중 아주 일부는 반복적으로 소통되는데, "문화적 표상"은 광범위하고 지속적으로 소통되는 표상이라고 할 수 있다. 그는 어떤 표상이 왜 증식하는지에 답하는 인과적 설명을 위해서는 심적 표상과 공적 표상으로 이루어진 인과의 사슬과 그것에 영향을 미치는 복수의 인지적 요인과 생태적(환경적) 요인을 연구 주제로 삼아야 한다고 주장한

---

66 당 스페르베, 『문화 설명하기: 자연주의적 접근』, 김윤성 · 구형찬 역(서울: 이학사, 2022[1996]).

다. 스페르베의 연구는 자연주의적 관점에서 종교를 비롯한 문화현상을 인과적으로 설명하려는 대표적인 시도라고 할 수 있다.

인지종교학자 파스칼 보이어(Pascal R. Boyar)는 종교적인 본능과 성향, 종교적 개념을 위한 기질, 그리고 종교에만 관련되는 뇌 작용 등이 따로 있다고 보지 않는다. 그는 필수적인 인지 기능 면에서 종교적인 사람과 비종교적인 사람은 다르지 않다고 주장한다. 보이어에 따르면, "다른 영역들을 위해 작동하는 것과 매우 똑같은 방식으로 개념과 추론이 종교를 위해 작동하고 있으며, 신앙과 믿음도 그런 작동 방식의 단순한 부산물(by-product)인 것처럼 보인다."[67] 왜 종교가 생겨날 수 있었는지에 대해서 보이어는 종교적인 개념과 생각이 인간의 기억체계에 효율적으로 작용했기 때문이라고 말한다. 종교는 '존재론적 범주'(동물, 도구, 사람, 수 등, 온갖 종류의 기본적인 추론을 포함하는 추상적인 개념들)가 제공하는 정보 중 일부와 반대되는 경우가 많다. 보이어에 따르면, 종교적 개념은 언제나 반(反)직관적인(counterintuitive) 정보를 포함하고 있기 때문에 잘 기억되고 전달될 수 있다. 인간의 기억체계는 직관에 어느 정도 어긋나는 생각을 잘 간직하고 전달하게 구성되어 있는데, 종교적 개념과 생각은 기억되기 쉬운 정도로 반직관적이기 때문에 다른 생각들보다 훨씬 더 큰 경쟁력을 지니게 된다. 예컨대 인간과 비슷하지만 초월적인 신이 있다는 믿음은 직관에 반하되 너무 많이 벗어나지 않는 생각으로, 쉽게 기억되고 잘 전달되며, 따라서 인간들이 공유하게 되는 것이다.[68] 보이어는 인지과학의 관점으로 종

67 파스칼 보이어, 『종교, 설명하기: 종교적 사유의 진화론적 기원』, 이창익 역(파주: 동녘사이언스, 2015[2001]), 540쪽.

교적인 개념과 사고의 형성을 설명한 이론을 제시하고 있다.

　　인문학적 관점의 종교연구자들은, 자연과학적 관점의 종교 연구에는 종교가 인간에게 어떤 의미와 가치가 있는지에 대한 관심이 담겨 있지 않다는 문제를 지적해 왔다. 이미 20세기 초에 윌리엄 제임스는 자연과학적 종교 연구에 대한 부정적 견해를 밝힌 바 있다.[69] 그는 자신이 의사였으면서도 종교적 경험을 신체기관의 성질로 이해하는 "의학적 물질주의"가 너무나 단순한 사고체계라고 비판하며, 이러한 태도는 인간의 마음이 "살아 있는 진실을 드러내는 중요한 가치"를 지니고 있다는 것을 간과한다고 지적했다. 정신의 상태는 신체의 조건에 달려 있다는 견해가 사실(facts)을 담고 있기는 하지만, 인간의 경험이 갖는 가치와 중요성을 밝히는 데는 도움이 되지는 않는다는 것이다. 21세기에도 이러한 경계는 이어지고 있다. 팰즈는 종교학자들이 진화생물학, 유전학, 인지과학에 근거한 종교 이론을 진지하게 탐구해야 할 것이라고 인정하면서도, 이러한 이론은 결국 종교를 비롯한 인간의 문화 대부분을 유전자에 의해 부여된 두뇌 속 잔여 형질의 산물로 간주하는 생물학적 환원이며 일종의 "**유전적 결정론**"이라고 평가한다.[70]

　　19세기 다윈으로부터 시작된 이 유전적 결정론, 더 크게 말해서 자연과학적 결정론은 21세기에는 인문학과 사회과학을 포함하는 학문 분야 전반에 퍼지게 되었다. 결정론자들은 인간의 의식이 "결정

68　보이어, 『종교, 설명하기』, 115, 121쪽; 맥커천, 『종교연구 길잡이』, 277-281쪽.
69　William James, *The Varieties of Religious Experience: A Study in Human Nature* (Charleston, SC: BiblioBazaar, 2007[1902]), pp.28-29.
70　Pals, *Eight Theories of Religion*, p.304.

되는 것으로, 사회생물학적으로 결정되거나 인지과학의 영역에서 결정되는 것, 인공지능으로서 결정되거나, 또다른 여러 방식으로 결정되는 것으로 보는 사고방식"을 공유한다.[71] 인문학 관점의 학자들이 어떻게 반응하건 간에, 종교학은 물론 문학을 비롯한 인문학 분야 전반에 자연과학적 결정론의 영향력은 점점 더 커지고 있다. 또한, 다음 장에서 살펴볼 것처럼 21세기 과학의 발전을 근거로 주장을 펼치는 하라리 등의 저술가들에 의해 대중들 사이에도 계속 확산되고 있다. 하지만 인지과학 등 자연과학의 관점에서 이루어진 종교 연구는 인문학과 사회과학 연구자들이 보거나 설명하지 못했던 부분을 다루고 있고, 따라서 이것이 종교에 대한 이해의 지평을 넓혀 줄 수 있다는 것도 부인할 수 없을 것이다. 남은 과제는 인문학과 사회과학을 바탕으로 발전해 온 전통적인 종교학의 연구의 성과를 자연과학적 종교 연구와 균형 있게 결합해 내는 일이다.[72]

---

71 프라이, 『문학이론』, 35쪽.
72 구형찬, 「민속신앙의 인지적 기반에 관한 연구」, 70–71쪽. 이 논문은 양자의 결합이라는 과제가 어렵지만 반드시 해내야 하는 일이라는 것을 인식을 바탕으로, 민속 신앙에 대한 인문학적 관점과 인지과학 이론을 적용한 설명의 조화로운 결합을 시도하고, 이를 상당히 성공적으로 해내고 있다.

6장

현대문화와 종교학

현대 종교학에 대한 설명의 범위는 두 가지 이유에서 전통적인 종교학의 영역 외부까지 확장될 필요가 있다. 첫째, 대학에서 종교학을 연구하고 가르치는 전문 종교학자들이 아닌, 저술가들이 대중을 대상으로 하는 종교에 대한 지적 논의를 활발하게 주도하고 있다. 이들은 대개 겉으로는 종교적으로 보이지 않는 인간의 역사와 문화의 흐름 속에서 종교적인 요소들을 짚어 내거나, 많은 사람들이 종교를 떠난 것으로 보이는 현대사회에서 종교의 역할과 기능이 필요하다고 주장한다. 수많은 대중 독자를 확보하고 있는 이들 저술가들은 종교의 역사적 중요성과 사회적인 기능을 강조하지만 종교의 신앙과 실천을 받아들이지 않는 무신론자인 경우가 많다. 이들은 종교학의 흐름과 동향을 언급할 때는 배제되지만, 전문 학자들보다 대중들에게 종교를 지적으로 접근하는 기회를 더 많이 제공하는 것도 사실이다. 현대문화의 종교 해설자인 이들에 대해 살펴볼 필요가 있을 것으로 본다.

둘째, 현대문화 내에서 기존 종교 전통들로는 설명되지 않는 **"대중 종교(popular religion)"**의 중요성이 점점 부각되고 있다. 로버트 엘우드(Robert Ellwood)는 대중 종교를 현대 대중문화의 중요한 부문으로 간주하고, 그 형태를 둘로 구분한다.

> 대중 종교는 두 가지 형태로 나타난다. 첫째, 기존 주류 종교가 대중적인 차원에서 이해되고 실천되는 것이다. 둘째, 겉으로 보기에는 비종교적인 대중문화에 새겨진 종교적 의미로 나타나는 것이다. 예컨대 연예인이나 영화 속 주인공이 종교적 우상과 유사하게 만들어지는 것을 생각하면 된다.[01]

엘우드의 지적처럼, 현대에는 종교들이 기존과는 다른 형태로 대중에게 다가간다. 먼저, 전통 종교들의 신화, 의례, 교리 등이 대중의 언어와 매개체로 새롭게 구성되어 제시되는 다양한 모습들을 접할 수 있다. 또한, 겉으로 보기에 종교적이지 않은 대중문화에도 예전에는 신화와 의례를 통해 전해지던 종교적 의미들이 담겨 있다. 이렇게 새로운 전달 방식과 종교적 의미들은 대중 종교의 형태로 이해하고 종교학의 관점에서 설명해야 한다. 책을 시작하며 나는 현대사회에 종교학이 반드시 필요한 이유 중 하나로, 종교와는 거리가 먼 것

01 Ellwood, *Introducing Religion*, pp.159–160.

으로 보이는 현대인들도 어떤 의미에서는 여전히 종교적인 성격을 지니고 있다는 점을 지적했다. 고대의 종교적인 사람들은 물론 우리 시대의 인간을 포괄적이고 종합적으로 이해하는 데에도 종교학의 시각이 요청된다. 특히 대중문화에 담긴 종교적 의미를 해석하기 위해서는 종교학이 반드시 필요한 것이다.

이 장에서는 종교학의 관점으로 현대문화를 해석한다. 학계 외부에서 대중들이 종교를 이해하는 방식, 그리고 대중문화에 담긴 종교적 의미에 초점을 맞출 것이다. 먼저 종교학 전공자가 아니면서 대중들에게 종교에 대한 지적인 설명을 제공하는 대표적인 지식인들의 주장을 검토할 것이다. 이어서, 현대문화의 다양한 영역에 담긴 종교적 의미들을 종교학의 시선으로 풀어내는 사례들을 제시하고자 한다. 현대사회의 여러 문제들에 대해 종교와 종교학은 어떤 입장을 취하고 있으며, 현대문화에 종교학적 시각이 어떻게 적용될 수 있는지 살펴보게 될 것이다.

1) 종교를 인정하는 무신론자들의 종교론

우리 시대에는 종교인이 아니면서 종교에 관심을 가지고, 종교학 전공자가 아니면서 종교에 대한 지적 이해를 도모하는 사람들이 점점 많아지고 있다. 종교에 대한 지적 설명은 대학의 연구실이나 강단을 통해서가 아니라 대중을 대상으로 하는 저서들을 통해서도 이루어지고 있다. 최근 대중들에게 종교에 대한 설명을 제공하는 대표적인 저술가들 중에는 자신이 종교를 가지고 있지 않을뿐더러 무신론자임을 자처하는 사람들을 찾을 수 있다. 종교는 가지고 있지 않으면서 "영성"이라는 이름으로 종교에 대한 관심을 표하거나, 자신도 모르는 채 종교적인 의미를 당연하게 받아들이며 사용하는 현대인들의 모습이 이러한 저술가들에 반영되고 있다고 할 것이다. 이 절에서는 종교의 사회적 기능을 강조하는 알랭 드 보통(Alain de Botton), 특정 종교 담론의 가치를 통해 지적인 지평을 확장하고자 하는 슬라보예 지젝, 역사와 문화의 핵심으로 종교를 지적하는 유발 하라리 등 세 명의 저술들에 나타난 종교 관련 내용을 잠시 살펴보도록 하겠다. 철학자인 지젝은 슬로베니아 류블랴나 대학교의 선임연구원이고, 하라리는 이스라엘 히브리 대학교의 역사학 교수이지만, 둘 다 종교학 또는 특정 종교 전공자가 아니다. 독립적인 저술가로 활동하는 드 보통도 종교학 또는 특정 종교를 전공하지는 않았다. 이 세 명은 모두 종교에 관심을 가지고 있는 지식인들이며, 무신론자이기도 하다.

① 빈곤한 현대사회와 무신론자를 위한 종교: 알랭 드 보통, 『무신론자를 위한 종교』

『무신론자를 위한 종교』(Religion for Atheists, 2011)에서 드 보통은 현대사회가 종교를 상실하여 빈곤하게 되었다고 지적하며, 종교의 기능을 회복해야 한다고 주장한다.[02] 많은 현대인들이 세속적 휴머니즘과 유물론적 세계관을 근거로 종교를 거부한다. 세속적 휴머니즘을

---

02 알랭 드 보통, 『무신론자를 위한 종교』, 박중서 역(서울: 청미래, 2011).

공유하는 사람들은 인간 자신이 세상에서 가장 고귀한 가치를 갖는 다는 믿음을 바탕으로 사후 세계와 영혼 등 종교의 전통적 개념과 오랜 신화들을 거부하고, 과학을 내세워 종교를 거부한다. 모든 생명체와 정신적인 것이 물질에서 생겨난다는 유물론은 종교를 헛된 환상으로 치부한다. 그러나 드 보통은 세속적 휴머니즘과 유물론을 신봉하면서도 종교의 가치와 중요성을 인정하고 수용해야 한다는 입장을 취한다. 무신론자인 그는 종교를 인간이 만들어 낸 것으로 간주하며, 실재하는 신이 내려 준 계시에 근거한 종교는 받아들이지 않는다. 동시에, 종교가 "완전히 엉터리에 불과한 것이라는 이분법적 사고방식" 역시 버려야 한다고 주장한다.[03]

드 보통은 현대사회가 종교를 포기하면서 많은 것을 잃고 피폐해졌다고 믿는다. 무엇보다도, 세속 사회는 그동안 종교가 제공해 온 일상과 구별된 성스러움과 관련된 경험을 상실하면서 빈곤해졌다고 본다. "자기보다 더 큰 무엇인가와 교제하는 듯한, 그리고 혼탁하고 불경건한 이 세상으로부터 격리된 듯한 감정"과 이전보다 더 나은 사람이 되었다는 기분을 경험할 수 없게 된 것이다.[04] 또한 종교를 통해 고양되어 온 인간의 덕성들이 상실되었다고 말한다. 종교를 상실한 현대인들은 도덕, 감사의 마음과 표현, 내적 가치, 공동체 의식, 예술 정신, 낯선 사람과 교류하기 등을 배우고 발전시키는 법을 점점 잊어 가고 있다. 드 보통은 세속화가 급격하게 이루어지면서 종교에서 가장 유용하고 매력적인 부분도 포기하게 되었다고 지적한다. "신앙

03 드 보통, 『무신론자를 위한 종교』, 11–12쪽.
04 드 보통, 『무신론자를 위한 종교』, 223쪽.

인들의 여러 가지 관습과 테마를 상실함으로써 세속 사회는 불공평하게도 너무 빈곤해지고 말았다"는 것이다.[05] 현대 자본주의 사회에서는 소비를 진작하는 상업 광고들이 윤리적인 메시지, 인내와 정의 등 고귀한 가치에 대한 메시지를 대신하게 되었다.

그는 현대사회에서도 종교의 가치와 기능이 인정되어야 한다고 주장한다. 종교는 현대사회에서 다른 것으로 대체할 수 없으며, 여전히 매우 효율적인 기능이 있다는 것이다. 드 보통에 따르면, 인간은 누구나 이기적이고 폭력적인 충동을 가지고 있지만 다른 사람들과 함께 살아야 한다. 또한 실패, 노화, 죽음 등 누구나 경험하는 고통에 대처하며 살아가야 한다. 자유의지론적 이데올로기가 팽배한 현대사회에는 불완전한 내면의 안위를 보살펴 줄 방법들이 부재하지만, 종교는 소외, 고립, 무의미, 무가치 등 세속 사회에서 사람들이 겪는 문제를 누그러뜨려 줄 갖가지 정교한 개념들을 축적하고 있으며, 여기에 맞설 수 있는 방법들을 제시한다.

무신론자인 드 보통은 종교의 고백적인 교리와 가르침은 거부한다. 신이 세상을 창조하고 인간 구원을 위해 일한다는 것을 믿지 않는다. 그러나 그는 종교의 가르침을 거부하면서도 종교가 축적해 온 개념을 현대인의 삶에 적용하는 일이 가능하다고 주장한다. 드 보통은 종교의 개념을 적용할 수 있는 여러 사례들을 제시한다. 예컨대, 종교가 발전시켜 온 '다른 사람과 더불어 사는 다양한 기술'을 받아들이면 현대인들은 고통 속에서도 혼자가 아니라는 것을 확인하고

05 드 보통, 『무신론자를 위한 종교』, 15쪽.

평안을 누릴 수 있게 된다. 종교 공동체 구성원들이 서로 지켜봐 주고 격려해 온 방식들을 수용한다면, 자유를 잃고 얽매인다는 느낌이 아니라 안도감을 가지고 선행을 추구할 수 있다. 또한 종교가 신화의 의례를 통해 성스러운 존재를 본받도록 한 것처럼 현대인들도 존경할 만한 역할 모델을 설정하고 도덕적 분위기를 조성할 수 있을 것이다. 경제성과 효율성만 강조하는 현대 교육은 옛 종교의 방식대로 삶에 의미를 부여하고 삶을 변화시켜 더 나은 사람이 되도록 가르쳐야 한다. 그는 삶에 대한 지나친 낙관이 현대사회에 팽배해 있다고 지적하며, 종교적 개념을 통해 자기 중심주의를 포기할 수 있어야 한다고도 주장한다. 종교를 통해 자신이 작은 존재라는 느낌을 얻을 수 있는데, 이는 굴욕적인 것만이 아니라 위안과 기쁨을 주는 경험이다. 종교는 "우리에게 전혀 굴욕감을 주지 않으면서도 우리에게 자기중심주의를 포기하도록" 설득할 수 있다. 드 보통에 따르면, "우리 자신이 작다는 느낌을 받는 것은 삶의 현장에서는 고통스러운 일상적 현실"이지만, "강력하고 고귀하고 탁월하고 지혜로운 어떤 것 앞에서 갑자기 자신이 작다고 느끼게 되는 것은 기쁨과 아울러 우리에게 지혜가 주어진다는 의미이다."[06]

　현대인들의 삶의 빈 곳을 채우기 위해서는 종교의 기능을 되살려야 한다고 믿는 드 보통은 "무신론자를 위한 종교"를 주창한다. 성스러운 존재의 실존이나 신의 계시, 섭리 등과 같이 현대인들의 과학적 사고로는 받아들일 수 없는 개념들은 배제한 채로, 구성원들이

06　드 보통, 「무신론자를 위한 종교」, 276쪽.

서로를 지켜보는 공동체를 조직하고 일상과 구별된 경험을 고양하며, 삶의 변화를 추구하는 교육과정을 편성하는 등의 방식으로 종교의 기능을 되살려야 한다는 것이다.

　　드 보통의 주장은 19세기 전반에 콩트가 "인류의 종교"의 창시를 시도하며 제안했던 것과 유사하다. 드 보통 자신도 이를 매우 잘 알고 있어서, 『무신론자를 위한 종교』의 말미에 콩트의 시도를 꽤 자세히 소개한다.[07] 콩트는 머지않은 미래에 지식인들은 신을 믿지 않게 될 것이고 종교가 힘을 잃게 될 것인데, 이로 인해 사회는 윤리와 결속을 결여하게 될 것이고 여러 병리 현상들이 나타날 것이라고 내다봤다. 콩트의 예견은 선구적이었을뿐더러 상당히 정확하기도 했다. 먼저 콩트는 경쟁과 개인주의 충동이 심화되는 자본주의 사회에서 사람들은 공동체와 전통을 잃게 될 것이고 자연과 공감할 수 있는 능력도 상실하게 될 것으로 보았다. 또한 대중매체가 발전하면서 사람들 각자의 감수성이 약화되고, 독창적으로 사고하지 못하게 될 것이며, 자기 반성이 결여될 것이라고 했다. 그는 낭만주의가 이기적 사랑을 조장하고 전통적 가족관계를 위기에 빠뜨릴 것이라고도 예상했다. 이러한 위기에 맞서기 위해 콩트는 "무신론자를 위한 종교"의 선구 격인 "인류의 종교"의 창시를 주창했다. 여기에서 인류는 신을 대신하는 "대존재(大存在)"였다. 그는 세속적인 사제 제도를 만들어 동료 시민의 행복 능력과 도덕 관념을 고양하도록 하고, 정신적 치유를 위한 대화를 제공하고, 신앙과 상관없는 세속적 설교를 담당하며,

---

07　드 보통, 『무신론자를 위한 종교』, 317-326쪽.

대중들이 읽을 수 있는 쉬운 철학 논문을 저술하도록 해야 한다고 주장했다. 또한 공동체의 결속을 위해 절기마다 축제를 거행하고, 키케로, 셰익스피어, 괴테 등 사람들의 모델이 될 수 있는 세속적 성인들을 선정해야 한다고도 주장했다. 그러나 콩트의 노력은 당대 사회의 관심을 끄는 데 실패했다. 콩트의 정신병력과 이해하기 힘들 정도로 장황한 글 등 개인적인 문제들이 있었다고는 하지만, 공동체가 공유하는 신앙을 배제하고 종교의 기능만 작동시킨다는 구상이 당시 사람들의 공감을 얻지 못했던 것도 분명하다.

드 보통은 특정한 종교를 가지고 있지 않은 무신론자이면서도, 종교의 기능을 다른 것으로 대체하기 어렵다고 진단하고, 현대사회에 종교적 개념을 적용하여 종교의 기능을 복구해야 한다고 주장한다. 현대인의 빈곤에 대한 드 보통의 비판은 적절한 것으로 보이지만, 신앙은 배제하면서 기능만 회복할 수 있을 것이라는 주장에는 동의하기 어렵다. 종교인들의 사고와 행위는 구성원의 공통된 신앙에 기반을 두고 있는 분위기와 동기에 의존한다는 점에서, 신앙 없이 종교의 개념을 세속 사회에 적용하여 기능이 작동하도록 하는 것은 결코 쉽지 않은 일이기 때문이다.

② 엘리트 무신론자의 신학 담론: 슬라보예 지젝, 『죽은 신을 위하여』

종교의 기능을 강조한 드 보통과 달리, 지젝은 『죽은 신을 위하여』(The Puppet and the Dwarf, the perverse core of christianity, 2003)에서 종교의 가치를 기능으로 평가하는 것에 반대한다.[08] 지젝은 현대사회에 종교가 필요한 이유에 대해 많은 사람들이 "합리적 철학이나 과학은 난해하고 소수만 접근 가능"하기 때문에 "대중의 상상력을 사로잡아 도덕 질서와 정치 질서를 세우는 종교의 기능은 대체가 불가능"하다고 답한다면서, 이는 근대 이후 종교가 사회에 유기적 결속력을 제공하는 본연의 기능을 수행하지 못하게 된 상황을 반영하지 못한 답변이라고 비판한다.[09]

　　지젝은 근대성을, 종교가 특정한 문화 속에 온전히 통합되거나 동일시되지 않는 사회질서라고 정의한다. 그는 근대 이후 종교가 지배적 사회질서로부터 자율성을 획득하여 특정한 문화의 맥락을 넘어서 세계 어디서나 자리 잡을 수 있게 되었으나, 결국은 세속적 작동에 종속되는 이차적 현상으로 축소되고 더 이상 규범적인 기능을 할 수 없게 되었다고 지적한다. 지젝에 따르면 이때 두드러지는 것은 지성과 신앙의 긴장관계이다. 많은 현대 지식인들은 여전히 종교적인 것에 대하여 긍정적인 태도를 가지고 있지만 이를 전면에 드러내고 싶어 하지 않는다. 인격적 신 너머에 있는 근본적 타자상에 대해서 열린 마음을 가지고 있으며 깊은 영성을 중요시하는 반면, 노골적인 유물론은 거부하는 지식인들이 적지 않다. 그러나 이들에게 신을 믿는가 등 자신의 종교에 대한 질문을 던지면 답을 유보한다. 지젝은 이를 "공공연하게 인정되면 시들어 버리는 신앙, 은밀하고 외설적인 비밀이 되어야 하는 신앙", 따라서 **"부인된 신앙"** 또는 **"유보된 신앙"** 이라고 부른다.[10]

08　슬라보예 지젝, 『죽은 신을 위하여: 기독교 비판 및 유물론과 신학의 문제』, 김정아 역(서울: 도서출판 길, 2007[2003]).

09　지젝, 『죽은 신을 위하여』, 9쪽.

10　지젝, 『죽은 신을 위하여』, 10-11쪽.

그러나 지젝은 지성과 그리스도교 신앙은 서로의 발전에 기여할 수 있다고 본다. 그는 종교, 특히 그리스도교의 지적인 가치를 강조하여, 자신은 무신론자임에도, 그리스도교 신학이 라캉의 정신분석학, 헤겔 철학, 마르크스 이론과 더불어, 자신의 사상을 형성하는 데 영향을 끼쳤다고 공공연하게 말한다. 지젝에 따르면, 그리스도교 신학은 대립되는 속성의 합일과 신의 죽음을 논한다는 점에서 변증법적 유물론과 상통한다. 그는 그리스도교의 "전복적(perverse) 핵심" 또는 그리스도교 내부적이면서 외부적인 "외밀한(ex-time) 핵심"으로 '차이'와 '균열'을 꼽는다.[11] 그리스도교 신학에서 예수 그리스도는 죽지 않는 존재인 신이면서 동시에 죽임을 당한 인간인데, 이는 신을 신 자신으로부터, 인간을 인간으로부터 분리하는 균열이면서, 신이 자신과 불일치하는 차이 그 자체라고 할 수 있다. 지젝은 "삼위일체의 교훈은 신이 신과 인간 사이의 균열과 정확하게 일치한다는 것, 신이 바로 이 균열"이며 "이러한 존재가 바로 그리스도"라고 말한다.[12] 그리스도교에서 "신은 그리스도의 형상을 취하면서 신 자신과 완전히 분리"되는 존재인 것이다.[13] 예수가 세상 죄를 짊어지고 십자가에서 처형을 당하면서 신에게 "어찌하여 나를 버리셨나이까"라고 절규하는 『신약성서』「마태복음」의 장면은, 그리스도가 무기력하게 죽음을 맞는 신의 모습, 신이면서 신으로부터 분리되는 모습을 보여 준다. 지젝은 신을 믿지 않는 무신론자들에게 신이 죽은 존재라고 할 수 있

11 지젝, 『죽은 신을 위하여』, 11, 98쪽 참조.
12 지젝, 『죽은 신을 위하여』, 42쪽.
13 지젝, 『죽은 신을 위하여』, 127쪽.

으며, 그리스도는 신이면서 신으로부터 분리되며 죽음을 맞는다는 점에서 무신론자라고 역설한다.

지젝은 그리스도가 신의 지위를 포기하고 죽임을 당함으로써 희생한 것에 대해 "그리스도는 다른 주체를 위해 죽음이라는 궁극의 수동적 경험을 대신한 존재"라고 표현한다.[14] 그리스도가 인간의 육체로 이 땅에 온 것은 무한의 영역의 존재가 유한의 영역으로 들어온 것이고, 초월적 가능성이 현실 세계 내에 구체적으로 구현된 것이다. 지젝의 표현을 직접 살펴보자.

> [신은] 자신의 창조물 속으로 타락하고, 보잘것없는 일련의 피조물 속으로 삽입된다. 이러한 진입의 순간은 기독교가 아니고는 찾아볼 수 없는 강생의 신비 ─ 신이 인간의 모습으로 나타나는 것이 아니라 신이 인간이 된다는 신비 ─ 이다… 궁극적 타자가 신 자신인 한에서, 타자의 타자성을 동일성으로 환원시킨 것은 기독교의 획기적 업적이다, 라고 나는 감히 주장한다. 기독교에서는 신 자신이 인간이요, '우리 중 하나'이기 때문이다.[15]

지젝은 궁극적 타자가 인간과 동일한 존재가 된 것을 그리스도교 신학의 핵심이면서 철학적인 업적이라고 보는 것이다. 나아가 그는 그리스도교가 이러한 전복적 핵심을 회복하기 위해서는 제도의

---

14 지젝, 『죽은 신을 위하여』, 163; 22–25쪽도 참조할 것.
15 지젝, 『죽은 신을 위하여』, 223쪽.

껍데기를 버려야 한다고 말한다.[16] 그리스도교의 전통과 제도는 그리스도교 자체라고 할 수 있고, 이를 버리는 일은 그리스도가 인간이 되어 희생했던 것과 마찬가지로 그리스도교 자체의 희생이다. 지젝은 이 희생을 통해 그리스도교의 핵심이라는 가장 귀한 부분을 지켜 낼 수 있다고 보는 것이다.

지젝은 일부 그리스도교인들이 보이는 배타성을 비판하며 진정한 일신교인들은 관용적이라고 말한다. 그런데 그 근거가 매우 그리스도교 중심적이다. 그는 타종교를 증오하는 것은 자기의 신과 다른 신이 경쟁관계에 있다고 생각하기 때문이라며, "배타적 폭력을 수반한 일신교는 은밀한 다신교"라고 규정한다.[17] 나쁜 형태의 일신교가 다신교와 동일하다는 주장은 결국 제대로 된 일신교라면 다신교보다 우월하다는 생각이 깔려 있다. 지젝은 그리스도교가 일신교로서 "균열 자체를 주제로 삼는 종교"라고 말하면서 다신교는 오히려 "신의 다자성이라는 공유된 근거와 배경을 전제"로 한다고 주장한 바 있다.[18] 이 역시 그리스도교 사상의 우월성을 강조하는 것으로 해석할 수 있다.

지젝이 불교와 힌두교를 비판하는 내용도 공정하지 않은 면이 있다. 그는 외적 현실을 일시적인 외양과 동일시하는 동양 종교 사상을 비판한다. 무념무상(無念無想)의 개념은 자신의 행동을 포함하는 모든 일이 자신과 상관없이 일어난 듯 행동하는 근거가 된다고 말한다.

16   지젝, 『죽은 신을 위하여』, 277쪽.
17   지젝, 『죽은 신을 위하여』, 45쪽.
18   지젝, 『죽은 신을 위하여』, 41쪽.

자아를 버리는 해탈, 무아, 근원적 허무라 할 수 있을 공(空)을 추구하는 것은 탈주체화와 다를 바 없고, 이는 행위에 대한 책임을 회피하고, 때로는 범죄를 정당화하는 결과를 유발하게 된다는 것이다. 불교의 '열반' 개념에 대해서는, "미망(迷妄, illusion)을 없애려는(갈망을 없애려는, 현상적 현실을 없애려는) 불교의 노력은 사실상 미망의 실재계를 없애려는 노력, 미망에 대한 우리의 '집착'을 야기하는 실재계의 핵심을 없애려는 노력"이라고 평가한다.[19] 지젝에 따르면, 실재하는 모든 것의 세계를 미망 속의 것으로 규정하고 공(空)만을 진정한 선이자 진리로 보는 시각은 책임적 주체로서 인간의 위치를 상실하도록 한다. 또한 열반이라는 개념은 모든 차이를 무력화하는 문제가 있으며, 욕망 너머로 설정되어 있으면서 동시에 욕망의 대상이라는 모순을 담고 있다고도 비판한다.

　　지젝은 불교와 힌두교의 교리가 범죄를 정당화하는 데 사용된 두 개의 역사적 사례를 제시한다. 먼저 그는 1960년대 서구 지성인들 사이에서 선불교의 붐을 일으켰던 선불교 지도자 스즈키 다이세츠[鈴木大拙]가 1930년대 일본에서 무아(無我)와 공(空) 등 선불교의 교리를 이용하여 군국주의를 정당화했던 것을 지적한다. 스즈키는 "살생하는 것은 사실 무사가 아니라 칼 자체이다… 마치 칼이 저절로 정의를 실현하는 것과 같다. 정의는 곧 자비다"라고 말하여, 명령에 복종하는 군인들이 자아를 포기하고 근원적 허무와 즉각적으로 하나가 되는 선의 기본적 메시지에 충실하도록 권고했다. 각 개인의 책임에 대

19　지젝, 『죽은 신을 위하여』, 41쪽.

해서는 관심을 두지 말고 철저하게 탈주체화(desubjectivization)된 군인의 자세를 가르친 것이다.[20]

또한 지젝은 나치 전범인 하인리히 힘러(Heinrich Himmler)가 가장 좋아하는 책이 「바가바드 기타」였으며 그가 이 책에서 유대인을 학살하는 자기 합리화의 근거를 찾았다고도 말한다. 「바가바드 기타」에 등장하는 크리슈나 신은 전사이자 왕인 아르주나에게, 존재를 위해서 슬퍼하지 말고 자신에게 주어진 의무(dharma)를 다하라고 권하며, "자아는 죽이지도 않고 죽임을 당하지도 않는다. 자아는 태어나지도 않고 죽지도 않으며, 지금까지 존재하지도 않았고 앞으로도 존재하지 않을 것이다"라고 가르친다. 지젝은 이러한 사고로부터 "외적 현실이 일시적 외양에 지나지 않는다면, 아무리 끔찍한 범죄라도 결국은 아무것도 아니다"라는 결론에 도달한다고 하며, 이것이 유대인 학살자의 자기 합리화로 사용되었다고 주장한다.[21]

불교와 힌두교의 교리가 현실에 적용된 역사적 사례를 근거로 제기하는 지젝의 비판에 일부 타당성이 있는 것은 사실이다. 그러나 그리스도교와 마찬가지로 동양에서 비롯된 종교에서도 "전복적 핵심"을 찾으려는 시도를 하지 않으면서 비판을 제기하는 것은 공정하지 않다. 불교와 힌두교 역시 제도와 껍데기를 극복하고 "전복적 핵심"을 회복할 가능성을 타진해야 객관적인 비교가 이루어졌다고 할 수 있다. 결국 지젝은 서양철학의 전통 내에서 그리스도교의 지적인 매력을 논하면서, 동시에 타종교에 대한 그리스도교의 우월성을 강

20   지젝, 「죽은 신을 위하여」, 47–51쪽.
21   지젝, 「죽은 신을 위하여」, 55–56쪽.

조하고 있는 셈이다.

③ 무신론자의 신화적 종말론: 유발 하라리, 『호모 데우스』

하라리 역시 무신론자이지만, 인류가 현재의 모습으로 살아가게 된 가장 큰 이유를 종교에서 찾는다. 그는 『사피엔스』(Sapiens: A Brief History of Mankind, 2011)에서 종교를 "초인적 질서에 대한 믿음을 기반으로 하는 인간의 규범과 가치체계"라고 정의했다. 그는 인간이 "전혀 존재하지 않는 것에 대한 정보를 전달하는 능력"을 지니고 있다고 주장하며, "직접 보거나 만지거나 냄새 맡지 못한 것에 대해 마음껏 이야기할 수 있는 존재는 사피엔스뿐이다"고 단언한다. 인간은 허구로 구성된 신화를 집단적으로 상상하게 됨으로써 "많은 숫자가 모여 유연하게 협력하는 유례없는 능력"을 지니게 되었다는 것이다.[22] 하라리도 종교의 사회적 기능을 강조한 사회인류학자들과 알랭 드 보통의 관점을 공유한다. 그는 종교가 사람들을 통일시키는 매개체의 역할을 한다고 말하며, "종교가 역사에서 맡은 핵심적인 역할"은 취약한 사회의 질서와 위계에 "초월적 정당성을 부여"하는 것이라고 단언한다.[23]

하라리의 종교의 기능에 대한 강조는 『호모 데우스: 미래의 역사』(Homo Deus: A Brief History of Tomorrow, 2015)에도 이어진다.

종교를 규정하는 것은 신이 있고 없고의 여부가 아니라 사회

---

22 하라리, 『사피엔스』, 48-49쪽.
23 하라리, 『사피엔스』, 298쪽.

적 기능이다. 종교는 인간의 사회구조에 초인적 정당성을 부여하는 어떤 것이다. 종교는 사회구조에 초인적 법칙이 반영되어 있다고 주장하며 인간의 규범과 가치를 정당화한다.[24]

　여기서 "초인적"이라는 말은 "신성한" 또는 "성스러운"이라는 말과 동의어로 사용되었다. 하라리는 신은 "전능한 존재가 아니라 특정한 초능력을 지닌 존재"이며 신성은 "약점, 꼬인 구석, 한계를 가질 테지만 우리보다 훨씬 큰 차원에서 사랑하고 증오하고 파괴할 수" 있는 존재에게 적용되는 성질이라고 규정한다.[25] 유일신교 전통에서 생각하는 완전하고 전능한 신뿐 아니라 인간보다 강하고 우월한 존재를 아울러 신으로 보고, 평범하고 범속한 인간을 넘어서는 영역의 속성을 "신성" 또는 "초인적"이라고 부르는 것이다. 하라리는 인간의 규범, 가치, 사회구조에 성스러운 정당성을 부여함으로써, 사회를 결속하고 유지해 온 종교의 기능 때문에 호모 사피엔스가 다른 종들보다 우월한 위치를 차지할 수 있었다고 주장한다.

　한편, 『호모 데우스』에서 하라리는 인류의 역사가 전통적인 종교의 시대에서 인본주의 종교의 시대로 이어졌다고 말하고, 앞으로는 인본주의 종교의 쇠퇴와 더불어 호모 사피엔스의 시대가 끝나고 새로운 인류가 탄생할 것이라고 예언한다. 하라리의 주장은 지금 살고 있는 시대의 끝과 새로운 시대의 도래를 말한다는 점에서 종말론

24　유발 하라리, 『호모 데우스: 미래의 역사』, 김명주 역(파주: 김영사, 2017[2015]), 252쪽.
25　하라리, 『호모 데우스: 미래의 역사』, 74쪽.

적이다.[26]

하라리 전에도 여러 역사학자나 사회과학자들이 데이터 분석과 합리적 추론에 근거하여 미래를 예측하는 연구를 해 왔다. 예를 들어 1990년대 중반 새뮤얼 헌팅턴(Samuel P. Huntington)은 『문명의 충돌』(Clash of Civilizations, 1996)에서 현대사회 분쟁의 근본적 원인은 문명의 충돌이며, 문명의 가장 중요한 핵심은 종교라고 지적하며, 서구 그리스도교권과 이슬람권이 대립하게 될 것을 예견했다. 또한 동아시아의 세력이 부상할 것이며, 세계의 구도는 서구, 이슬람권 국가들, 중국을 중심으로 하는 동아시아로 재편될 것이라고 주장하기도 했다.[27] 2000년대 이후 이슬람 근본주의의 부상과 중국의 비약적 발전 등, 헌팅턴의 예측이 맞아떨어지는 상황이 실제로 벌어졌다.

그러나 하라리의 '예언'은 헌팅턴의 '예견'과 달리, 현생 인류의 멸망과 새로운 인류의 출현이라는 종말론적 내용을 담고 있다는 점에 주목해야 한다. 하라리는 우선 근대 과학혁명 이후 인본주의와 자

---

26 종교의 종말론에 대해서는 유요한, 『종교 상징의 이해』, 209–212쪽을 참조할 것. 나는 하라리의 저서가 대중들의 인기를 끄는 이유 중의 하나로 종말론적 성격을 꼽는다. 소설, 만화, 영화 등 다양한 현대문화 콘텐츠에 종말론이 담겨 있는 것을 보면, 종말론은 하나의 신화 유형으로서 현대인의 관심을 끌고 있다. 영화나 소설에 나오는 인류 멸망과 시대 종말의 이유는 다양하다. 예를 들어, 전쟁(《더 로드》, 《일라이》), 바이러스의 창궐(《나는 전설이다》, 《해프닝》), 외계인의 침공, 인공지능의 공격(《터미네이터》, 《나의 마더》, 『나는 입이 없다 그리고 나는 비명을 질러야 한다』) 등이 있을 것이다. 세계 내 모든 것의 소멸에 초점을 맞춘 이야기도 있지만, 《노잉》, 《설국열차》, 《인터스텔라》, 《더 로드》 등의 영화처럼 재앙적인 종말로 현 세계가 끝난 후 선택된 소수 또는 인류 전체가 맞게 되는 새로운 세계에 대한 작품들이 더 많은 인기를 끌기도 한다. 《인디펜던스 데이》, 《아마겟돈》과 같이 세계 멸망을 영웅적으로 극복해 내는 이야기들도 새로운 세계의 도래라는 주제를 포함하고 있다는 점에서 종말론을 수용한 것이라 할 수 있다. 《터미네이터》 시리즈의 내용은 그리스도교 종말론의 모티프와 유사하다. 《터미네이터》에서는 미래에서 온 로봇이 인간 세계를 구원할 영웅의 탄생을 막으려 하는데, 이는 악마인 용이 구원자가 될 아이가 태어나자마자 삼키려 시도하지만 실패하는 「요한계시록」 12장 내용과 구조가 같다.

27 새뮤얼 헌팅턴, 『문명의 충돌』, 이희재 역(파주: 김영사, 2016[1996]).

유주의가 전 세계의 지배적 관점으로 자리 잡았다고 설명한다.

> 농업혁명이 유신론적 종교를 탄생시킨 반면 과학혁명은 신
> 을 인간으로 대체한 인본주의 종교를 탄생시켰다. [⋯] 인본
> 주의자들은 인간을 경배한다. 자유주의, 공산주의, 나치즘 같
> 은 인본주의 종교들의 창립이념은 호모 사피엔스는 특별하
> 고 신성한 본질을 지니고 있으며 우주의 모든 권위가 거기서
> 나온다는 것이다.[28]

　　그러나 하라리는 인본주의와 자유주의의 위상은 곧 위협을 직
면하게 될 것이라고 주장한다. 하라리의 예언에 따르면, 첫째, 자유
의지에 대한 신뢰나 분리할 수 없는 단일한 자아에 대한 믿음 등 개인
의 자유를 지탱하는 기반들이 붕괴하여 인간의 가치가 떨어지게 될
것이다. "자유주의자들이 개인의 자유에 높은 가치를 두는 것은 인간
이 자유의지를 가졌다고 믿기 때문"인데, 현대 과학의 발전은 자유의
지 대신 "결정론과 무작위성"의 손을 들어 주었다. '자유'는 신성하게
여겨진 단어였으나, 이제 의미 없는 용어로 전락하고, "자유의지는 앞
으로 우리 인간이 지어낸 상상의 이야기 속에만 존재할 것이다."[29] 둘
째, 개인들을 본인보다 더 잘 아는 시스템이 개인들을 대신하여 중요
한 결정을 내리게 될 것이고, 개인들은 이에 만족할 것이다. 외부 알
고리즘의 관리를 받는 개인의 권위는 기대하기 힘들다. 셋째, 인류는

28　하라리, 『호모 데우스』, 142쪽.
29　하라리, 『호모 데우스』, 386, 389쪽.

생물학적 계급으로 나뉘게 될 것이다. 일부 사람들은 기술을 이용하여 업그레이드되어 필수불가결한 동시에 시스템이 해독 불가능한 존재, 전대미문의 능력과 전례 없는 창의성을 지닌 초인간인 '호모 데우스'가 될 것이다. "호모 데우스는 인간의 본질적 특징들은 그대로 보유하지만 육체적, 정신적으로 향상된 능력을 갖춘 덕분에 매우 정교한 비의식적 알고리즘들 앞에서도 당당히 자기 자리를 지킬 수 있을 것이다."[30] 반면 대부분의 사람들은 업그레이드되지 못하고, 컴퓨터 알고리즘과 새로운 초인간 양쪽의 지배를 받는 열등한 계급이 될 것이다. "성능을 높이지 못한 인간은 조만간 완전히 무용지물이 될 것"이며, "로봇과 3D 프린터가 셔츠 제조 같은 육체노동을 대체하는 한편, 매우 지능적인 알고리즘이 사무직을 대체할 것이다."[31] 이는 모든 인간이 평등한 가치와 권한을 가진다는 자유주의 이념의 근간이 파괴된다는 것을 뜻한다.

하라리는 나아가, 전통적인 종교에서 인간의 신성에 대한 신념을 공유하는 인본주의와 자유주의 종교로 전환했던 인류는 이제 신흥 '기술종교'를 믿게 될 것이라고 예언한다. 그 첫 번째 형태는 진화론적 인본주의의 변종이라 할 수 있는 '기술 인본주의'이다. 하라리는 기술 인본주의가 인간의 본질적 특징은 유지하면서 육체적, 정신적으로 향상된 능력을 갖춘 인간을 만들어 내고자 할 것으로 내다봤다. 그러나 그는 이 시도가 성공적이라고 생각하지는 않는다. 몸과 뇌를 업그레이드한다고 해도 결국 마음을 잃고 수준이 떨어지게 되

30 하라리, 『호모 데우스』, 482쪽.
31 하라리, 『호모 데우스』, 437, 474쪽.

어, 결국 창의적으로 생각하고 꿈꿀 수 있는 능력을 상실한 부품과 같은 인간을 만들어 내게 될 것이라고 말한다. 두 번째 형태의 새로운 '기술종교'는 인본주의를 완전히 부정하는 '데이터교'이다. 데이터교는 유기체를 생화학적 알고리즘으로 간주하는 생명과학과 컴퓨터과학에 의해 태동될 것이다. "데이터교는 우주가 데이터의 흐름으로 이루어져 있고, 어떤 현상이나 실체의 가치는 데이터 처리에 기여하는 바에 따라 결정된다고 말한다."[32] 이 관점을 지닌 사람들은 인간의 욕망이나 경험 대신 정보를 의미와 권위의 원천으로 삼을 것이기 때문에, 인간보다 정보처리를 더 잘 할 수 있는 전자 알고리즘이 인간보다 더 중요한 지위를 차지하게 될 것이라고 예견한다. 하라리는 종교의 본질이 사회구조에 초인적 정당성을 부여하고 인간의 규범과 가치를 정당화하는 기능에 있다고 봤기 때문에, 과학기술을 통해 인간이 나아가야 할 방향을 제시하는 '기술 인본주의'나 정보에 인간보다 우월한 존재론적 지위를 부여하는 '데이터교'에 '종교'라는 명칭을 붙인 것이다.

하라리가 인류의 역사와 미래를 명쾌하게 조망하고 기술한 것은 분명하지만, 그의 종교에 대한 설명 중에는 동의하기 어려운 부분들도 상당히 포함되어 있다. 먼저, 그는 종교의 개념을 너무 제한적으로 설정했다. 종교의 사회적 기능의 측면만을 따로 떼어 종교라고 명명하고, 그 나머지에 해당하는 측면들에 '영성'이라는 이름을 붙였다. 하라리는 영성을 사람들이 잘 알지 못하는 목적지로 향하는 여행

---

32 하라리, 『호모 데우스』, 503쪽.

이라고 추상적으로 설명하고, 이는 자신의 존재, 인생의 의미, 선과 악의 문제 등의 커다란 질문에서 시작된다고 말한다. 다시 말하면, 그는 일상적인 것 너머에 대한 지향 또는 열망과 관련된 것을 영성이 라고 생각하는 듯하다. 그러나 사회구조의 정당성을 제공하는 기능 이 종교의 요소 중 하나라면, 일상 너머의 것 또는 자기보다 더 크고 우월한 것에 대한 개인적인 갈망 역시 종교의 중요한 요소이다. 앞서 살펴보았듯이, 성스러움에 대한 갈망을 종교의 본질이라고 보는 학 자들도 적지 않다.

하라리의 '신성' 개념이 책 전체에서 일관적인 의미로 사용되 지 않는다는 점도 지적해야 할 것이다. 대개 평범하고 범속한 인간을 기준점으로 삼고 그보다 우위의 힘이나 존재의 속성을 가리켜 신성 성 또는 성스러움이라고 부른다. 예를 들어, 엘리아데는 성스러움을 "보통과 대립되는 것", "인간의 한계를 초월한 것", "세속과 반대되는 것", "완전한 것" 등으로 설명했다.[33] 같은 맥락에서, 알랭 드 보통도 신의 속성을 인간보다 강한 것, 우리보다 더 큰 필연성, 우리의 한계 를 보게 하는 것 등으로 표현했다.[34] 요컨대, 성스러움은 '우리 인간' 또는 '평범한 인간'보다 우월한 존재의 속성인 것이다. 하라리도 신성 을 "우리"보다 더 큰 능력을 지닌 존재의 속성으로 설명했다. 호모 데 우스를 설명할 때는 이 기준이 잘 적용된다. 평범한 인간을 기준으로 삼고, 평범하고 범속한 인간보다 우월한 능력과 지위를 지닌 새로운

---

33 미르체아 엘리아데, 『종교형태론』, 이은봉 역(파주: 한길사, 1996[1949]), 34, 66, 68, 72, 81, 84쪽 등; 『신화, 꿈, 신비』, 강응섭 역(고양: 숲, 2006[1957]), 18쪽. 『신화, 꿈, 신비』는 앞서 인 용한 Myths, Dreams and Mysteries의 한국어 번역판이다.

34 알랭 드 보통, 『여행의 기술』, 정영목 역(파주: 이레, 2004[2002]), 216쪽.

인간인 호모 데우스가 신성한 존재라고 규정되기 때문이다. 그런데 신성이 인본주의와 관련되어 설명될 때는 개념이 달라진다. 하라리는 평범한 인간 자체를 인본주의의 신성한 존재라고 규정하며, 이는 인본주의에서는 인간이 다른 것보다 중요한 지위를 지니고 있고 인간이 모든 의미와 권위의 기준이기 때문이라고 말한다. 평범한 인간을 기준으로 평범한 인간보다 우월한 것을 가리키는 개념인 신성함(또는 성스러움)이 평범한 인간 자체의 속성을 가리키게 된 것이다. 책에서 강조하는 중심 개념이 명확하거나 일관되지 않은데도 이 개념에 근거한 주장이 계속 이어지는 것을 보면, 이 책이 연구자들을 위한 학술서가 아니라 일반 대중들을 대상으로 저술된 교양서라는 것을 다시 확인하게 된다.

하라리가 미래를 예측한 내용들 중에도 동의하기 어려운 부분이 적지 않다. 무엇보다, "정체성의 자율적 완결성이나 개별성"을 인정하고 "자율적 주체성"을 발견해 가야 한다고 주장하는[35] 인문학자의 입장에서는 자연과학적 결정론에 근거한 하라리의 예언에 동의하기 어렵다. 하라리는 과학의 발전으로 인간의 가치가 전락하게 될 것이라는 가설을 근거로 호모 사피엔스의 소멸과 호모 데우스의 출현을 예견한다. 그는 과학적 증거로 인해 자유의지에 대한 신뢰나 분리할 수 없는 단일한 자아에 대한 믿음이 무너질 것이며, 이로 인해 인간은 가치를 잃어버리게 될 것이라고 말한다. 이 바탕에는 과학으로 인해 인간 존재의 자율성에 대한 신뢰가 무너지고 인간의 의식은 외

---

35 프라이, 『문학이론』, 37-38쪽.

부 조건에 의해 '결정되는' 것이라고 보게 될 것이라는 결정론적 견해가 깔려 있다.

그러나 나는 인간 존재의 주체성, 완결성, 그리고 인간 가치의 약화라는 예언이 너무 성급하게 이루어졌다고 본다. 인간이 세계의 주인공 역할을 하며 세워 온 자신의 가치를 쉽게 포기할 것으로 보이지 않는다. 인간의 자아가 분리 가능하다고 해도, 분리될 수 있는 여러 부분들이 결합하여 이루어진 전체로서의 완결성이 무너지는 것은 아니기 때문이다. 오히려 존엄한 지위에 오른 존재로서 인간은 자신의 지위의 근거를 흔드는 결함이 생기면 이를 또 다른 신화로 보충할 수 있다. 인간은 충분히 새로운 신화를 만들어 낼 역량이 있다는 것을 역사를 통해 증명해 왔다. 인간이 선사시대부터 허구로 구성된 신화를 집단적으로 상상하고 공유해 왔으며 그것이 인간이 지구를 지배하게 된 가장 큰 이유라고 하라리 자신이 말한 바 있다. 또한 과학이 인간을 알고리즘으로 간주하더라도, 인간은 알고리즘의 결정에 불평없이 따르지 않을 가능성이 높다. 약물의 도움을 받아 즐겁게 되는 사람들이 있어도 누구나 약물에 의한 만족을 탐닉하지 않는 것처럼, 많은 인간은 기계적 처리에 의한 만족 때문에 행위자이자 주체로서 결정의 권리를 포기하지 않을 것이다. 따라서 인간이 과학의 연구 대상이면서 동시에 과학 수행의 주체이기도 한 자신의 지위를 쉽게 포기할 것이라는 예측은 설득력이 떨어진다.

책 전체에서 담대하게 종말을 예언하던 하라리는, 책의 말미에서 자신의 예언이 꼭 이루어진다고 주장하는 것은 아니라고 말하며, 예상과 다른 결과가 도출되었으면 하는 마음에 제시하는 가능성으로 받아들일 것을 요구한다.

> 인공지능과 생명공학은 분명 세계를 탈바꿈시킬 테지만, 단
> 하나의 결정론적 결과가 예정되어 있는 것은 아니다. 이 책에
> 서 제시한 모든 시나리오는 예언이라기보다는 가능성으로 받
> 아들여야 한다… 그 얽매임에서 벗어나 다르게 행동하고, 미
> 래에 대해 훨씬 더 창의적인 방식으로 생각하기 위해서이다.[36]

하지만 이렇게 덧붙임으로써 하라리는 다른 방향에서 자신의
주장이 일종의 종말론임을 자인하는 셈이다. 사피엔스의 종말이라
는 일이 일어나지 않도록 미래에 대해 창의적으로 생각해야 한다는
것도 매우 종말론적인 사고이다. 『구약성서』 「요나」에서 신의 명령을
받은 선지자 요나는 니느웨 성의 종말을 선언했지만, 사람들이 진심
으로 죄를 뉘우치자 종말이 일어나지 않았다. 하라리는 사피엔스의
종말을 예측한 자신의 종말론이 요나의 외침과 같은 역할을 할 것으
로 기대하고 있는 것이다.

지금까지 2000년 이후에 나온 세 권의 책을 중심으로 무신론
자인 세 명의 지식인이 가진 종교에 대한 관점을 살펴보았다. 드 보
통, 지젝, 하라리는 종교 또는 종교학 연구자가 아니며, 이들 저서의
독자층 역시 종교학이나 저자들의 전문 분야 종사자들에 국한된 것
이 아니라 많은 일반 대중들을 아우른다. 세속적 휴머니즘과 유물론

---

36 하라리, 『호모 데우스』, 542쪽.

적 사고를 지닌 21세기의 지식인들은 종교의 신성성을 받아들이지 않는다고 하더라도, 그 사회적 기능, 역사적 역할, 문화적 의미 등의 중요성을 인정하는 것을 확인할 수 있었다. 이들의 책을 읽는 독자들 중에도 특정 종교를 신봉하지 않으면서도, 인간과 사회에 종교가 얼마나 중요한 위치를 차지해 왔고, 또 여전히 중요한지에 동의하는 사람들이 적지 않을 것이다.

2) 종교와 생태학적 세계관

① 생태학적 세계관과 생태 행동주의

종교를 세계관으로 설명한 니니안 스마트는 '환경주의' 또는 '생태학적 세계관'이 현대사회에서 종교와 마찬가지로 세계관 중 하나로 자리 잡았다고 말한다. 생태학(ecology)은 "다양한 유기체들이 주어진 환경 안에서 서로 관계를 맺으며 살아가는 양상을 연구하는 학문"으로 정의할 수 있는데,[37] 생태학적 세계관은 인간이 다른 생명체들과 조화를 이루며 살아가는 것을 강조한다. 생태학적 세계관을 가진 사람들 중 일부는 **'환경주의 애니미즘**(environmental animism)'을 신봉한다. 이들은 인류가 우주 안에 존재하는 수많은 힘과 존재들 중 일부라고 믿으며, 인간은 마땅히 이들과 조화롭게 공존해야만 한다고 주장한다. 우리는 여기서 생태학적 세계관은 하라리가 말했던 인간

---

37 니니안 스마트, 『종교와 세계관』, 김윤성 역(서울: 이학사, 2000[1983]), 232쪽. 2장에서 인용한 *Worldviews*의 번역판이다.

의 규범과 가치체계를 제공하는 종교의 기능을 하고 있다고 할 수 있을 것이다.

생태학적 세계관이 많은 사람들의 규범으로 자리를 잡은 것은 20세기 중반 이후이다. 미국의 생태학자 알도 레오폴드(Aldo Leopold)는 환경운동의 고전적 이론을 제공한 『모래 군의 열두 달』(A Sand County Almanac, 1949)을 출간하여 환경주의 윤리학이 발전하는 데 크게 기여했다. 그는 환경 자체를 살아 있는 존재로 여기고, 모든 생명체가 유기적으로 연관되어 있다는 관점을 제시했다. 또한 그는 인간 윤리의 대상은 인간에만 제한되는 것이 아니라 환경 전체가 되어야 한다는 "생명 공동체" 개념을 제안하기도 했다.[38] 1960년대 생태학자들은 인간 중심적 사고를 극복하고 생명 공동체 전체의 관점에서 인간과 자연의 관계를 심층적으로 들여다볼 것을 주장했고, 1973년에는 노르웨이의 철학자 아느 네스(Arne Naess)가 삶의 태도를 논하는 철학이자 강령으로 만들어진 삶의 규범으로서 '심층 생태학(deep ecology, 또는 근본 생태론)'을 주창했다. 네스는 비인간 생명의 복지와 번영은 그 자체로 가치를 가진다는 것을 선언하고, 인간은 자신의 생명 유지 목적 외에는 생명 형태의 풍부함과 다양성을 축소해서는 안 된다고 주장했다. 이 외에도 이 강령에는 단순한 생활, 반 소비주의, 자연 속 생활, 채식주의, 지역 생태계 보호, 가축과 상충하는 야생종 보호 등의 구체적인 규범들이 포함되어 있다.[39]

38   J. 베이어드 캘리콧, 「지구 환경 윤리를 향하여」, 메리 이블린 터커 · 존 A. 그림, 『세계관과 생태학: 종교, 철학, 그리고 환경』, 유기쁨 역(성남: 민들레책방, 2004[1994]), 26–28쪽.
39   죠지 세션스, 「세계관으로서 근본 생태론」, 터커 · 그림, 『세계관과 생태학』, 243–250쪽.

1970년대부터는 생태계 중심의 세계관을 현실에서 구체적으로 실천하는 '생태 행동주의자(eco-activist)'들이 등장했다. 1971년 어빙 스토우(Irving Stowe), 도로시 스토우(Dorothy Stowe) 부부 등의 주도로 설립된 '그린피스(Greenpeace)'는 환경 보호를 위한 이 시대의 십자군으로 자처한다. 태초의 조상들의 영을 가진 "무지개 전사"들이 파괴된 자연을 회복한다는 북미 크리(Cree) 인디언 신화에서 이름을 따와, 자신들의 활동을 무지개 전사의 자연 회복으로 상징화하고, 환경보호 활동에 사용하는 범선에도 "무지개 전사(Rainbow Warrior)"라는 이름을 붙였다. 전투적인 이름과 달리, 이들은 퀘이커 교도였던 스토우 부부의

그린피스의 범선 "무지개 전사(Rainbow Warrior)"(암스테르담, 1981)

영향으로 '묵묵히 지켜보기' 방법 등 비폭력적 직접 행동을 통한 긍정적 변화를 추구한다.

반면 1980년 미국에서 창립된 급진적 단체 '지구 우선(Earth First)!'은 사상적으로 '심층 생태학'을 지지하면서도 그 실천을 위해서는 폭력도 불사하는 직접적인 행동을 추구한다. 이들은 성스러운 지구를 지키기 위한 급진적 행동이 정당하다고 주장한다. 시위를 위해 행진을 하거나 정치가들에게 편지를 보내는 등의 온건한 방법도 사용하지만, 대량의 벌목이 이루어지는 곳이나 대형 공장 건축지 등을 막는 과정에서 개발자들과 물리적인 싸움을 벌이기도 한다. 장기간 사유지를 무단으로 점거하여 체포되는 일이 적지 않았고, 지도부 인사의 차량에서 폭탄이 터지는 사건이 발생하여 수사를 받기도 했다. 한편, 환경 윤리의 문제에 여성주의 관점으로 접근하는 '생태 여성주의자(ecofeminist)'들은 1970년대부터 활동하기 시작하여, 지금도 실천적 활동과 더불어 학문적인 생태 여성주의 이론을 산출하는 작업을 활발히 진행하고 있다. 이들은 오랜 세월 지구가 어머니로 인식되어 온 것처럼 자연의 신성성이 존중되어야 한다고 주장한다. 또한 여성 및 타자의 억압과 자연의 부당한 지배는 맞물려 있다고 주장하며, 남성 중심적이고 가부장적인 사회에서는 지구와 여성 모두 존중되지 못했다고 비판한다.

② 종교와 환경 윤리

현대 산업사회를 지배한 세속주의, 인본주의, 물질주의 세계관은 자연의 성스러움을 고려하지 않은 채, 인간 편의 및 이윤 창출을 위한 환경 파괴를 당연시했다. 자연을 정복의 대상으로 보는 생각은 문명이 발생한 이후 계속되어 왔지만, 근대 이전까지 자연은 미지의 힘을 품은 존중의 대상이었다. 자연을 이용하면서도, 자연으로부터 받아서 쓴다고 생각하는 전통들이 많았다. 그러나 근대과학의 발전으로 자원의 개발과 환경의 파괴가 동시에 일어났다. 신비감을 상실한 자연은 물질적 대상으로 규정되어, 성스러운 대상의 자리를 박탈당했다. 근대인들의 눈에 자연은 자원을 담고 있는 창고 아니면 문명 발전을 위해서 개발해야 할 대상으로 전락하고 만 것이다. 인간과 자연에 내재하는 신성을 강조한 랄프 에머슨(Ralph Waldo Emerson)이나 헨리 소로(Henry David Thoreau) 등 19세기 미국의 초월주의자들처럼 자연을 정복의 대상으로만 보려는 근대 세속주의를 극복하고자 하는 사람들도 간혹 있었지만, 이들은 항상 소수에 불과했다.

그러나 최근에는 점점 많은 사람들이 인류의 생존을 위해 생태학적 세계관을 수용해야 한다고 생각한다. 많은 현대인들이 환경 파괴가 소수에게만 이익을 주고 전 지구적 피해를 유발한다는 것을 받아들인다. 최대 다수의 최대 행복을 추구하는 공리주의적 관점에서 말하자면 환경의 파괴는 전체 인간의 복지에 악영향을 끼친다는 점에서 용인될 수 없다는 것이다.[40] 또한 환경 파괴는 개별적 인간의 본질적 가치를 위협한다는 점에도 많은 사람들이 공감한다. 과학의 발전에 대하여 낙관적이기만 했던 사람들은 과학기술이 인간에게 위협이 될 수 있다는 것은 그다지 많이 생각하지 않았다. 그러나 과학

40 캘리콧, 「지구 환경 윤리를 향하여」, 터커 · 그림, 『세계관과 생태학』, 28-31쪽.

기술의 발전과 인구의 급격한 증가 등의 영향으로 자원의 고갈과 환경의 오염이 심각한 문제가 되었다. 예를 들어, 바다에 무한정 있을 것이라고 생각했던 해양생명체들의 수가 크게 줄어들고 있으며, 중금속과 플라스틱으로 오염되어 인간의 식탁을 위협한다. 또한, 봄이면 극심해지는 미세먼지 때문에 우리나라의 많은 사람들은 마음껏 숨쉬지 못하게 되었다. 환경 오염의 문제는 인간이 숨을 쉬고 살아가는 것 자체를, 다시 말해 인간이 인간으로 살아가는 존엄성을 위협하게 된 것이다.

　　여러 종교들은 환경 문제에 대한 답을 찾기 위해 갖가지 노력을 기울이고 있지만 쉽지는 않은 듯하다. 기존 종교의 신화, 교리는 현대의 환경 문제를 직접적으로 다루지 않는다. 대부분의 종교에서 자연의 존중에 대한 가르침을 찾을 수 있기는 하다. 그러나 대개 추상적인 내용에 국한되어 있고 오늘날 발생하는 다양한 현상에 대한 내용은 없기 때문에, 각 종교의 입장에서는 새로운 신학적, 교리적인 답변을 모색해야 한다. 환경 오염은 현대의 종교들이 새롭게 맞닥뜨린 문제라고 할 수 있다. 자원의 고갈과 심각한 오염의 문제는 20세기 이후에 등장했으며, 근대 이전에는 종교 전통들이 환경 문제에 대해 관심을 기울일 필요가 없었다.

　　환경 파괴를 가속화한 급속한 산업화 과정에서 종교들의 역할은 매우 미미했다. 종교는 환경 윤리를 제공하지 못했음은 물론 자연 존중과 관련된 교훈을 강조하지도 않았다. 인간을 자연의 주인으로 인식하는 성서의 내용은 종종 서구의 낙관적 과학주의를 정당화하는 데 이용되기도 했다. 특히 『구약성서』 「창세기」의 다음 구절이 많이 인용되었다.

> 하나님이 그들[최초의 남자와 여자]에게 복을 주시며 그들에
> 게 이르시되 생육하고 (be fruitful) 번성하여 땅에 충만하라, 땅
> 을 정복하라(subdue), 바다의 고기와 공중의 새와 땅에 모든 움
> 직이는 생물을 다스리라(rule over) 하시니라.[41]

인용구 중 "정복하라"와 "다스리라"라는 신의 축복의 말은 자
연이 인간의 정복과 통치의 대상이라는 말로 해석되어, 자연의 주인
인 인간이 자연을 마음대로 사용할 수 있는 근거로 사용되었다.

그러나 「창세기」의 자연 관련 부분은 생태학적 관점에서 다
시 해석되고 있다. 학자들은 신이 인간에게 땅을 정복하고 다스리
고 명한 것은 신의 창조물인 세상을 관리하는 권한을 위임한 것 또는
사명을 부여한 것으로 이해한다. 위에서 인용한 구절 바로 뒤에 신이
인간에게 음식으로 식물들만 허용하는 내용이 이어지는데, 이는 동
물의 생명을 인간 마음대로 할 수 없었음을 의미하는 것으로 본다.[42]
성서에서 인간은 자연을 함부로 훼손할 자격이 있는 존재가 아니라
"창조주 하느님의 대리인으로서 만물에 대해 책임을 지는 존재"로 규
정되고 있는 것이다.[43]

---

41 [개역개정] 「창세기」 1:28.
42 에릭 카츠, 「유대교와 생태학의 위기」, 터커 · 그림, 『세계관과 생태학』, 56쪽; 제이 맥다니엘,
    「에덴 동산, 타락, 그리고 그리스도 안에서의 삶」, 터커 · 그림, 『세계관과 생태학』, 77–79쪽. 성
    서에서 육식은 대홍수 이후 식물이 충분하지 않은 상황에서 허용된다. 하지만 이때 신은 함부
    로 동물의 생명을 빼앗지 말라는 경고를 엄중하게 덧붙인다. [개역개정] 「창세기」 9:1–5 참조.
43 스마트, 『종교와 세계관』, 233쪽.

이 외에 성서에서 '살인' 금지 항목은 강조되어 온 반면, 다른 생명체와 관련된 '살생' 금지 항목이 명시되지 않는 것도 사실이다. 혹자는 이를 힌두교와 불교의 불살생, 비폭력 교리와 비교하여 유대-그리스도교 전통이 인간만 중시하고 자연은 철저히 배제한다는 비판을 제기하기도 한다. 그러나 많은 학자들은 유대-그리스도교가 자연을 전혀 고려하지 않는다고 볼 수 없는 근거들을 찾는다. 예컨대, 성서에서 육식은 노아 시대 대홍수 이후 식물이 충분하지 않은 상황에서 처음 허용되며, 이때 신은 함부로 동물의 생명을 빼앗지 말라고 경고한다는 점을 강조한다. 또한 『구약성서』 「레위기」 등에 나오는 희생제의나 부정과 관련된 율법들은 동물의 생명을 존중하는 태도와 관련되어 있다고 해석된다. 동물의 합법적 도축은 종교적 의례를 통해 통제되었고, 피나 죽음을 금기시하는 의례 규정이 무분별한 살생을 금지하는 조항이었다는 것이다. 유대-그리스도교 전통에서도 전통적인 경전, 교리, 신화 속에서 생태학적 시선을 찾아내고 이를 발전시키려는 노력이 이루어지고 있는 것이다. 세계교회협의회(WCC)와 소속 개신교회들은 '생태 정의(Eco-Justice)'를 실현해야 한다고 주장하고 있으며, 한국 개신교에도 '한국기독교환경운동연대'라는, 우리나라에서 환경운동을 본격적으로 처음 시작한 단체가 있다. 또한 가톨릭의 여러 교구들은 '환경교리학교'를 개설하여 신자들에게 환경을 보호해야 하는 교리적 근거를 가르치고 있다.

유대-그리스도교 전통보다는 동양에서 시작된 종교들에 생태학적 세계관이 좀 더 분명하게 나타난다. 힌두교의 성전 『베다』에는 자연의 성스러운 힘에 대한 인식이 담겨 있다. 힌두교와 불교의 윤회론은 자연과 인간 사이의 상호관계 및 연속성을 구체화하여, 인간은 이전 생에서 다른 생명체였을 수도 있고 다음 생에서 다른 생명체로 태어날 수 있다고 본다. 〈우파니샤드〉의 범아일여 사상은 우주와 인간이 하나라고 선언하며, 불교의 핵심 교리인 연기론(緣起論)은 모든 만물이 서로 의존하고 있다고 가르친다. 대승불교에는 인간뿐 아니라 모든 존재들이 부처가 될 수 있는 성질을 가지고 있다는 가르침이 있다. 심지어 대승불교 승려들 중에는 초목도 성불할 수 있다고 말하며 식물의 불성을 주장한 사람도 있었다. 모든 존재에 대한 자비를 강조하는 불교는 살인을 금할 뿐 아니라, 다른 생명체에도 해를 가하지 말아야 한다는 불살생, 비폭력 교리(ahimsa)를 발전시켰다. 불교와 비슷한 시기에 인도에서 시작된 자이나교는 부지불식간에 작은 벌레를 밟는 일이 생기지 않도록 주의를 기울일 정도로 이 교리를 강조한다. 자이나교는 물질을 비롯한 세상의 모든 존재들이 살아 있으며, 대지, 공기, 물도 느끼고 반응한다고 가르친다.[44] 중국에서 시작된 도교는 자연과 인간의 구별 없는 조화를 강조한다. 자연은 대우주이며 인간은 소우주라고 이해하여, 인간이 자연의 일부로 간주한다. 도교의 대표적인 가르침인 '무위자연(無爲自然)'은 인공을 가하지 않은 그대로의 자연을 의미하며, 자연의 이치를 그대로 따르는 태도와 행위가 강조된다. 도교의 심신수련법인 내단에 따르면, 몸과 마음의 수련을

44 자이나교는 기원전 6세기에 활동한 마하비라가 창시한 것으로 알려졌다. 자이나교 전통에 따르면 마하비라(Mahavira)는 24대 지나(jina, 영적인 승리자)이다. 자이나교 세계관에서는 세계가 지바(jiva, 영혼)와 아지바(ajiva, 비영혼)로 구성되어 있는 것으로 본다. 카르마(karma, 업), 불살생, 금욕주의, 상대주의 등이 기본 가르침이며, 힌두교 『베다』의 신성한 권위를 부정한다. 승려들이 흰 옷을 입는 '백의파'와 아무 의상을 착용하지 않는 '공의파(나행파)' 등 주요 두 종파가 있다. 자이나교에 관한 개괄적인 설명은 Bowker, *World Religions*, pp.44–57을 볼 것.

통해 인간 내면의 생명력을 증진할 수 있는데, 이는 자연을 본보기로 하는 도(道)와의 원초적 합일 상태를 회복한 존재인 신선이 되는 길이 기도 하다.

　동양에서 비롯된 어떤 종교 전통들 못지않게, 3장에서 살펴보았던 소위 '원시종교'의 자연관에도 생태학적 관심이 잘 드러난다. 여러 지역의 원시종교들은 자연을 신성하게 여기고 경외의 대상으로 간주한다. 아메리카 원주민들은 "하늘은 나의 아버지, 산들은 나의 어머니"라고 말하며 인간과 자연의 직접적 관계를 주장한다. 이들이 의례 중에 몸에 상처를 내거나 단식을 하는 등, 고행을 하는 것은 태초에 동물과 식물이 인간을 위해 희생했다는 창조신화를 재현하는 의미를 담고 있기도 하다.[45]

　자연을 성스럽게 여기는 원시종교의 세계관과 산업화와 발전을 위해서 자연의 신성성을 지워 버리려는 근대 인본주의 세계관의 충돌을 다룬 현대의 작품들이 적지 않겠지만, 그중에서도 미야자키 하야오[宮﨑駿] 감독의 장편 애니메이션 《모노노케 히메》(もののけ姫, 1997)를 주목할 만하다. 하야오는 인간이 숲을 개간하여 공장을 세우는 과정에서 발생하는 자연의 파괴를 자연의 성스러움이 제거되는 과정으로 묘사한다. 일본 땅 서쪽 숲에는 모든 동물이 태고의 모습 그대로 거대한 몸을 지니고 있었다. 이 신성한 동물들은 산의 주인인 신으로 여겨졌다. 특히 생명과 죽음을 관장하는 거대한 사슴 신 '시시'는 죽어가는 주인공 '아시타카'의 생명을 살리기도 했다. 그러나 인

45　존 A. 그림, 「토착 북아메리카의 세계관과 생태학」, 터커 · 그림, 『세계관과 생태학』, 46쪽.

간들이 영역을 확장하면서 산과 숲은 파괴되고, 오랫동안 신의 지위에 있던 성스러운 동물들이 죽어간다. 증오와 한을 품고 죽어가는 거대한 멧돼지 신 '옷코토누시'는 거대했던 동물들이 "모두 작아지고 바보가 되어 간다"고 한탄한다. 신성한 지위를 잃고 사냥감으로 전락한 동물들은 인간에게 역공을 가하고, 두 편 사이에 큰 전쟁이 일어난다.

그러나 이 작품은 일방적으로 문명을 공격하거나 자연 보호를 지상 최고의 가치로만 묘사하지 않는다. 단순히 자연을 파괴하면 안 된다는 식의 상투적인 교훈을 강요하지 않는 것이다. 근대 초기의 사람들은 거대한 동물들 앞에 무기력하게 가족을 잃었던 과거로 돌아갈 것을 거부한다. 큰 제철소를 운영하면서 숲을 파괴하는 타타라 마을은 평등, 박애, 여성 존중 등 인간 중심의 근대적 이상이 실현되는 곳이기도 하다. 아직 여성들이 무시되는 다른 지역과는 달리, 이 마을에서는 여성들이 남성들과 동등한 지위를 누리고, 사회적으로 배척되는 한센병 환자들이 존중받는다. 이곳의 지도자 '에보시'도 여성이다. 하야오 감독은 인간 문명 발전의 긍정적인 면을 인정하면서, 자연과 인간의 공존을 제안한다. 《모노노케 히메》 DVD 케이스에는 주인공 아시타카가 "산, 땅, 물, 인간은 모두 자연이라는 부모의 피를 나눈 형제라는 의식"을 가지고 있다고 소개된다. 따라서 아시타카는 앞서 언급한 원시종교의 세계관을 가지고 있다고 할 수 있다. 하지만 원시종교가 인간은 자연에 무조건 복종해야 한다고 가르친 것은 아니다. 아시타카는 폭주하는 신의 분노로부터 인간을 보호하는 동시에, 자연의 신성함을 인정하고 무분별한 파괴를 막고자 한다. 양편의 조화로운 균형을 추구하는 것이다. 하야오 감독은 인간의 가치를 지키면서 자연을 존중하는 것이 자연과 인간이 추구해야 할 공존의 방식임을 말하고 있다고 볼 수 있다.

　　지금까지 살펴보았듯이, 원시종교를 비롯한 대부분의 종교 전통에서 생태학적 관점을 찾을 수 있는 것은 분명하다. 그러나 하나의 개별 종교가 현대사회의 환경 문제에 해법을 제시할 수는 없다. 이와 관련하여, 종교의 가르침을 바탕으로 생태학적 윤리를 수립하고자 하는 메리 이블린 터커(Mary Evelyn Tucker)와 존 그림(John A. Grim)은 자연에 대한 현대인들의 태도에 중대한 변화가 일어나기 위해서는 종교의 관점으로 자연을 존중하고 보존하기 위한 포괄적인 윤리적 기초를 수립할 필요가 있다고 주장한다. 이들은 도(道)가 자연에 근거한다는 도교의 자연관이 중국의 삼림 벌채를 막지 못했고, 모든 존재가 연결되었다는 불교의 자연관이 동남아 환경 파괴를 누그러뜨리는 데 도움이 되지 못했다는 것을 사례로 제시하며, 인간이 살아가는 현실과 종교적 이상은 불일치하는 면이 있을 수밖에 없다고 지적한다. 터커와 그림은 지역이나 문화에 따라 다양한 생태적 관점이 발전되는 동시에 더 폭넓은 지구적 맥락이 고려되어야만 "지속 가능한 발전"이 아닌 "지속 가능한 삶"을 뒷받침하는 새로운 생태학적 윤리가 도출될 수 있다고 주장한다.[46] 이 새로운 윤리의 기초를 다지기 위해 현대 종교학 연구자들은 인류의 진보만 강조하는 계몽주의적 발전 논리를 극복할 수 있는 생태 중심적 입장을 세계의 여러 종교 전통에서 찾아내는 연구를 계속해야 할 것이다.

46　메리 이블린 터커 · 존 A. 그림, 「머리말」, 『세계관과 생태학』, 8쪽.

3) 여신과 여성

① 페미니즘과 종교 연구

1970년대부터 미국 학계를 중심으로 페미니즘의 관점에서 종교를 연구하는 학자들이 활발히 활동하기 시작했다. 페미니즘적 학문에서는 페미니즘을 "여성이 '다른' 별도의 종에 속하는 존재가 아니라 엄연히 인간 영역에 속하는 존재라는 사실에 대한 확신"이라고 정의한다.[47] 이 확신을 공유하는 페미니스트들은 두 가지 형태의 페미니즘을 발전시켰다. 첫째는 '여성학'이라고 불리는 학문적 방법으로서 페미니즘이다. 여성학 연구자들은 대부분의 학문 전통에 깔려 있는 남성 중심적 시각을 폭로하고 이를 비판한다. 이들은 남성 중심주의가 남성의 규범을 인간 자체의 규범과 동일시하며, 종교 연구에서도 남성만 종교적 주체로 인정하는 반면, 여성은 남성과의 관계 속에서 규정되는 대상으로 간주한다고 지적한다. 페미니즘의 두 번째 형태는 여성과 남성의 이상적인 사회적 구성과 상호작용에 초점을 맞추어 사회를 보는 관점이다. 이 관점을 가진 사람들은 가부장제가 남성이 여성들 위에서 지배하는 권력이 핵심인 체제라고 말한다. 가부장제는 여성뿐 아니라 모든 인간이 인간다운 삶을 살아가는 것을 방해하는 장애물로, 인간 역사의 특정한 시대에 생겨난 문화적 창조물이며, 당연하거나 필연적인 것은 아니라고 단언한다. 또한 이들은 성차에 따른 역할 구별에 반대하여, 성적 정체성에 의해 사회적 역할이

---

47 리타 그로스, 『페미니즘과 종교』, 김윤성 · 이유나 역(파주: 청년사, 1999[1996]), 27쪽.

정해져서는 안 된다고 주장한다.[48]

페미니스트 학자들의 가장 중요한 목표 중 하나는 남성 중심적 학문을 극복하는 것이다. 이들은 페미니즘적 학문이 여성들에 주목한다는 이유로 "편향적"이라고 보는 시선에 반대하고, 오히려 "남성형을 대표 형태로 삼아 남성과 여성 모두를 아우르는 일반적 남성성(generic masculine)"이 편향적일 수 있다고 지적한다. 남성성은 인간 모두에게 적용되는 일반적이고 포괄적인 속성이 될 수 없다는 것이다. 페미니즘적 학문은 "정직하게 자기를 드러내면서 강력한 방법론적 자기 인식과 내적 성찰을 실천"하는 것이며, 지금까지 남성들의 시각에서 남성들이 주도한 학문보다 "더 포괄적이고 덜 편파적인 학문"인 셈이다.[49]

미국에서 남성 중심적인 종교와 종교 연구에 변화의 움직임이 나타난 것은 19세기였다. 일부 신학자들은 여성이 욕망과 죄의 영향을 많이 받게 되어 있다는 종래의 편견을 극복하고자 노력하며, 오히려 여성이 남성보다 도덕적으로나 영적으로 우월하다고 주장했다. 이 시기에는 여성이 성직자가 될 수 없는 것은 물론, 교회 내에서 설교를 할 수 없다는 것에 비판이 제기되었다. 또한 이 시기에는 여성들이 주도하거나 여성의 지위를 보장하는 새로운 종파 운동들이 목소리를 높이기도 했다.[50] 종교 여성운동은 남녀 평등의 관점에서 성

---

48 그로스, 『페미니즘과 종교』, 28-41쪽.

49 그로스, 『페미니즘과 종교』, 25-26, 30-32쪽.

50 19세기 종교 여성운동 관련 내용은 그로스, 『페미니즘과 종교』, 42-84쪽을 참조했다. 18세기 영국에서 시작되고 19세기 미국에 확산된 종말론적 그리스도교 종파 셰이커 운동은 독신주의를 설파했다. 19세기 미국 뉴욕 주 오네이다에서 시작된 오네이다 공동체 운동은 일부 일처 결혼을 부정하여 전통과 급진적인 단절을 선언했다. 두 운동 모두 성별에 따른 노동 분

서에 대한 새로운 해석을 제시했다. 예컨대, 이들은 신이 의도한 것은 남성과 여성의 동등한 관계였다고 강조하며, 신의 속성은 남성으로 대표되지 않고 남성적 요소와 여성적 요소가 함께 나타난다고 주장했다.[51]

그러나 북미에서도 실제로 종교계에서 여성이 제한된 역할만 해 왔던 분위기가 바뀐 것은 20세기 중반 이후였다. 1908년에 출간된 소설 『빨강 머리 앤』(Anne of Green Gables)에서 주인공 앤이 "내가 남자라면 목사가 될 것 같아요… 마릴라, 왜 여자는 목사가 될 수 없나요?"라고[52] 물은 것은 저자 루시 모드 몽고메리(Lucy Maud Montgomery)의 조국 캐나다의 당대 분위기를 반영한다. 소설 속 앤의 꿈이 현실이 되어 캐나다에서 여성이 처음 목사 안수를 받은 것은 1936년이었다. 미국은 이보다 늦었다. 1893년에 여성 전도사를 임명했고 1930년부터 여성이 장로가 될 수 있었던 진보적인 교단 미국 장로교(PCUSA, 북장로회)에서도 1956년에야 여성이 처음 목사가 될 수 있었다. 미국에서 여성

리를 금지했다는 점도 주목해야 한다. 19세기 후반 여성들이 시작한 종파 운동으로는 신지학협회와 크리스천 사이언스가 있다. 인류의 보편적 형제애, 모든 종교의 단일한 기원, 인간의 영적 능력의 진화 등을 주장한 신지학협회를 창시한 사람은 헬레나 블라바츠키(Helena P. Blavatsky)였다. 영적 실재와 환상인 물질 세계의 구별, 모든 사람에게 적용 가능한 과학으로서 예수의 치유 행위 등을 주장한 크리스천 사이언스는 메리 베이커 에디(Mary Baker Eddy)가 창립했다. 셰이커 운동, 오네이다 공동체, 크리스천 사이언스 등은 신이 남성적 측면뿐 아니라 여성적 측면도 가지고 있다고 주장하기도 했다.

51 나는 유대-그리스도교 전통 내에서 신은 여성성이 없는 남성 신으로만 인식되어서는 안 된다는 견해에 동의한다. 『구약성서』에도 신이 전통적 성 구별 방식에 따르자면 여성적으로 묘사되는 부분을 찾을 수 있다. 예를 들어, 인간을 돌보는 신의 사랑을 어머니의 사랑에 비유하는 다음 구절들을 참고하라. "여인이 어찌 그 젖 먹는 자식을 잊겠으며 자기 태에서 난 아들을 긍휼히 여기지 않겠느냐. 그들은 혹시 잊을지라도 나는 너를 잊지 아니할 것이라." "어머니가 자식을 위로함 같이 내가 너희를 위로할 것인즉 너희가 예루살렘에서 위로를 받으리니…" ([개역개정]「이사야」 49:15; 66:13)

52 L. M. Montgomery, *Anne of the Green Gables* (New York: Bantam Books, 1998[1908]), p.251.

성직자들이 늘어난 것은 1960년대 후반 이후 종교 여성운동가들의 영향이었다. 이들은 유대-그리스도교 전통에서 여성이 배제되고 소외되어 왔다고 지적했다. 예를 들어, 신이 남성 이미지로만 묘사되고 각종 의례에서는 남성형 언어가 사용되어 왔다는 것이다. 또한 교회 내에서 결정권을 지닌 중요한 일은 남성들이 독점한 반면 여성들은 성가대, 식당 봉사, 주일학교 등의 한정된 역할만 맡아 왔다고 비판했다. 이후로 1970년에 미국 루터교, 1974년 미국 성공회에서 여성 성직 임명이 시작되었다. 그리고 비슷한 시기인 1972년에는 미국 유대교 개혁파에서 처음 여성 랍비가 나왔다. 그러나 여성 성직자들이 실제로 개별 교회의 초빙을 받아 임지에 부임하는 비율은 남성 성직자들에 비해 여전히 훨씬 낮은 상황이다. 가톨릭교회에서 여성이 사제가 되는 일은 여전히 요원하다. 1976년 교황청은 사제는 남성인 예수를 표상하므로 남성만 가능하다는 논리로 여성 사제 임명은 불가하다는 칙서를 반포했고, 지금도 이 입장에는 변함이 없다.

미국에서 여성 종교 연구자가 처음 배출된 것은 1950년대 이후였다. 하버드대 신학부에 1955년 첫 여학생이 입학했고, 이후 수많은 여성 종교 연구자들의 수가 급속히 증가했다. 1971년에는 미국종교학회 내에 여성 대위원회가 설치되어, 여성학자들의 활발한 연구를 지원해 왔다. 1970년대 배출된 많은 여성 종교학자와 신학자들이 종교를 페미니즘의 관점에서 분석하고 이론을 제시하고자 한 것은 당연한 결과일 것이다. 페미니즘 종교 연구자들은 크게 두 유형으로 구별된다.[53]

첫째는 기존 종교를 인정하면서 새로운 해석을 통해 종교의 변화를 시도하는 '개혁주의자(reformist)'들이다. "이러한 전략들의 출발점은 각각의 종교 안에서 성차 중립적이고 성차초월적인 전망을 지지하는 경전이나 가르침을 찾아내는 것"이다.[54] 개혁주의자들이라고 불리지만, 매우 급진적인 그리스도교 여성해방 운동가들도 포함된다. 이들은 성서의 기본적 권위는 인정하면서도 성서는 남성 중심으로 윤색된 것이라고 주장한다. 교단 내 성 역할의 구별을 반대할 뿐아니라, 성서 내 성 역할 관련 내용들을 새롭게 해석할 것을 제안한다. 예를 들면, 전통적인 남성적 신의 명칭이나 이미지에 이의를 제기하여, 신을 '하느님 아버지'라고 부르는 대신 '하느님 어머니'라고 불러야 한다고 말하며 신을 여성적 이미지로 표현한다. 반면 '혁명주의자(revolutionist)'들은 페미니즘 형태의 새로운 종교를 모색할 것을 제안하며, 초월적 남신 중심의 종교보다 사람들 사이에 함께 있는 여신 중심의 종교가 더 우월하다고 주장한다. 혁명주의 관점의 페미니스트 학자들 중에는 위커(Wicca)를 지지하는 사람들이 있다. 위커는 그리스도교 이전의 유럽 이교도(pagan) 전통 종교를 계승하는 현대 종교 운동으로, 배제와 핍박의 대상이던 '마녀'가 사실은 '현명한 여인'을 가리킨다고 본다. 그리스도교와 이슬람교의 남성 중심적 태도를 배격하며, "하느님(남신) 대신에 여신을 찾으라. 너희 남성들의 종교 대신에 여성들의 영성을 개발하라. 이것이 너를 옛 종교로 가는 길로 인도할 것이다"라고 가르친다.[55] 두 진영의 페미니스트들 모두 여성

53 그로스, 『페미니즘과 종교』, 59–60, 134쪽.
54 그로스, 『페미니즘과 종교』, 139쪽.
55 그로스, 『페미니즘과 종교』, 61쪽; 롭슨, 『세계 종교 산책』, 302쪽.

들에게 전통적 역할을 부여하는 것에 반대하며, 지배적인 남성성 대신 여성성을 부각하고자 하는 공통점을 가지고 있다. 이들의 가장 큰 차이는 기존 종교 전통들을 용인하고 수용할 수 있을 것인지에 대한 견해에 있다고 하겠다.

많은 페미니스트 학자들은 종교를 비롯한 전통문화 내에 오랫동안 자리해 온 남성 중심적인 면을 부각시키고 폭로하는 연구를 해왔다. 이들의 지적처럼, 대부분의 종교에서 남성 중심적 요소들이 지배적이었다는 것을 부인할 수는 없다.[56] 그러나 전통 내 남성 중심성을 지나치게 강조하면, 겉으로 드러난 남성의 목소리 뒤에 있는 여성의 주체적 역할을 무시하는 결과로 이어질 가능성이 있다는 것도 주의해야 한다. 연구자들은 "기존의 남성 중심적 연구물 속에서도 얼마든지 여성에 관한 많은 정보를 찾아낼 수 있다"는 것을 간과해서는 안 된다.[57] 예를 들어, 가부장제가 절정에 달했던 조선 후기를 배경으로 하는 『심청전』, 『춘향전』, 『숙향전』 등의 고전소설에서도 여성의 주도적 역할과 주체적인 결정권이 드러나는 내용을 상당히 많이 찾을 수 있다.[58] 유교가 지배적이던 조선에서도 효나 부부유별 등의 이데올로기는 여성들이 가정 내에 독자적인 영역을 구축하고 영향력을 행사할 수 있는 공간을 마련해 주기도 했다. 힌두교나 이슬람교 등

56 성과 관련된 종교 상징의 의미, 전통 종교의 남성 중심적 관점, 성스러움의 여성적 이미지와 여신에 대해서는 유요한, 『종교 상징의 이해』, 290–299쪽을 참조할 것. 그로스, 『페미니즘과 종교』, 234–235쪽에는 불교의 남성 중심적인 면이 소개된다.

57 그로스, 『페미니즘과 종교』, 86, 104–105쪽.

58 나도 다음의 연구에서 고전소설에서 여성의 주체적 위치를 확인할 수 있음을 주장한 바 있다. 유요한, 「고전소설 『숙향전』에 나타난 천인(天人) 관계: 하늘의 주도와 인간 역할의 상호주체적 작용」, 『문학과 종교』 22/2(2017), 19–40쪽; 「고전문학을 넘어 신화로 회귀하기: 『연인심청』에 나타난 종교적 인간」, 『문학과 종교』 21/1(2016), 109–128쪽.

매우 남성 중심적이라고 평가되는 종교에서도, 남성이 배제된 영역에서 여성들이 독자적으로 폭넓은 종교적 삶을 영위하고 있는 사례들을 확인할 수 있기 때문이다. 가부장적 사회에서도 종교는 여성들이 담당하는 역할에 가치를 부여해 왔다. 또한 여러 남성 중심적 문화에서 강력한 종교경험을 한 여성들은 사회가 규정하는 여성의 제한된 역할에서 벗어나, 수도자, 예언자, 치유자, 샤먼, 신(新)종교 창시자 등이 될 수 있었다.

인간과 문화에 대한 올바른 이해를 위해서는 종교현상과 자료에 담긴 남성 중심적 관점을 구별할 수 있어야 한다. 여러 문화에서 오랫동안 지배적이었던 남성 중심적 관점은 공정한 인간 이해의 근거가 될 수 없기 때문이다. 동시에, 인류 역사가 남성에 의해서만 이루어져 온 것처럼 생각해서도 안 된다. 서양의 학자들이 근대 서구 지배적 관점을 반성한다고 하면서 동양의 주체적 목소리를 지워 버리는 서구 중심적 태도를 유지하듯이, 자료에 담긴 여성의 주체적 결정, 독자적 영역, 그리고 기여 등을 간과하는 것 역시 여전히 남성 중심적일 수 있기 때문이다.

② 엄마와 보편적 여신: 신경숙, 『엄마를 부탁해』

신이 남성성이나 여성성에 제한되지 않는 완전한 존재로 여겨졌던 종교 전통에서도 사회 내에서 점차 남성 중심적 시각이 강화되면서 신이 남성으로만 인식되기에 이른 것으로 보인다. 그래서 일부 페미니스트들은 신이 남성으로만 인식되는 것은 남성이 신으로 군림한 사회의 투영이라 말하며 여신의 신화를 되살려야 한다고 주장하기도 한다. 그러나 여신을 가장 열렬히 숭배하는 지역이 가장 남성 중심적일 수도 있다. 여신의 인내, 자비, 사랑 등을 칭송하면서, 이를 여성에게 강요하여 여신이 지닌 이상적 여성의 의미를 여성 착취의 합리화 수단으로 사용해 온 사례도 찾을 수 있다.[59] 이렇듯 여신의 위상이 사회의 상황을 그대로 반영하는 것은 아니기 때문에, 여신 숭배에 대한 강조를 반대하는 페미니스트들도 있다. 이들은 "여신을 숭배하면 여성 문제가 해결된다는 식의 주장이 순진하고 낭만적인 것일 뿐"이며 "여신들과 가부장제가 공존해 왔다는 사실"을 지적한다. 이들은 여신의 위상에 대한 논의가 "경제적, 법적, 사회적 정의"라는 더 중요한 문제를 가려서는 안 된다고 주장한다.[60]

그러나 페미니스트 종교학자들 중에는 여신의 종교와 신화를 지지하는 학자들도 있다. 이들은 대개 여신 신화의 상징적, 심리적 효과를 인정한다. 여성들이 남성으로 표현되는 신이나 초월적 존재에 의해서만 구원받을 수 있다고 생각하게 되면 "여성들의 자아 감각에 유익하지 않다" 말하며, "바로 이 점이 여성들에게 여신이 필요한 까닭"이라고 주장한다. 리타 그로스(Rita M. Gross)에 따르면, "여신 종교는 분명 사회를 변화시키려는 페미니스트의 작업에 유용할 수 있다. 왜냐하면 여신을 부를 때 수반되는 심리적 능력 부여는 경제적, 정치적, 사회적 정의의 문제를 지속적으로 풀어 가는 데 필요한 에너지를 창출하는 원천이 될 수도 있기 때문이다."[61]

---

59 여신 신화가 남성 중심주의 합리화의 근거로 사용되는 것에 대해서는 유요한, 『종교 상징의 이해』, 296-299쪽 참조.
60 그로스, 『페미니즘과 종교』, 271쪽.
61 그로스, 『페미니즘과 종교』, 179, 272-273쪽.

여신과 관련된 종교와 신화에 반대하거나 지지하는 입장은 페미니즘의 관점에서 더 유용한 것을 찾기 위한 노력의 결과이다. 따라서 두 입장의 거리는 쉽게 좁혀지지 않을지도 모른다. 그러나 분명한 것은, 남성 중심적인 종교가 전 세계에서 지배적인 위치를 차지해 온 동안에도 여신의 신화와 이미지는 인간의 사고와 문화 속에서 사라지지 않았다는 것이다. 너무 거리가 멀거나 무섭게 느껴지는 신이 남성으로 인식되었다면, 여성으로 인식된 성스러운 존재들은 인간들과 더 가까이에 있다고 생각되었다. 무서운 하데스(Hades) 대신 명계에서 도와줄 것 같은 그리스의 여신 데메테르와 페르세포네(Persephone), 여성적 이미지를 가진 구원자 관세음보살(觀世音菩薩)과 지장보살(地藏菩薩), 그리고 친밀한 어머니 마리아(Maria) 등이 그 예라고 할 것이다. 그 대표적인 사례는 2008년에 출간된 신경숙의 소설 『엄마를 부탁해』에서 찾을 수 있다.[62]

널리 알려진 대로, 프로이트는 어머니에 대한 아들의 열망을 성적 욕망으로 설명했다. 남자아이는 어머니에게 매력을 느끼게 되어 있고, 그 결과 오이디푸스 콤플렉스를 갖게 된다는 것이다.[63] 엘리아데는 이를 강하게 반박했다. 그는 프로이트가 어머니의 다양한 상징적 의미와 이미지들을 무시한다고 비판했다. 엘리아데는 남자아이

62 신경숙, 『엄마를 부탁해』(파주: 창비, 2008). 신화와 현대소설의 관계에 대한 주장은 유요한, 『우리 시대의 신화: 현대 소설 속 종교적 인간의 이야기』(서울: 서울대학교 출판부, 2012)의 1장에서 다룬 내용을 개략적으로 다시 설명한 것이며, 신경숙의 『엄마를 부탁해』에 대한 분석은 유요한, 「한국 현대소설에서 찾는 신화의 유산: 황석영의 『바리데기』와 신경숙의 『엄마를 부탁해』를 중심으로」, 『종교학연구』 32(2014), 23–48쪽에서 다룬 내용을 이 책의 맥락에 맞게 다듬은 것이다.

63 Sigmund Freud, *Totem and Taboo*, translated by A. A. Brill (Mineola, New York: Dover Publications, 1988[1913]), pp.109–114.

가 성적인 욕망을 가지고 있음을 부정하는 것이 아님을 분명히 말하면서도, 어머니에 대한 갈망을 성적인 욕망만으로는 설명할 수 없다고 지적한다. 그는 특히 모든 사람들의 근원으로서 어머니의 상징적 의미를 강조한다. 대부분의 사람들이 어머니에 대한 갈망을 품는 것은 본원적 통합성을 갈망하는 인간의 속성과 관련되어 있으며, 사람들이 갈망하는 대상은 실제 자신의 어머니만이 아니라 어머니에 대한 총체적인 상징적 이미지들과 관련된 것이다.[64]

신경숙의 『엄마를 부탁해』는 어머니에 대한 갈망이 근원과의 통합을 추구하는 인간의 속성에서 비롯되었다는 엘리아데의 다소 추상적이고 모호한 주장을 구체적으로 묘사한다. 이 소설은 실종된 어머니에 대한 가족 구성원들의 이야기를 통해, 인간이 품고 있는 어머니를 향한 기대, 갈망, 죄스러움에 대해 이야기하고,[65] 나아가 그 뒤에 있는 보편적 어머니에 대한 신화의 유산을 보여 준다. 우리 모두는 어머니로부터 나왔고, 그래서 어머니가 우리의 근원이다. 태어나자마자 입양되어 어머니에 대한 기억조차 없는 사람들도 자기를 낳아 준 어머니를 그리워하는 모습을 종종 보게 되는데, 이는 결국 자신의 근원을 그리워하는 것이라고 할 수 있다. 평범한 여인은 엄마가 되면서 자기 자식의 근원이 된다. 그러나 엄마가 된 여인도 돌아갈 근원을 갈망하는 평범한 한 사람이다. 『엄마를 부탁해』에서 엄마 '박소녀'

64 Mircea Eliade, *Images and Symbols: Studies in Religious Symbolism*, translated by Philip Mairet (Princeton: Princeton University Press, 1991[1952]), p.14.
65 엄마에 대한 가족들의 감정과 그 배경에 대해서는 유요한, 「내 엄마 이야기, 우리 모두의 어머니 신화: 신경숙의 『엄마를 부탁해』」, 『문학의 오늘』 3(2012), 288–289쪽에서 분석한 내용을 참조할 것.

는 죽어서 시댁에 남지 않고 자신의 어머니 품속으로 돌아가고 싶어 한다. 신경숙은 개별적인 한 명의 엄마를 신화 속 영웅으로 묘사하는 데 그치지 않고, 그 엄마를 포함한 모든 사람들이 가지고 있는 근원으로서의 어머니에 대한 갈망을 보여 주는 것이다.

『엄마를 부탁해』의 큰 줄기를 이루고 있는 엄마의 희생과 가족들의 미안함에 대한 이야기는 누구나 공감할 수 있는 '나 개인의 엄마 이야기'이다. 그것이 소설의 전부로 보일 수도 있지만, 신경숙이 특정한 한 엄마 이야기를 통해 신화에 흔히 나타나는 여신의 모습을 그려 내고 있다는 점도 주목해야 한다. 신경숙은 내 엄마의 모습 속에서 생명과 풍요의 원천이며, 우리가 나온 근원이자 결국은 돌아가 안식하게 될 고향인 어머니 여신의 속성을 보여 준다. 세계 대부분의 지역에서 전승된 어머니 여신에 대한 신화가 『엄마를 부탁해』에까지 이어진 것이다.

한 여성이 누군가의 엄마가 되는 순간, 개별적 인간인 동시에 보편적 어머니로 규정된다. 이를 주인공의 여동생은 "엄마는 처음부터 엄마인 것으로만" 여겨졌다고 표현한다(261쪽). 개별적인 인간으로서는 도저히 해낼 수 없는 일도 엄마로 규정되는 순간부터 감당할 수 있게 되지만, 동시에 개별적 인간으로서의 인격이 상실되기도 한다. 자식들은 엄마가 없어진 후에 이 사실을 깨닫고 마음 아파한다. "엄마는 엄마가 할 수 없는 일까지도 다 해내며 살았던 것 같아. 그러느라 엄마는 텅텅 비어 갔던 거야"(260쪽). 개인으로서의 "엄마가 할 수 없는 일" 중에서 자신이 지닌 능력 이상의 힘을 내어 자식들을 돌보고 가정을 지켜 왔음은 더 말할 필요가 없을 것이다.

하지만 그뿐이 아니다. 신경숙은 내 엄마의 이야기를 보편적 어머니 여신의 신화와 성공적으로 결합시킨다. 신화에서 땅과 동일시된 어머니 여신, 즉 지모신(地母神)은 자신에게서 나온 모든 것에 생명을 부여하는 존재이다. 땅과 어머니는 모든 존재하는 것의 토대이자 생명의 모체라는 공통점을 지닌다. 인류는 기억할 수 없을 정도로 오랜 옛날부터 자식들의 생명이 엄마의 몸에서 자라나는 것처럼 모든 생명들이 어머니 여신의 손길 속에서 살아간다고 생각했다. 예를 들어, 땅 속에 식물이 자라는 것은 어머니의 자궁에서 생명이 자라는 것이며, 금속과 광물도 어머니의 품속에서 점점 성장하는 것이라고 이해했다.

또한 어머니 여신은 자신에게로 돌아오는 것, 즉 생명을 다하고 죽는 자식들을 받아들인다. 많은 고대인들은 자신들이 "흙에서 난 몸"이며 "흙으로 돌아갈 것"이라고 믿었다.[66] 어머니의 몸인 땅은 새로 태어나는 생명체는 물론 죽어서 땅으로 돌아가는 존재들도 관장한다고 여겨졌고, 식물은 물론 동물이나 사람도 어머니의 일부인 흙으로 만들어져 다시 어머니에게로 돌아간다고 생각되었다. 고대 이집트 신화의 어머니 여신 하토르(Hathor)와 이시스(Isis)는 생명을 태동시키는 동시에 사자(死者)가 명계에서 살도록 하는 역할을 했다. 그리스 신화에서 데메테르는 풍요의 여신이면서 죽은 자들을 돌보는 여신이기도 했다. 바빌로니아의 이슈타르 여신 역시 풍요를 주관하면서 명계와 관련을 맺고 있는 것으로 여겨졌다. 엘리아데의 말을 빌려

66 [개역개정] 「창세기」 3:19.

정리하자면, "삶과 죽음이라는 것은 어머니 대지의 전체적인 과정 중 두 개의 다른 국면에 불과하다. 삶은 단지 땅의 자궁으로부터 분리된 것이고 죽음은 다시 집으로 돌아가는 것이다."[67]

『엄마를 부탁해』의 엄마 역시 생명을 부여하는 동시에 죽은 영혼이 다시 돌아갈 대상인 대지 여신의 속성을 지니고 있다. 먼저, 엄마의 "손은 무엇이든 다 살려 내는 기술을 가졌다"는 말에 주목해 보자(160쪽). 엄마가 생명과 풍요를 상징하는 지모신과 동일시되고 있는 것이다. 특히 아내의 부재로 괴로워하는 아버지의 회상 속의 엄마는 풍요의 여신의 모습이다. 엄마는 봄이면 암탉이 알을 품도록 해서 깨어난 병아리를 거의 죽이지 않고 키워 냈고, 엄마가 텃밭에 씨를 뿌리면 너무나 풍성한 결실이 맺혔다. 감자, 당근, 고구마, 가지 등 무엇이든 뿌리는 대로 "푸른 새싹이 아우성을 치며" 올라올 정도였다. 엄마의 "손이 닿으면 무엇이든 풍성하게 자라났"고, 엄마의 "손길이 스치는 곳은 곧 비옥해지고 무엇이든 싹이 트고 자라고 열매를 맺었다"(160쪽). 아버지는 엄마가 한 밥은 신기하게도 누구나 배부르게 만든다고 말하기도 한다. "다들 당신의 아내가 짓는 밥은 살찌는 밥이라고들" 했고, "다른 동네 사람들도 당신 집 일을 하러 오려고들" 할 정도였다. 엄마가 "내오는 샛밥을 먹으면 뱃속이 든든해 일을 곱으로 하고도 배가 고프지 않다고들 했다"(172-173쪽). 엄마가 버려진 동네 아이들을 먹이고 고아원 아이들을 위해 헌신적으로 봉사한 것도 어린 생명을 돌보는 여신의 모습과 겹쳐진다. 어머니 여신의 몸인 땅은 모

---

67 Eliade, *Patterns*, p.253.

든 생명을 움트고 자라게 한다는 오래된 신화의 믿음이 『엄마를 부탁해』에도 포함되어 있는 것이다.

이 어머니 여신은 개인의 엄마를 넘어선, 신화에서 여신으로 표상되는 원형적 어머니이다. 사람들은 자신의 엄마를 통해 이러한 원형적 어머니의 신화를 경험한다. 『엄마를 부탁해』에서는 내 엄마가 신화 속 원형적 어머니인 마리아와 동일시되고 있는 장면에서 이것이 가장 잘 드러난다. 바티칸에 가서 예수의 시신을 안고 있는 마리아 상을 보았을 때, 주인공은 "생생하게 엄마의 체취가 되살아났다"고 말하며, 어느 해 겨울 추운 날씨에 꽁꽁 언 손을 녹여 주던 자신의 엄마의 모습은 아들을 안고 있는 마리아의 모습과 다르지 않다고 생각한다(281쪽).

어머니 자체가 생명의 근원이며 창조의 원형이기 때문에 어머니 신화는 잘못된 것을 바로잡고 삶을 새롭게 하는 역할을 할 수 있다. 주인공이 "뭔가 잘못되어 가고 있다는 생각이 들 때면 습관적으로 엄마를 생각하며 살아왔다는 것을. 엄마를 생각하면 무엇인가 조금 바로잡히고 내부로부터 뭔가 다시 힘이 솟구쳐 올라오는 것 같았으니까"(280쪽)라고 말할 수 있는 것은 어머니가 신화적 원형이라는 것과 무관하지 않다. 가톨릭의 미사가 예수 그리스도의 죽음과 부활을 의례적으로 재현하며, 석가탄신일의 연등식이 세상을 밝힌 붓다의 삶을 재현하려는 것처럼, 종교적 인간은 의례를 통해 신화적 태초에 일어난 일, 즉 원형적 사건을 반복하여 삶의 유효성과 정당성을 확보하려 한다. 내 엄마의 이야기에서 어머니의 신화를 발견하는 사람에게는 엄마가 삶의 의미를 제공하는 원형이 될 수 있는 것이다.

        이런 면에서 어머니의 신화는 우주창조신화와도 밀접한 관련이 있다. 우주창조신화가 모든 것의 시작을 다루는 '기원의 기원 신화'이자 '모든 신화의 원형'이라는 면에서 근원을 이야기하는 어머니 신화와 연결되며, 우주창조신화의 중요한 주제 중 하나가 '본원적 통합성'이라는 것도 통합의 대상으로서 어머니와 관련된다.[68] 주인공이 엄마를 생각하여 잘못된 것을 바로잡고 새로운 힘을 얻으려 한 것 역시, 많은 문화의 신년제의에서 의례적으로 우주창조신화를 반복하여 잘못된 것을 없애고 새로운 시간을 창조하려 했던 것이나, 주술사들이 병자를 치료하면서 우주창조신화나 기원 신화를 암송하여 병을 없애고 새로운 몸이 되도록 한 것과 연결하여 생각할 수 있을 것이다.

        앞에서 잠시 언급했듯이, 『엄마를 부탁해』에는 죽어서 다시 돌아갈 고향으로서의 어머니 역시 분명하게 나타난다. 주인공은 "고통을 감당하다가 죽음에 이른 아들을 안고 있는" 어머니 마리아가 "비탄"에 빠진 모습이었으나, "아들의 팔과 다리가 어미의 무릎에서 평화롭게 늘어져" 있었고, "아들은 죽어서도 위로 받고 있었다"고 말한다(280-281쪽). 엄마는 우리가 나왔으면서 또한 다시 돌아갈 근원이다. 주인공의 엄마도 신화적 어머니의 무게를 벗어 던지고 자신의 엄마에게 돌아갔다. 엄마는 엄마이기 전에 한 사람이며, 결국 그 자신도 근원을 갈망하고 근원으로 회귀하고자 할 수밖에 없다는 것이다.[69] 소설에서 죽은 엄마의 영혼은 죽어서도 아내이자 엄마로 규정되는

---

68 Eliade, *Patterns*, pp.406-416. 우주창조신화와 관련된 원형적 신화 주제에 대해서는 유요한, 『종교 상징의 이해』, 121-122쪽을 참조할 것.

69 엄마가 아닌 여인으로서의 박소녀의 모습을 강조하는 내용에 대한 분석은 유요한, 「내 엄마 이야기, 우리 모두의 어머니 신화」, 290쪽 참조.

것을 힘겨워한다. 오십 년도 넘게 살며 도리를 다 했으니, 더 이상 이 집 사람이고 싶지 않다며 선산의 가묘에 정착하기도 싫다고 말한다. 엄마의 영혼이 쉴 곳은 "내 집", 곧 자신의 엄마의 집이다. "그냥 나는 내 집으로 갈라네요. 가서 쉬겠소"(249쪽). 엄마는 "나에게도 일평생 엄마가 필요했다"고 말한다(254쪽). 아무 기억도 하지 못하는 엄마가 길을 잃고 떠돌 때도, 엄마의 머릿속에는 "세 살 때 내가 뛰어 놀던 그 마당"만 선명하게 떠올랐다. 수십 년간 그저 엄마이기만 했던 여인 박소녀는 죽은 영혼이 되어서 자신이 태어난 집으로 돌아가 자신의 엄마의 품에 안긴다. 너무 걸어서 뼈가 보일 정도로 심하게 상처가 난 발을 보며 슬픈 표정으로 죽은 딸의 영혼을 안아 주는 엄마의 엄마는, 주인공의 엄마가 사산한 아이를 안았을 때의 모습과 같았고 죽은 아들 예수를 안고 있는 마리아의 모습이기도 했다. 엄마를 포함한 누구나, 지친 우리 모두를 감싸 안는 어머니의 품을 그리워하고 그리로 돌아가고 싶어 한다. 어머니는 우리가 나왔고 다시 돌아갈 근원으로 여겨지기 때문이다.

　　소설의 마지막 장면에서 주인공은 "창세기 이래 인류의 모든 슬픔을 연약한 두 팔로 끌어안고 있는" 마리아 상을 보며 눈물을 흘린다. 주인공은 마리아에게 "엄마를 잊지 말아 달라고, 엄마를 가엾이 여겨 달라고" 간절하게 기도한다. 하지만 '엄마를 부탁하나이다'라고 엄숙하게 기도하는 대신, 마치 자신의 엄마에게 말하듯 "엄마를, 엄마를 부탁해"(282쪽)라고 읊조린다. 성모(聖母) 마리아는 나의 엄마와 엄마의 엄마를 포함하는 원형적 엄마의 표상으로 인식되고 있는 것이다.

나는 『엄마를 부탁해』의 분석을 통해 사람들이 여전히 생명의 근원이자 회귀의 대상인 보편적 어머니 여신의 이미지를 품고 있으며, 이것이 개별적인 '엄마들'을 통해서도 나타날 수 있음을 보이고자 했다. 이 소설의 엄마는 신화 속 대지의 여신처럼 생명과 풍요의 원천으로 묘사된다. 엄마 역시 자신의 어머니에게로 돌아가기를 갈망한다는 이야기에서는 죽어 흙이 되는 것을 곧 어머니의 품으로 돌아가는 것이라고 표현한 신화적 인식이 여전히 살아 있음을 보여 준다. 또한, 죽은 아들을 품은 성모 마리아의 모습은 보편적 어머니의 신화적 이미지를 나타내고 있다.

『엄마를 부탁해』는 출간된 이후 여러 해 동안 엄청난 판매부수를 기록하며 선풍적 인기를 끌었다. 가족들을 위해 희생해 온 엄마의 모습을 우리가 가슴 아파하며 공감할 수 있게 되살려 낸 것이 가장 중요한 이유일 것이다. 그러나 이 소설이 더 깊은 신화적 차원을 다루고 있다는 점도 간과해서는 안 된다. 평범한 여인이 자식을 낳아 엄마가 되면 생명과 창조의 근원이자 다시 돌아갈 고향이 된다. 좀 더 거창하게 말하자면 개인적인 '우리 엄마'가 '신화적 어머니'의 부담도 짊어지게 된다. 우리 모두가 갈망하는 근원으로서의 어머니는 수많은 신화에서 어머니 여신으로 나타났고 이 소설 속에서도 성모 마리아로 표상되었다. 소설은 내 엄마 역시 본원적 통합의 대상, 즉 자신의 엄마를 그리워하는 인간의 위치에서 벗어날 수 없다는 것도 잊지 않는다. 신경숙은 『엄마를 부탁해』에서 오늘날에도 평범한 엄마들이 신화적 어머니의 무게를 감당하고 있음을 보여 주고 있는 것이다.

4) 현대 대중 종교 신화의 영웅, 의사

① 한계에 도전하는 영웅의 후예

2020년 봄, 중국 우한에서 시작된 신종 코로나바이러스가 전 세계를 덮쳤다. 선진국으로 알려졌던 유럽과 미국에서 수만 명의 사망자가 나왔고, 이 질병의 무서운 기세와 이에 대한 인간의 공포로 인해 경제, 정치, 문화 등 모든 영역의 삶이 이전과 달라졌다. 미국《뉴욕 타임즈》(The New York Times) 칼럼니스트인 토머스 프리드먼(Thomas L. Friedman)은 지금까지 세계 역사가 서력 기원을 중심으로 BC(Before Christ)와 AD(Anno Domini)로 구분되었지만, 이제 코로나 이전인 BC(Before Corona)와 코로나 이후인 AC(After Corona)로 구분될 것이라고 말하기도 했다. 세계 어느 곳에서나, 이 시기의 영웅은 단연 의료인들이다. 자신을 돌볼 틈 없이, 아수라장 같은 병원에서 녹초가 되도록 고생하는 의사와 간호사들의 모습을 보며 많은 사람들이 감동을 받는다.

사실 코로나바이러스 전염병이 시작되기 전에도 대중문화 속에서 의사는 영웅으로 그려지곤 했다. 미국, 영국, 일본, 한국 등 세계 여러 나라에서 수많은 의학 드라마들이 제작된다. 단지 배경이 병원일 뿐 아니라, 진단, 치료, 간호, 사망선고 등 전문적 의료 행위나 의학 지식이 드라마의 주요 내용을 이룬다. 너무 많은 드라마가 쏟아지면서 비슷한 내용이 반복되는 것 같은데도 사람들이 의학 드라마에 열광하는 이유는 무엇일까. 나는 현대의 의사들이 신화의 주인공이자 사회 전체에서 사제로서의 역할을 하고 있기 때문이라고 본다. 종교학의 관점에서 보면, 오늘날의 의사들은 인간 한계에 맞서 온 신화

속 영웅들의 모습을 재현하고 있는 것이다.

의사는 다른 사람의 고통을 담당하는 동시에 인간 한계에 도전하는 신화 속 영웅의 후예들이다. 메소포타미아 신화의 영웅 길가메시는 인간 죽음의 문제를 해결하기 위해 불사의 약을 찾는 모험을 감행했고, 중국 신화 최고의 영웅 예(羿) 역시 서왕모(西王母)를 만나 불사의 영약을 받아 왔다. 두 영웅 모두 약을 구했으나 먹지는 못하여 불사에 이르지는 못했지만, 죽음이라는 인간 한계에 도전한 신화의 영웅들이다. 신화에서 인간인 주인공이 죽음이라는 한계를 극복하면 신의 지위에 오르기도 한다. 우리나라 무속신화에서 바리공주는 딸만 여섯 있는 왕가에 일곱째 딸로 태어났다는 이유로 부모로부터 버려졌으나, 자신을 버린 부왕이 죽을 병에 걸리자 불사약 생명수를 구하기 위해 저승과 선계를 여행하고 온갖 시련을 감내한다. 그녀는 생명수를 구해 와 이미 죽은 아버지를 살려 내고, 그 공으로 죽음을 관장하는 신이 된다.

그리스 신화의 아스클레피오스(Asclepius)는 원래 호메로스(Homeros)의 『일리아스』(Ilias)에서는 의사의 시조 격인 사람으로 묘사되었으나 훗날에는 아폴론의 아들인 의술의 신으로 신격화되었다. 의술을 사용하여 죽은 자도 살려 낸 그는 인간의 한계를 넘은 사람인 셈이다. 인간의 한계를 넘어선 사람이 인간의 영역에 있을 수는 없다. 그래서 제우스는 번개를 던져 아스클레피오스를 죽이지만, 아폴론의 부탁을 받아들여 그를 신으로 승격시킨다. 플라톤(Plato)의 『파이돈』(Phaidon) 맨 끝 부분, 그 유명한 소크라테스(Socrates)의 죽음 장면에서, 소크라테스는 마지막 유언으로 친구 크리톤(Kriton)에게 자신이 아스클레피오스에게 닭 한 마리를 빚지고 있으니 꼭 갚아 달라는 당부를 한다. 많은 학자들은 이를 소크라테스가 죽음을 통해 삶이라는 병을 치유하게 된 것을 의술의 신에게 감사하고자 하는 행동으로 해석한다.[70] 육체의 병뿐 아니라, 인간이 인간이기에 필연적으로 지고 있는 모든 문제의 해결을 아스클레피오스가 담당하는 것으로 여겨진다고 할 수 있다. 오늘날 의학의 상징이 바로 아스클레피오스의 지팡이에서 유래한 것을 생각하면, 의사는 인간의 한계에 맞서며 인간의 짐을 짊어진 신화 속 영웅들의 후예인 셈이다.

　　　의사의 위치에 대해 좀 더 면밀히 생각해 보자. 현대사회에서 의사는 종종 의술로 병을 고치는 직업인으로 인식된다. 하지만 그게 다는 아니다. 최고의 기술자가 되는 것만으로 좋은 의사라고 부르지는 않는다. "의술은 인술이다"라는 우리 옛말이 있다. 국어사전에서 "인술(仁術)"을 찾아보면, "사람을 살리는 어진 기술이라는 뜻으로, 의술을 이르는 말"이라고 나와 있다. 인술은 의술을 일컫는 다른 말이었다. 사람을 살리는 기술이라고 해서 모두 인술은 아닐 것이다. 의사들이 윤리적인 기준을 충족시키지 못하거나 자신의 이익만을 챙기려 할 때, 각종 언론 매체들은 "의술은 인술이라고 했는데"라는 말로 비판한다. 의술은 사람을 살리는 기술이면서, 어진 기술이어야 한다. 동양에서 말하는 인(仁)은 유교의 이상적 인간이 지녀야 할 덕목 인의예지(仁義禮智) 중 첫 번째이며, 공자가 강조한 실천 윤리의 기본 이념

70　플라톤, 『파이돈』, 전헌상 역(서울: 이제이북스, 2013), 164쪽. 주석 236(184쪽)에서 역자는 "아스클레피오스에게 닭 한 마리를 빚졌다는 소크라테스의 말은 통상 삶이라는 병으로부터 자신이 낫게 된 상황에 대해서 의술의 신에게 감사를 표현하고 있는 것으로 해석된다"고 설명한다.

이다. 선의 근원이며 바른 행실의 바탕인 덕과 사랑의 포괄적 개념이기도 하다.

이런 면에서 의사는 병든 환자들의 고통을 해결해야 하면서 자신의 덕성까지 살펴야 하는 이중적인 고통을 감내해야 한다. 다른 사람의 고통을 짊어지는 사람들은 신화 속 영웅으로 묘사되며, 오랜 역사를 통해 종교 지도자이기도 했다. 현대사회에서 인간의 고통을 다루는 역할을 의사가 맡고 있다는 것을 부인할 수는 없을 것이다. 고타마 싯다르타(Gotama Siddhartha)가 깨달음을 얻어 부처가 되기 전, 그는 먼저 인생의 본질을 파악했다. 그것은 바로 인간의 삶이 고통으로 이루어졌다는 것이었다. 불교의 근본 세 교의, 즉 삼법인(三法印) 중 하나가 바로 일체개고(一切皆苦)라는 것은 앞에서도 언급했다. 불교에서는 사람이 나고, 늙고, 병들고, 죽는, 생로병사(生老病死)로 이루어진 모든 인생의 과정이 고통이라고 말한다. 현대에는 의사가 불교에서 말하는 이 네 고통 모두를 다룬다. 오늘날 아이가 태어나는 것을 책임지는 사람은 산부인과 의사이다[生]. 의사들은 노화와 관련된 여러 현상들을 돌보고 때로는 이를 늦추고자 연구한다[老]. 몸이 아플 때 사람들은 당연히 의사를 찾는다. 크고 작은 병 모두 의사가 감당하는 인간의 고통이다[病]. 일반인들은 사람이 죽었다고 함부로 판단할 수 없다. 이 역시 의사의 몫이다. 누군가 죽었을 때, 의사가 사망선고를 해야 공식적으로 죽은 것이다[死].

이 과정에서 의사는 노화, 질병, 죽음이라는 인간을 규정하는 조건이자 한계에 맞서는 신화 속 영웅의 역할을 감당한다. 인간은 과학이 발전하기 훨씬 전부터 죽음의 문제와 씨름해 왔다. 신화들이 가장 많이 다루고 있는 주제는 단연코 인간의 죽음의 문제이다.[71] 죽음의 원인부터 죽음의 극복, 그리고 잘 죽는 방법까지, 죽음에 대한 인간 사유의 범위는 폭넓고 깊었다. 오늘날에는 의사들이 노화의 원인을 찾아, 이를 방지하는 해결책을 제시하며, 때로는 죽음의 원인을 규명하기도 하고, 병을 이겨 내고 죽음을 최대한 미루는 역할을 담당한다. 불로장생을 꿈꾸던 도교 도사들의 꿈은 의사들에 의해 현실에서 이루어지고 있다. 수술실에서 죽어가는 생명을 살리려 분투하는 의사들만 인간의 한계에 도전하는 영웅의 후예인 것이 아니다. 시력 교정 수술이건, 미용을 위한 시술이건, 어떤 의미에서 인간을 현재보다 더 나은 존재로 만들기 위한 노력들은 모두 영웅적이다.

② 종교전문인과 의사

근대 이전에는 사제나 샤먼 등 종교전문인이 의사의 역할을 맡았다. 『두산백과』의 「의사」 항목은 맨 먼저 의사의 사전적 정의를 제시한 다음, 그 '기원'을 설명한다. "일정한 자격을 가지고 의술과 약으로 병을 고치는 직업에 종사하는 사람. 의사라는 직업이 발생한 것은 마법의술(魔法醫術)이 성행했던 때 병마를 쫓기 위해 주술을 했던 마술사에서 유래된다. 7000년 전 바빌로니아나 이집트에 이미 직업으로서 의사가 존재하였다." 여기서는 의사라는 직업이 주술사에서 유래되었고, 그 속성 역시 종교적이었던 것이 강조되고 있다.

---

71 죽음과 관련된 신화들에 대해서는, 유요한, 『종교 상징의 이해』 4장과 8장, 그리고 유요한, 「죽음을 성찰하고 그 너머를 바라보다」, 배철현 외, 『낮은 인문학: 서울대 교수 8인의 특별한 인생수업』(파주: 21세기북스, 2016), 309~356쪽에서 다룬 내용을 참조할 것.

이뿐만이 아니다. 세계의 여러 문화에서 아이를 받는 산파는 동네 의사이면서 가정 단위 작은 치병의례를 담당하는 무속인이기도 했다. 지금도 제주도 토착신앙에서 '삼승할망'은 출산을 돌보는 여신의 이름이면서, 산파를 가리키는 명칭이기도 하다. 삼승할망들은 많은 민간 전통의 경험을 토대로 출산 시 아이를 받고 건강을 돌보면서 가정 단위의 작은 종교의례도 담당한다. 『신약성서』를 보면, 예수가 병자들을 치유했다는 말이 매우 많이 반복된다. 초대 그리스도교회에서도 아프면 종교지도자를 부르라고 했다. "너희 중에 병든 자가 있느냐 그는 교회의 장로들을 청할 것이요 그들은 주의 이름으로 기름을 바르며 그를 위하여 기도할지니라."[72] 이 전통이 가톨릭교회의 병자성사(病者聖事)로 남아 있는 것이다. 부처는 직접 병을 다루지는 않았으나, 인생의 근본적인 고통을 해결하고자 했다. 대승불교에서는 이를 발전시켜, 병을 치유하는 부처인 약사여래(藥師如來)에 대한 믿음을 발전시켰다. 또한 불경의 힘으로 병을 치유하려는 의례는 오늘날에도 여러 불교 문화권에 그대로 남아 있다. 시베리아, 아프리카, 아메리카, 오스트레일리아 원주민들 사이에서 주술사 또는 샤먼의 가장 중요한 역할 중 하나가 병을 치유하는 것이다. 그래서 아메리카 원주민 주술사는 종종 'medicine man', 즉 '치료주술사'라는 호칭으로 불린다. 이들은 마음과 신앙 상태뿐 아니라 육체의 병을 다루는 치료자(healer)였다. 'medicine man'의 의술이 오늘날의 'medical doctor'의 것과 같을 수는 없겠지만, 나름의 방식으로 진단하고 처방하고 고통

72 [개역개정] 「야고보서」 5:14.

과 병을 경감하거나 없애는 과정까지 담당했다. 당연히 오늘날의 과학적 시각과는 많이 달랐지만, 그들은 당시의 관점에서 이해한 인과관계에 근거하여 이 과정을 진행했던 것이다. 그리스도교와 불교 등 오늘날 많은 사람들이 신봉하는 종교뿐 아니라, 수많은 고대의 종교들에서도 사람이 죽었음을 판정하고 그 일을 처리하는 것은 사제를 비롯한 종교전문인의 몫이었다.

믿음에 의지하여, 또는 꿈과 희망을 제시하여 환자들을 치료했던 종교전문인들에 비해, 현대의 의사들이 훨씬 효율적으로 병을 예방하고 고통에 대처하며 죽음과 맞서 싸운다고 해야 할 것이다. 하지만 종교전문인으로서 치료를 담당했던 사람들은 오늘날의 의사들에게서는 찾기 힘든 두 가지 능력을 지니고 있었다.

첫째, 그들은 삶의 의미와 가치의 문제를 다루었다. 질병이나 부상 등의 고통을 겪는 환자에게, 종교전문인은 왜 지금, 여기서, 그에게 이런 일이 일어났는지를 환자 나름대로 납득할 수 있는 방식으로 설명해 왔다. 과학은 관심을 기울이지 않지만, 여전히 사람들은 생존이나 욕구 충족과 관련되지 않은 문제에 대해서 고민한다. 인간은 자신이 감내해야 하는 고통과 부조리의 이유, 삶의 의미와 가치의 문제 등을 고민하며 답변을 찾고 있는 것이다. 김훈의 소설 『칼의 노래』(2001)에서 '이순신'이 임금과 조정의 "무의미"에 맞서면서 자신의 삶과 죽음에서 "의미"를 확보하려 노력하는 것이나,[73] 황석영의 소설 『바리데기』(2007)의 주인공 '바리'가 세상의 부조리와 인간의 죽음이

73　김훈, 『칼의 노래』(서울: 생각의 나무, 2007[2001]), 22, 58, 72-78, 361쪽 등.

지닌 "의미"가 무엇인지에 대한 답변을 찾아 헤맨 것을 기억해 보자.[74] 이런 점에서 엘리아데는 "겉으로는 그렇게 보이지 않는다고 하더라도, 삶의 의미에 대해 이야기하기 때문에 인간 존재는 근본적으로 종교적"이라고 주장한 것이다.[75] 따라서 치료를 담당한 종교전문인들은 고통의 의미에 대한 설명을 제시하고자 했던 것이다. 김훈이 다른 책에서 사용한 표현을 빌리자면, 삶이 "무의미한 우연의 찌끄레기, 잉여물, 개평"일 뿐으로 여겨진다면 "이 공허감은 참을 수 있는 것이 아니"기 때문이다.[76]

둘째, 이들은 고통을 겪는 사람을 매우 잘 이해하고 공감하는 사람들이다. 무속인들이 굿을 하는 모습을 보면, 사람들의 고통에 깊이 공감하고 때로는 감정이입하여 그들의 문제를 해결하는 것을 볼 수 있다. 의례 의뢰인들을 대신해서 울어 주고, 가려운 부분을 긁어준다. 이들은 의뢰인이 누구에게도 말하지 못했던 고통을 의례의 장에서 눈물을 흘리며 털어놓게 하고 거기서 벗어나게 한다는 점에서 훌륭한 상담자이며 정신과의사인 셈이다. 예수는 가난하고 병든 사람과 함께 살며 그들의 삶을 이해했다. 부정하다고 인식되어 접근을 금했던 나병 환자들을 어루만져 치료했다고 하며, 혈루증(hemorrhage) 환자 여인도 예수의 옷깃을 만져서 치유를 받았다.

물론 현대의학에 종사하는 사람들에게는 종교전문인들처럼 환자와 공감하며 그들의 삶의 의미의 문제를 이해하는 일이 쉽지 않

74 황석영, 『바리데기』(파주: 창비, 2007), 268–283쪽.
75 Eliade, *Ordeal by Labyrinth*, p.117.
76 김훈, 『라면을 끓이며』(파주: 문학동네, 2015), 171쪽.

을 것이다. 의사들이 철저하게 과학적인 진단 대신, 종교적 답변을 추구한다면 환자들이 오히려 불안할 수도 있을 것이며, 환자들과 공감한다고 그들을 만지면 감염학의 관점에서 볼 때 매우 위험한 일이 될 수도 있다. 그러나 오늘날의 의사들 역시, 인간의 아픔을 다룬다는 점에서 의사 직업의 기원 격인 종교적 치료자(healer)와 공통된 점이 있다. 한정된 시간에 깊은 공감이 어려운 현실의 장벽은 분명하겠으나, 환자의 병만 보지 않고 인간으로서 환자를 보는 태도 역시 중요할 것이다.

③ 타자에 공감하며 '우리'를 위해 싸우기

나는 현대인들이 여전히 의사가 종교적 치료자들과 같은 역할을 해 주기를 바라는 소망을 포기하지 않았다고 본다. 오쿠다 히데오[奧田英朗]의 소설 『면장 선거』(町長選擧, 2006)의 주인공 '이라부'는 작가의 문학적 상상력을 통해 재탄생한, 신경정신과 의사 면허를 지닌 종교 전문인이라고 할 수 있다. 이라부는 의학적으로 보면 뭔가 엉터리 같은 의사지만, 환자들의 난관을 그들 삶 속에서의 의미와 관련하여 파악하고 처방한다. 그는 현대인들이 지닌 불안, 죽음에 대한 두려움, 사회적 갈등 등의 문제를 확실하게 진단하고, "생전 장례식"이나 "공동체 의례" 등의 종교적 방식을 통해 해결한다.[77] 그래서 나는 학부학생들과 이 소설을 읽고 토론하면서 의사 이라부를 "우리 시대의 사제"라고 명명하기도 했다.[78] 옛 종교적 치료주술사의 역할도 감당하

---

77 오쿠다 히데오, 『면장 선거』, 이영미 역(서울, 은행나무, 2007[2006]).
78 유요한, 『우리 시대의 신화』, 188쪽.

는 그의 모습은 현대인들이 의사에게 바라는 열망을 반영한다.

　　의사가 환자와 공감하기 위해서는 먼저 인간 고통의 개별적 속성을 이해해야 한다. 물론 의사가 병을 객관화하고 대상화하지 않는다면 병의 치료는 불가능할 것이다. 그러나 환자는 자신의 병을 자신의 개별적 실존 속에 위치시키고 싶어 한다는 점 역시 반드시 기억해야 할 것이다. 이 맞닿을 수 없을 것같이 격리된 두 입장은 인간 고통의 개별성에 대한 의사의 이해와 공감을 통해 가까워질 수 있다. 프랑스의 철학자 프랑수아즈 다스튀르(Françoise Dastur)는 "죽음이 성찰의 대상이 되기 위해서는 반드시 개별적으로 인식되어야 한다"고 했다.[79] 질병과 죽음은 개별적으로 받아들여질 때, 통계수치의 지표나 오래된 기계의 고장이 아닌 '인간의 고통'이라는 자리를 확보할 수 있다. 인간 고통의 개별성 문제에 대해 가장 치열하게 논한 작가가 김훈이기에, 다시 그를 인용하고자 한다. 김훈은 병원에서 의사를 만나고 온 다음 이렇게 말한다. "나의 고통은 나의 생명 속에서만 유효한 실존적 고통인 것이다. 인간의 존엄은 그 개별성에 있을 것이다. […] 나의 병은 다른 모든 유사한 병과 다른 것이다."[80] "나는 모든 죽음에 개별적 고통의 지위를 부여하는 것이 인간의 존엄에 값하는 일이라고 생각한다. […] 이 개별적 고통에 대한 공감이 없다면 어떤 아름다운 말도 위안이 되지 못하고" 마는 것이다.[81] 그러므로 개별성에 대한 이해를 바탕으로, 환자를 대하는 자세나 환자와 대화하는 법에 대한

79　프랑수아즈 다스튀르, 『죽음: 유한성에 관하여』, 나길래 역(서울: 동문선, 2003[1994]), 26쪽.
80　김훈, 『바다의 기별』(서울: 생각의 나무, 2008), 42쪽.
81　김훈, 『라면을 끓이며』, 176쪽.

구체적이고 기술적인(technical) 교육이 발전되어야 할 것이다.

알베르 카뮈(Albert Camus)의 소설 『페스트』(La Peste, 1947)는 죽음이 일상이 되어 버린 절박한 한계 상황에서 이에 맞서는 의사의 천형(天刑)과도 같은 직무를 실감나게 묘사하는 동시에, 인간 고통 문제의 해결에는 공감과 이해가 반드시 필요하다는 사실을 설득력 있게 보여 준다.[82] 인구 20만의 작은 도시 오랑에서 페스트가 창궐하여 매일 수백 명씩 죽어갈 때, 의사인 주인공 '리외'는 포기하지 않고 죽음의 질병과 싸운다. 카뮈가 그려 낸 의사 리외는 죽음을 비롯한 인간의 한계에 굴종하기를 거부하고 끊임없이 싸우는 시시포스(Sisyphus)와 같은 사람이다. 힘겹게 밀어 올린 바위가 다시 굴러 떨어질 것을 알면서 묵묵히 다시 바위를 굴려 올리는 시시포스는 인간의 한계를 받아들이는 동시에 여기에 굴복하지 않고 싸우기 때문에 행복할 수 있다. 카뮈는 인간이 무의미를 극복하기 위해서는 "끝없는 패배"일 뿐인 페스트와,[83] 또는 삶의 모든 고통들과 싸워야 한다고 말하는 것이다.

동시에, 리외는 자신의 자리를 잃어버린 소외의 상황 속에서 자신의 개별적 존재, 달리 말해 자신의 실존을 위해서만이 아니라, 도시의 다른 사람들, 공동체, 또는 "우리"를 위한 싸움을 벌이고 있었다. 김훈은 『난중일기』(亂中日記, 1592~1598)를 읽으며 발견한 이순신의 이러한 모습을 『칼의 노래』에서 그려 내고자 했다. "이순신이라는 사내가 감당한 것은 그야말로 절망만이 가득 찬 현실이더군요. […] 그 절망의 시대에서 헛된 희망을 설치하고 그 헛된 희망을 꿈이라고 말하

---

82   알베르 카뮈, 『페스트』, 유호식 역(파주: 문학동네, 2015[1947]).
83   카뮈, 『페스트』, 154쪽.

지 않고 그 절망의 시대를 절망 그 자체로 받아들이면서 통과해가는 한 인간의 모습이 거기 그려져 있었습니다."[84] 『칼의 노래』의 이순신 이 현실의 무의미를 극복하고 삶과 죽음의 의미를 찾으려 경주했다 는 것은 앞에서도 언급했다. 그의 의미는 절망적 상황에 맞서 "우리" 를 위해 싸우는 싸움에 있었던 것이다.

이순신이 절망을 통과하여 민족을 구해 냈기에 종종 성스러운 영웅(聖雄)이라고 불리지만, 카뮈는 여기서 한 걸음 더 나아간다. 이러 한 싸움에 "공감"과 "이해"가 더해져야만 서구 그리스도교 문화권에 서 말하는 "성자" 또는 우리가 지금까지 사용해 온 표현으로는 "영웅" 이 될 수 있다는 것이다. 『페스트』에서 자원봉사대를 조직하여 리외 와 함께 절망적 한계상황과 싸우는 친구 '타루'는 불행과 재앙 속에서 평화에 도달하기 위해서는 서로 "이해하자는 도덕관"을 가지고 "공감 의 길"을 걸어야만 한다고 주장한다.[85] 그것이 "신 없이도 사람이 성 자가 될 수" 있는 방법이라는 것이다.[86] 인간의 짐을 짊어지고 한계에 맞서는 일이란, 결국 인간을 위한 일이어야 하며, 여기에 공감과 이해 가 없다면 핵심적인 요소가 빠진 셈일 것이다.

마지막으로, 신화의 관점에서 영웅의 길에 들어선 의대생들을 기억한다. 그들이 앞으로 맞게 될 모든 어려움들은 우리 시대의 영웅 이 되기 위한 과정이다. 영웅이란 본디 인간 한계에 맞서는 사람이면 서 다른 사람의 짐을 짊어진 사람들, 자신의 모습을 돌아보며 고뇌하

---

84 김훈, 『바다의 기별』, 130-131쪽.
85 카뮈, 『페스트』, 156, 296쪽.
86 카뮈, 『페스트』, 297쪽.

는 사람들이다. 환자들의 병을 돌보는 동시에 자신의 모습을 끊임없이 돌아보는 사람들, 최고의 의술을 지녔으면서 인간의 고통을 이해하고 공감하는 사람들, 그래서 인간 전체의 고통을 짊어지고 자신의 짐을 더 무겁게 느끼는 사람들이다. 무거운 짐을 진 영웅의 길을 가는 것이 결코 쉽지 않음은 자명할 것이다. 아울러, 영웅이 되기 위해 거쳐야 하는 '통과의례(the rites of passage)'의 과정 역시 엄청나게 힘겹고 고통스럽다. 바리공주가 부왕을 살리는 생명수를 구하기 위해 엄청난 시련을 감내해야 했다는 것은 앞에서도 잠시 언급했다. 바리공주는 저승을 지나 선계에 이르는 험한 길을 통과한 후, '무장신선'을 위해 나무하기, 물 긷기, 불 때기의 노역을 3년씩 하고, 그와 결혼해 아들 일곱을 낳아 준 뒤에야 새로운 존재로 거듭날 수 있었다.

　　의대생으로서, 그리고 수련의와 전공의로서 맞닥뜨리는 힘겨운 공부와 수련은 통과의례의 '전이기' 과정에서 요구되는 시련인 셈이다. 통과의례 과정에 대해서는 뒤에서 다시 다루게 될 것이다. 여기서는, 인간이 한계에 맞서야 하는 한 의사는 대중 종교 신화의 주인공의 자리를 유지할 것이라는 전망으로 이 주제를 마무리하도록 하자.

5) 슈퍼히어로와 채식주의자[87]

① 현대 대중문화의 신화들

　　인류의 오랜 역사를 거치며 전해진 신화의 주제들은 현대문화 내에도 여전히 '생존'해 있다. 물론 과거에는 참된 이야기로서의 확고한 지위를 누렸던 신화의 위상이 오늘날 점차 약화되고 있는 것은 사실이다. 도니거는 신화를 "그것의 가장 중요한 의미를 발견하는 어떤 집단의 사람들에게 공유되며 그들에게 성스러운 이야기"로 정의하는데,[88] 오늘날에는 신화의 가장 중요한 의미를 발견하고 이를 성스럽게 여기는 사람들이 점점 줄어 가고 있는 것이다. 근대 이전의 종교적 인간이 신화를 "성스러운 실재를 드러내는 참된 이야기"로 보았다면,[89] 많은 현대인들은 신화를 과거로부터 전해진 상상의 이야기, 재미있는 이야기로만 받아들인다. 단순한 과거의 이야기가 아니라 현재의 삶에 의미를 구성하는 근거로서 신화의 역할이 축소된 것도 분명하다.[90]

그러나 신화가 반복해서 강조해 온 주제들이 현대문화 여러 분야에 여전히 남아 있다는 점도 무시해서는 안 된다. 오늘날에는 신화가 '참된 이야기'로서의 지위를 상실한 것으로 보이지만, 신화적 주제는 세련된 현대문화의 근거이자 기반의 역할을 굳건히 감당하고 있다. 현대인들이 즐기는 문학, 만화, 영화 등 다양한 형태의 문화 콘텐츠 내에서 신화의 영향이 분명히 드러난다. 신화적 주제가 이어지고 반복되는 이유는 신화적 주제가 오랜 세월 동안 인간에게 영향을 끼쳐 왔고 또 인간에게 호소력 있는 이야기로 작용해 왔기 때문이다. 드라마에도 오래된 신화의 주제들이 계속 반복된다. 예를 들어, 요즘

87 「슈퍼히어로와 채식주의자」는 유요한, 「다시 태어나 태초로 돌아가기: 소설 『채식주의자』의 원형적 신화 주제 분석」, 『문학과 종교』 24(2019), 157–177쪽의 내용을 일부 수정한 것이다.

88 Wendy Doniger O'flaherty, *Other People's Myths: The Cave of Echoes* (Chicago: University of Chicago Press, 1988), p.2.

89 Allen, *Myth and Religion in Mircea Eliade*, p.129; 엘리아데, 『신화, 꿈, 신비』, 18쪽.

90 Eliade, *Patterns*, pp.410–411.

에도 드라마의 소재로 흔히 사용되는 출생의 비밀 이야기는 우리나라의 주몽이나 그리스의 헤라클레스와 같이 널리 알려진 옛 신화 주인공들의 출생담에서 볼 수 있는 형태와 크게 다르지 않다. 어려서 고생하며 자란 여성이 돈이 많고 지위가 높은 남성을 만나 아름다운 사랑을 하고 새로운 삶을 살게 된다는 소위 '신데렐라' 모티프는『춘향전』이나『심청전』같은 고전소설뿐 아니라 제주도 신화「세경본풀이」등에서도 찾을 수 있다. 여성을 수동적인 수혜의 대상으로 본다는 점에서 현대 여성주의 관점에서는 이 모티프가 극복의 대상이라고 할 수 있을 것이나, 소설이나 드라마 등에 끊임없이 재생산된다. 인간의 삶을 오랫동안 구성해 온 신화적 주제들은 현대문화의 틀을 제공하는 역할을 계속 수행하고 있는 것이다.

일부 현대문화 창작자들은 의도하지 않은 상태에서, 자신도 모르는 채 신화의 주제와 내용을 반복한다. 신화적 기반은 여러 장르의 다른 이야기들로 전위되어 그 속에 가라앉아 있기 때문이다.[91] 대표적으로,『스파이더맨』(Spider-Man),『헐크』(The Hulk),『아이언맨』(The Iron Man) 등 유명 만화의 원작자인 스탠 리(Stan Lee)는 자신의 작품 속에 녹아 있는 신화의 주제들은 기획된 것이 아니라고 주장한다.

믿어 달라. 나는 의식적으로 종교적 주제를 내 이야기들 속에 삽입하려고 시도하지 않았다. 그러나 종교적이고 신화적인 주제들은 종종 극적으로 [내가 만든] 만화책들 속에 한데 얽혀

91　Jaan Puhvel, *Comparative Mythology* (Baltimore: The Johns Hopkins University Press, 1987), p.2.

있는 것이 분명하다.[92]

스탠 리

인용문에서 리는 자신의 작품에 종교적, 신화적 주제들이 나타나는 것이 분명하지만 자신이 의도한 것은 아니라고 단언한다. 반면 여러 현대의 문화 창작자들은 의식적으로 신화를 계승하고자 하며, 나아가 자신의 작품을 신화의 차원으로 끌어올리고자 한다. 소설가 이청준은 자신의 작품이 신화의 차원에 이르도록 하고 싶었으나 성공하지 못했다고 고백했다.

> 작가로서 제가 죽어라 하고 매달려온 주제를[…] 한 마디로 말하자면 이념이나 이데올로기의 문제라 할 수 있겠죠. 나라가 무엇이고 백성이 무엇인지, 백성에게 나라란 무엇인지가 제 문학의 주제였던 것 같아요. 거기서 더 가면 신화가 되겠죠. 신화란 영혼의 형식이고 이데올로기의 심화된 형태라 하겠는데, 저는 거기까지는 가지 못했어요. 후배 작가들이 신화

---

92 Stan Lee, "Foreword", in B. J. Oropeza (ed.), *The Gospel According to Superheroes: Religions and Popular Culture* (New York: Peter Lang, 2005). p.xii.

와 영혼의 차원을 좀 더 파고들었으면 합니다.[93]

　　이청준이 이해하는 신화는 앞서 언급한 도니거의 신화 정의와 크게 다르지 않다. 우선 이청준 문학의 주제가 나라와 백성이라는 집단을 바탕으로 하는 '이데올로기'의 문제라는 점에서, 공유하는 특정 집단이 있어야 성립하는 신화의 조건과 일치한다. 또한 이청준은 사회 집단의 의미와 가치가 부여된 사상체계인 '이데올로기', 일상적인 육체와 대비되는 영역이라 할 수 있는 '영혼'을 신화의 핵심으로 지목함으로써, 신화가 "속된 것과 전적으로 다른 것"으로 정의되는 성스러움을 다루는 이야기임을 시사한다.[94] 이 인용문에서 우리는 소설을 통해 신화를 계승하고 신화의 수준에 이르고자 하는 현대소설 작가의 갈망을 확인할 수 있다.

　　지금도 종교 신화의 주제와 내용이 반복되는 한국 현대소설의 사례들을 찾는 것은 어렵지 않다. 많은 작가들은 자신도 모르는 채 작품 속에 신화를 담고 있을 것이다. 하지만 자신의 작품이 신화를 계승하고 있음을 알고 있거나, 신화를 이어 가야 한다는 것을 인식하고 있는 작가들도 있다. 모든 소설이 신화의 주제와 내용을 공유한다고 할 수는 없겠지만, 우리 공동체가 공감할 수 있는 이야기이면서 인간의 종교적 심성을 파고드는 현대소설은 지금도 계속 발표되고 있다. 인간의 근원적 갈망과 지향성에 관심을 기울여 온 종교학이 신화

93　최재봉, 「"내 문학 주제는 '백성과 나라'였어요": 이청준 인터뷰」, 『한겨레』, 2007년 11월 27일.
94　엘리아데의 성스러움 개념이다. Eliade, *The Sacred and the Profane*, p.11; Eliade, *Patterns*, xviii, p.13 등 참조.

를 연구하는 것은 물론 신화를 계승하는 문학작품에 관심을 갖는 것은 당연한 일이다. 따라서 현대소설에 담겨 있는 신화의 유산을 찾아내는 일 역시 종교학자들이 감당해야 할 몫일 것이다.

② 한강의 소설 『채식주의자』에 나타나는 신화적 세계

자신은 이르지 못한 "신화와 영혼의 차원"을 후배들이 더 깊이 파고들었으면 좋겠다던 이청준의 기대에 가장 가까운 작품 중 하나가 한강의 『채식주의자』(2007)라고 할 수 있을 것이다. 굳이 세계적으로 권위 있는 문학상인 '맨부커 인터내셔널(Man Booker International Prize)' 수상작이라는 것을 언급하지 않더라도, 나는 한강이 이 책에서 선배 작가들보다 더 깊은 신화적 상상력과 치밀한 구성력을 보여 준다고 본다. 무엇보다도, 『채식주의자』에는 독자들이 묘한 관능적 매력과 팽팽한 긴장감을 느끼게 하는 힘이 있다. 독자들을 작품이 만들어낸 세계 속으로 끌어들이는 흡입력이 있다는 점에서, 이 소설은 신화가 종교적 인간에게 했던 것과 같은 기능을 독자들에게 제공하고 있다고 할 수 있다. 엘리아데는 많은 현대인들이 소설을 읽으면서 종종 역사적이고 개인적인 시간에서 벗어나 신화적이고 초역사적인 시간으로 들어가는 경험을 한다고 지적하며, 문학이 신화와 유사한 기능을 수행할 수 있다고 주장한 바 있다.[95] 하지만 이 논문에서 나는 『채식주의자』의 신화적인 힘이나 기능에 대한 논의는 배제하고, 그 주제와 내용이 신화와 연결되는 지점들에 주목하고자 한다.

---

95 Mircea Eliade, *Myth and Reality*, translated by Willard R. Trask (New York: Harper, 1998 [1963]), p.192.

한강의 아버지인 작가 한승원은 딸의 작품이 보여 주는 세계가 신화적이라고 반복해서 언급한다. 그는 딸의 작품에 대해 평해 달라는 요청에 다음과 같이 답하였다.

> [『채식주의자』는] 어떤 새로운 신화적인 향기를 풍기고 있다. 누구의 세계도 흉내 내지 않고 저 혼자만의 세계를 가지고 있다. 다루는 인간이라는 문제, 딸이 주장하는 소설은 대답을 하는 게 아니고 독자에게 질문하는 것이다… [『채식주의자』의 세계는] 신화적인 분위기를 가지고 있다.[96]

> 강이는 진작 나를 뛰어넘었다고 생각한다… 둘 다 작품 경향이 공통적으로 신화에 바탕을 두고 있지만 내가 좀 더 리얼리즘 쪽이라면 강이의 세계는 훨씬 환상적인 세계, 나로서는 상상할 수 없는 세계다.[97]

한승원은 한강의 『채식주의자』가 신화적이라고 말하면서도, 이 작품에서 풍기는 신화적 향기가 어떤 것인지, 한강의 작품 경향이 어떤 면에서 신화에 바탕을 두고 있는지에 대해서는 설명하지 않는다. 한강의 작품 세계가 환상적이라고 말하기는 하지만, 리얼리즘적인 자신의 작품 역시 신화의 바탕을 두고 있다고 자평하는 것으로 보

96 김재선, 「한승원, "딸 한강은 나를 넘었다… 어린 시절 책에 묻혀 살아"」, 『연합뉴스』, 2016년 5월 17일.
97 신준봉, 「한강 아버지 한승원씨, "딸이 나를 능가, 최고의 효도"」, 『중앙일보』, 2018년 3월 13일.

건대, 환상적인 세계를 그리고 있다는 것이 곧 작품을 신화적이라고 평가할 수 있는 근거는 아님을 알 수 있다.

　　이제 『채식주의자』가 집요하게 파고드는 인간의 근원적 문제들이 신화의 원형적 주제들과 맞닿아 있다는 것을 살펴볼 것이다. 특히 '부조리한 현재를 벗어나 태초의 시간 및 형태로 회귀하기' 및 '죽음을 통해 새로운 존재로 다시 태어나기'라는 신화의 원형적인 주제들에 초점을 맞추어,[98] 『채식주의자』의 바탕이 되는 신화의 세계를 주목하도록 하겠다.

③ 태초로 회귀하는 신화

　　『채식주의자』에 나타나는 신화의 원형적 주제 중 첫 번째는 태초의 신화적 시간으로 회귀하려는 시도이다. 오랜 세월 동안 인간은 태초, 즉 지금과 다른 신화적 시간으로 돌아가는 것을 꿈꿔 왔다. 엘리아데는 헤르만 바우만(Hermann Baumann)의 연구를 근거로, 태초의 낙원 시대에 대한 아프리카 신화들이 다음과 같이 요약될 수 있다고 말한다.

　　그때 인간은 죽음을 알지 못했다. 인간은 동물의 언어를 이해했고 평화 속에서 그들과 함께 살았다. 인간은 전혀 일하지 않았으며 손만 뻗으면 풍부한 양식을 얻을 수 있었다. 어떤 신화적인 사건의 결과로 이 낙원 단계는 끝이 났고, 인류는

98　이 두 주제를 우주창조신화와 관련된 신화의 원형적 주제들로 분류하는 엘리아데의 신화 이론은 Eliade, *Patterns*, 11~12장과, Eliade, *Myth and Reality*, 2, 5장 등에서 찾을 수 있다.

우리가 오늘날 알고 있는 것처럼 되었다.[99]

태초의 낙원에서는 사람들이 죽지 않았다는 것과 별다른 노력을 기울이지 않아도 음식이 풍성했다는 것은 『구약성서』「창세기」의 에덴동산의 모습이기도 하다. 여기서 주목하고자 하는 태초의 특징은 "인간은 동물의 언어를 이해했고 평화 속에서 그들과 함께 살았다"는 것이다. 동물과 인간의 소통과 공존은 「이사야」에서 "이리가 어린 양과 함께 살며… 어린 사자와 살진 짐승이 함께 있어 어린 아이에게 끌리며… 어린 아이가 독사의 굴에 손을 넣는" 것으로 서술하는 낙원의 특징이기도 하다.[100]

C. S. 루이스(C. S. Lewis)가 『사자와 마녀와 옷장』(The Chronicles of Narnia: The Lion, the Witch and the Wardrobe, 1950)에서 보여 준 '나니아 나라' 역시 동물과 인간의 협력과 공존이 이루어지는 곳이다.[101] 소설의 주인공 네 남매가 옷장을 통해 들어간 이 신화적인 세계에서는 사자의 모습을 한 신이 인간과 직접 교류하며 역사에 개입하고, 동물과 인간이 힘을 합하여 근원적인 악의 세력에 맞서 싸우는 등, 인간이 살아가는 범속한 세상과는 다른 차원의 시간이 흐르는 곳이었다. 물론 나니아는 인간을 비롯한 모든 구성원의 치열한 노력을 통해 진정한 낙원이 되어 가는 곳이라는 점에서, 과거에 있다가 사라진 신화 속 낙원과는 기본적인 속성 면에서 차이가 분명하다. 그러나 기본적으로 나

---

99 엘리아데, 『신화, 꿈, 신비』, 79쪽.

100 [개역개정] 「이사야」 11:6-8.

101 우리말 번역본인 C. S. 루이스, 『나니아 연대기』, 햇살과나무꾼 역(서울: 시공주니어, 2005[1950-1956]) 시리즈를 참조했다.

니아는 태초의 낙원에서처럼 동물의 세계와 인간의 세계가 구별되어 있지 않은 곳이기도 하다.

역사시대 이전부터 사람들은 신화와 의례에서 인간과 동물의 연합이라는 주제를 다루어 왔다. 20세기 초 프랑스에서 발견된 대략 15,000년 전 구석기 시대 동굴벽화인 "레 트루아 프레르(Les Trois-Freres) 벽화"에서도 인간과 동물의 모습이 섞여 있는 "주술사" 그림을 찾을 수 있다. 시베리아나 북아메리카 샤먼들은 동물 가면이나 가죽을 뒤집어쓰고 사람들이 이해할 수 없는 소리를 낸다. 이들은 태초의 낙원에서 통용되던 인간과 동물 사이의 언어를 재생산하고자 하는 것이다. 인간의 타락 이후 상실된 동물과 대화하는 법을 되찾음으로써 태초로의 회귀를 상징적으로 표현한다.

> 동물들과 우정을 나누는 것, 그들의 언어를 아는 것은 낙원 신드롬을 구현하는 것이다. 태초의 때 이전에 이 우정은 태초의 인간 조건을 구성하는 것이었다. 샤먼은 태초의 낙원 상황을 부분적으로 되찾는데, 이것은 동물의 본능적인 특성 회복과 동물 언어(울음소리의 모방) 덕택이다.[102]

동물의 언어를 구사한다는 것은 지금은 상실된 태초의 지혜나 본원적 순수함을 회복하는 것이기도 하다. 루이스의 『나니아 연대기』 시리즈 중 첫 작품 『사자와 마녀와 옷장』에서 네 남매는 나니아에 처

---

102 엘리아데, 『신화, 꿈, 신비』, 83-84쪽.

레 트루아 프레르 벽화의 일부

음 들어갔을 때 동물들이 말을 하는 것을 보고 깜짝 놀라는데, 『캐스피언 왕자』(*The Chronicles of Narnia: Prince Caspian*, 1951)에서는 다시 나니아로 돌아간 남매들이 동물들이 말을 못 하게 된 것을 보고 크게 실망한다. 나니아가 타락하면서 상실한 본원적인 순수함이 동물들과 의사소통이 불가능해진 상황으로 묘사된 것이다.

　　모든 신화가 동물과 소통하는 태초의 근원적인 능력을 회복의 대상으로 보는 것은 아니라는 점을 주의해야 할 것이다. 현 세상의 질서나 문명의 위대함을 강조하는 신화들은 인간의 영역이 다른 모든 존재의 영역과 구별된 상황을 정상적이라고 판단한다. 예컨대 제주도 신화 「천지왕본풀이」에서는 인간과 동물, 식물이 분명히 구별되지 않았던 태초가 무질서했던 때로 그려진다. "초목과 새, 짐승들이 말을 하여 세상은 뒤범벅"인 상황은, 귀신이 살아 있는 사람들에게 간섭하고, 역적, 살인, 도둑, 간음이 퍼져 있는 것과 다를 바 없이 "질

서가 말이 아니었"다고 보여 주는 것이다.[103]

그러나『채식주의자』의 주인공 '영혜'에게 동물과 인간이 평화롭게 공존한 대초의 모습은 극복의 대상이 아닌 동경과 회복의 대상이다. 폭력과 위선이 가득한 세상으로부터 벗어나고자 하는 영혜의 갈망은, 생명체를 죽여서 이를 음식으로 섭취하는 것을 끔찍하게도 싫어하게 되는 것으로 출발한다. 한강은 모든 육식을 거부하고 나아가 자신이 식물이 되고자 하는 영혜의 모습을 통해, 태초의 신화적 시간으로 돌아가고자 하는 종교적 인간의 몸부림을 재현한 것이다. 한강의 소설에서 영혜가 태초 회귀를 갈망하는 모습은, 「銀魚」와 「은어낚시통신」에서 윤대녕이 묘사했던 막연한 시원(始原)으로의 회귀 시도에 비해 구체적이고 집요하다.[104] 또한『채식주의자』의 영혜는 식물로의 회귀를 갈망한다는 점에서 동물과의 평화로운 공존 및 소통을 회복하는 것을 목표로 하는 신화나 의례보다 한 걸음 더 나아갔다고 평가할 수 있다. 인간은 식물이 아닌 동물이기에, 식물과의 유기적 연결이 더 어려울 수밖에 없다. 연대기적으로도 식물은 동물보다 앞선다. 진화론적 관점에서 말하자면 식물이 동물보다 먼저 생겨났고, 유대-그리스도교 창조론에서도 식물이 창조된 후에 동물이 창조되었다. 인간이 식물로 다시 태어난다는 것은 더 멀고 더 근원적인 존재로 돌아가는 것이다.

유기쁨은 「브리하다란야까 우파니샤드」의 "나무나 사람이나 마찬가지니…"라는 구절과 초목에도 불성이 있고 초목이 성불도 가

103 현용준, 「제주도 신화」(서울: 서문당, 1976), 19쪽.
104 윤대녕, 「은어낚시통신」(파주: 문학동네, 2010[1994]), 7–34쪽, 71–110쪽.

능하다는 중국 삼론종(三論宗) 승려인 길장(吉藏)의 말 등에 주목하여, 힌두교와 불교 전통에 식물과 인간을 포함한 우주의 모든 것이 서로 연결되어 있다는 "유기체적인 세계관"이 자리하고 있다고 지적한다.[105] 사실 힌두교와 불교를 비롯한 수많은 지역과 문화들에서 전해져 온 신화를 통해 인간과 식물의 밀접한 관계나 유기적 연관성을 강조하는 사고를 찾을 수 있다. 우리나라의 「천지왕본풀이」에 태초에는 동물뿐 아니라 식물도 말을 해서 인간과 소통할 수 있었다는 생각이 나타난다는 것은 앞에서 확인했다. 엘리아데는 식물에서 인류가 생겨났다는 내용의 신화들이나 인간과 초목이 순환하는 내용의 신화들을 여러 편 제시하며, 이 신화들에는 인간과 식물이 유기적으로 연결되어 있다는 사고가 깔려 있다고 설명한 바 있다.[106] 예컨대, 사람이 죽은 자리에서 꽃이 피어났다는 이야기들은 우주 속에서 사람의 생명과 식물의 생명이 하나를 이루고 순환한다는 생각에 기반을 두고 있는 것이다.

『채식주의자』가 식물로의 회귀 신화를 담고 있다는 것은 주인공 영혜가 나무가 되려고 한다는 점에서 가장 분명하게 드러난다. 영혜에게 나무가 된다는 것은 폭력과 살해, 억압과 위선이 만연한, "오늘날 알고 있는" 이 세계를 벗어나 다른 존재가 되는 것을 의미한다.[107] 아버지와 남편으로 대표되는 이 세계의 사람들은 다른 존재가 되고자 하는 영혜의 갈망을 도저히 이해하지 못한다. 영혜의 아버지

105 유기쁨, 『생태학적 시선으로 만나는 종교』(오산: 한신대학교출판부, 2013), 44–45, 107–109쪽.
106 Eliade, *Patterns*, pp.300–306.
107 엘리아데, 『신화, 꿈, 신비』, 79쪽.

는 일상적으로 사용하는 폭력을 당연하게 여기는 사람이다. 만만하고 어린 둘째 딸 영혜를 종종 때렸던 아버지는 월남전에 참전하여 수많은 베트콩을 쏴 죽였다는 것을 자랑스럽게 떠벌리며, 영혜를 물었던 개를 오토바이에 매달아 끌고 다녀 죽인 다음, 아무렇지도 않게 조리해 먹는다. 아버지는 채식을 고집하는 영혜의 입에 탕수육을 억지로 집어넣고, 영혜는 칼로 자신의 손목을 베어 자살을 기도함으로써 저항한다(45-51쪽). 영혜의 남편은 이 세상의 기준을 적당히 충족시키는 동시에 자신을 중심으로 삶의 영역을 구성하려 하는, 오늘날 흔히 만날 수 있는 평범한 사람이다. 경쟁이 심한 대기업 대신 자신의 능력으로 감당할 수 있을 만한 중견기업에 들어가서 윗사람들한테 잘 보이려고 노력하여 자신의 위치를 확보하고자 하는 사람이다. 그에게 진심 어린 사랑은 중요하지 않다. 영혜와 결혼한 이유는 작은 성기로 인한 자신의 콤플렉스마저 그녀에게는 별 문제가 되지 않을 법한, 만만하게 보이는 여성이었기 때문이었다. 그러나 남편과 같은 평범한 사람은 부조리한 이 세상의 존재로 살아가는 것을 견디지 못하고 태초로 돌아가고자 하는 아내를 이해할 수 없다. 영혜는 꿈에서 "커다랗고 시뻘건 고깃덩어리들이 기다란 대막대들에 매달려 있는" 모습, 자신이 "입고 있던 흰옷이 온통 피에" 젖은 모습, 그리고 "한편에선 고기를 굽고, 노랫소리, 즐거운 웃음소리가 쟁쟁"한 장면을 보고는 더 이상 모든 육식을 할 수 없게 된 것을 남편은 받아들이지 못한다(18-19쪽). 영혜는 폭력, 위선, 억압이 일상화된 세상 속에서 소통하지 못한 채 살아가고 있었던 것이다.

　　영혜가 현실의 억압에서 벗어나 태초로 회귀하여 나무가 되려는 시도는 다양한 형태로 나타난다. 그녀가 계속해서 햇빛 아래에 가서 가만히 있거나 비를 맞고 있는 모습은, 나무가 광합성을 하고 수분을 흡수하는 모습과 유사하다. 3부 「나무 불꽃」에서 영혜는 마치 자신이 식물인 것처럼 말한다. "나, 몸에 물을 맞아야 하는데. 언니, 나 이런 음식 필요 없어. 물이 필요한데"(180쪽). "밥 같은 거 안 먹어도 돼. 살 수 있어. 햇빛만 있으면"(186쪽). 인간은 모든 음식을 다른 존재에 대한 폭력과 살해의 과정을 통해 마련한다. 반면 햇빛과 비가 있으면 살 수 있는 나무는 생명의 유지를 위해 폭력과 살해를 필요로 하지 않는다. 그래서 영혜에게 "세상의 나무들은 모두 형제 같아" 보이는 것이다(175쪽). 또한 영혜가 병원이나 숲에서 계속해서 물구나무를 서는 것도 나무가 되려는 노력의 일환이다.

> 난 몰랐거든. 나무들이 똑바로 서 있다고만 생각했는데… 이제야 알게 됐어. 모두 두 팔로 땅을 받치고 있는 거더라구… 꿈에 말이야. 내가 물구나무서 있었는데… 내 몸에서 입사귀가 자라고, 내 손에서 뿌리가 돋아서… 땅속으로 파고들었어. 끝없이, 끝없이… 사타구니에서 꽃이 피어나려고 해서 다리를 벌렸는데, 활짝 벌렸는데… (179-180쪽)

폭력의 기억들을 꿈을 통해 확인하던 영혜는 이제 나무가 되는 꿈을 꾼다. 땅 속 깊이 뿌리를 내리고, 몸에서 잎사귀가 자라고, 사타구니에서 꽃이 피어나는 이 꿈에서 영혜는 나무로 새롭게 태어난다.

2부 「몽고반점」에서 영혜는 식물과 인간이 구별되지 않았던 태초의 흔적을 지닌 사람으로 그려진다. 영혜의 왼쪽 엉덩이 윗부분에 찍혀 있는 몽고반점은 "태고의 것, 진화 전의 것, 혹은 광합성의 흔적 같은 것을 연상"시키며, 영혜에게 성적인 욕망을 품고 있던 형부에게도 그것은 "식물적인 무엇으로 느껴진다"(101쪽). 어찌 보면 어른이 되어서도 몽고반점이 있다는 것은 태초의 흔적을 고스란히 담고 있는 사람이라 볼 수 있다. 어린아이가 되는 것은 나무가 되는 것과 유사하게 표현된다. 영혜는 태초의 모습을 지닌 사람이고 그래서 갓난아이의 체취를 갖고 있다고 표현된다(143쪽).

형부는 영혜의 태초의 모습을 알아보고 여기에 끌린 사람이라고 할 수 있을 것이다. 영혜의 몸에 꽃을 그리면서 형부는 그녀를 태초의 신성을 잃어버린 이 세상에서는 만날 수 없는 낯선 존재이자 이 세상과 구별된 성스러운 존재로 인식한다. 그에게 영혜는 "어떤 성스러운 것, 사람이라고도, 그렇다고 짐승이라고도 할 수 없는, 식물이며 동물이며 인간, 혹은 그 중간쯤의 낯선 존재처럼 느껴졌다"(107쪽). 몸에 식물이 그려지면서 영혜는 사람, 동물, 식물의 존재 양태가 구별되지 않고 섞여 있던 신화 속 태초로 돌아가고 있던 것이다. 몸에 꽃을 그린 상태에서 영혜와 형부가 성관계를 갖는 것은 이전의 존재로부터 벗어나기 위한 과정이다. 남편의 "땀구멍 하나하나에서" 고기 냄새가 나기 때문에 성관계를 피했던 영혜가(24쪽) 성적인 욕망을 갖게 되는 것은 형부의 비디오아트 촬영을 위해 몸에 꽃 그림을 그리고 역시 몸에 꽃을 그린 남자 상대를 보았을 때였다. 상대 남자와의 촬영이 중단된 후, 영혜는 "그 사람 몸에 뒤덮인 꽃" 때문에 못 견디게 성욕이 일어났다고 말한다(131쪽). 형부는 자기 몸에 꽃을 그리고 처제인 영혜와 성행위를 한다. 이들의 성관계가 녹화된 비디오를 보고 배신감에 휩싸여 이혼했던 영혜의 언니는 시간이 흐른 뒤 다음과 같이 회상한다.

> 그녀[영혜 언니]는 덩굴처럼 알몸으로 얽혀 있던 두 사람의 모습을 떠올린다. 그것은 분명히 충격적인 영상이었지만, 이상하게도 시간이 흐를수록 성적인 것으로 기억되지 않았다. 꽃과 잎사귀, 푸른 줄기들로 뒤덮인 그들의 몸은 마치 더 이상 사람이 아닌 듯 낯설었다. 그들의 몸짓은 흡사 사람에서 벗어나오려는 몸부림처럼 보였다. (218쪽)

식물로 분장한 두 사람의 결합은 인간이라는 존재 양태에서 벗어나 식물이 되고자 하는, 태초로 회귀하기 위한 의례로 묘사되고 있다. 작품 속에서 가장 충격적인 사건으로 꼽을 만한 이 성행위가 사실은 인간에서 벗어나오려는 가장 처절한 의식이었던 것이다.

④ 죽고 새로운 존재로 다시 태어나는 신화

『채식주의자』에서 발견할 수 있는 두 번째 신화적 주제는 이전의 존재로부터 벗어나 새로운 존재가 되고자 하는 시도이다. 이는 첫 번째 주제와도 밀접하게 관련되어 있는데, 주인공 영혜가 나무가 되고자 하는 것은 곧 현재 자신의 삶의 무의미를 벗어난 새로운 존재가 되기를 갈망하는 것이기 때문이다. 아주 오랜 옛날부터, 세계의 각 문화권의 신화들 속에서 많은 신들과 영웅들은 죽음을 통해 새롭게 태어나는 것으로 그려졌다. 신화의 주인공들이 새로운 존재가 되기 위해서는 이전의 존재와 결별해야 하는데, 이것은 이전 존재의 죽음을 의미한다. 그리스도교에서 예수 그리스도의 죽음과 부활에 대한 믿음을 통해서나 세례를 통해서 신자들의 이전 존재가 죽고 새로운 존재로 거듭나야 한다고 말하는 것도 같은 맥락이다. 영화《반지의 제왕》의 예를 들어 설명하자면, '회색의 마법사'가 죽지 않으면 '흰색의 마법사'로 다시 태어날 수 없다. '간달프'는 원래 '회색의 마법사'였지만 악마 '발록'과 싸우다가 죽었기 때문에 최고 지위의 마법사인 '흰색의 마법사'가 될 수 있었던 것이다.

영웅이 실제로 죽는 것으로 묘사되건, 죽음과 관련된 다양한 상징의 형태를 경험하는 것으로 그려지건 간에, 신화 속에서 새로운 존재가 되기 위해서는 어떤 방식으로든 죽고 다시 태어나는 과정이 필수적이다. 이러한 죽음은 때때로 극도의 고통을 수반한다. 근대 이전 여러 종교 전통들이 입문의례(initiation, 또는 입사식) 과정에서 공동체의 일원으로 가입하는 사람들에게 고문을 가했던 것 역시 상징적인 죽음을 부과한 것이다. 엘리아데는 입문의례의 가장 중요한 의미를 "시련과 상징적 죽음을 통해 다시 태어나는 것"이라고 설명하며,[108] 종교적 인간에게 고통과 죽음은 새로 태어나기 위한 필수적인 조건이라고 주장한다.

정신적 고통과 마찬가지로 육체적 고통은 모든 가입의례에

108 Eliade, *The Sacred and the Profane*, p.187.

필요불가결한 고문과 유사하다… 다시 태어나려면, 즉 치유
되기 위해서는 어떤 것이 '죽어야만' 했다. 이전의 자신과 세
속적인 조건은 죽었다.[109]

　여기서 죽음 또는 죽음에 준하는 고통은 새로운 존재가 되기
위해 반드시 거쳐야 하는 통과 단계이다. 아놀드 방 주네프(Arnold van
Gennep)의 고전적 통과의례 이론을 빌려 설명하자면, 원래 A라는 존재
영역에 있던 사람이 새로운 존재 영역인 B로 들어가기 위해서는 일
단 A로부터 떨어져 나오는 **분리**(separation)가 일어나야 한다. 이전 존
재와 분리했다고 바로 새로운 존재가 되는 것이 아니라, A도 아니고
B도 아닌 단계인 **전이기**(transition)를 거쳐야 한다. 이 사람은 전이기를
거치며 극심한 혼란과 고통을 통해 새로운 힘과 지위를 부여받아야
만 비로소 B의 영역이라는 새로운 지위에 **통합**(incorporation)될 수 있는
것이다.[110]

　세계 각 지역의 사람들은 오래전부터 성숙과 성장, 새로운 탄
생을 위해서는 반드시 죽음이나 시련을 거쳐야만 한다고 생각했다.
그리스 신화에서 헤라클레스는 온갖 시련으로 가득한 삶을 살다가
비극적인 죽음을 맞는다. 그러나 그의 죽음은 올림푸스의 신이 되기
위해 거쳐야 하는 필수적인 과정이었다. 그가 죽지 않았으면 단순히
힘만 센 사고뭉치로 남았겠지만, 죽음을 거친 후 고대 그리스 사람들

109 엘리아데, 『신화, 꿈, 신비』, 254쪽.
110 Arnold Van Gennep, *The Rites of Passage*, translated by Monika B. Vizedom &
　　Gabrielle L. Caffee (Chicago: University of Chicago Press, 1960[1909]), pp.1–12.

이 가장 좋아하는 신의 지위에 오르게 된 것이다. 제주도 신화 「차사본풀이」에서 주인공 '강님'의 죽음은 비극이 아닌 희극의 상황으로 묘사된다.[111] 이 신화는 그의 죽음보다 그가 저승의 신이 되는 과정에 중점을 두고 있기 때문이다. 고전소설 『심청전』에서 '심청'이 인당수에 빠지는 장면은 분명 비극적이라고 할 수 있다. 하지만 심청은 죽었다가 다시 살아나 완전히 새로운 존재가 되기 때문에 이 소설 전체의 내용은 비극적이지 않다. 무기력한 가난뱅이에서 벗어나 왕비라는 새로운 존재가 된 심청은 뱃사람들과 자신의 아버지를 구원하며, 수많은 사람들에게 긍정적인 영향을 끼친다. 심청이 먼저 인당수에 빠지지 않았다면 새로운 존재가 될 수 없었다.

우리나라 무속신화 「바리공주」의 주인공 바리공주는 온갖 고난을 겪고 죽음의 영역인 저승에 다녀오는 것으로 죽음을 대신한다. 그녀는 아버지를 살릴 약을 구하기 위해 저승으로 여행을 가서 온갖 고행을 견디고 무장신선의 아내가 되어 살다가, 달리 말해 저승에 속한 사람이 되었다가, 사람을 살리는 꽃과 약수를 가지고 이승에 돌아와 죽은 아버지를 살려 낸다. 죽은 사람을 살리는 것은 인간이 할 수 없는 일이다. 바리는 신의 지위에 올라, 저승을 관장하며 무당의 제향을 받는 무신(巫神)이 된다. 제주도에서 전해져 온 신화에도 무조신(巫祖神) 젯부기 삼형제, 농신(農神) 세경 자청비, 서천꽃밭 꽃감관 할락궁이 등, 문자적인 의미의 죽음 대신 죽음을 상징하는 시련과 고난을 이겨 낸 다음, 신의 지위에 오르는 주인공들이 등장한다.

111 현용준, 『제주도신화』(서울: 서문당, 2005[1976]), 128쪽 참조.

죽음을 경험한 후 새로운 존재로 다시 태어나는 신화의 모티프는 최근에 만들어진 문학이나 영화작품에서도 계속 반복된다. 예를 들어, 소설 『트와일라잇』(*Twilight*, 2005)이나 『렛미인』(*Låt den rätte komma in*, 2004) 등에는 뱀파이어들이 아름답고 완벽한, 성스러운 존재로 그려진다. 사람들은 종종 뱀파이어가 되고 싶어 하며, 뱀파이어에게 자신을 한 번 물어서 그들과 같이 되게 해 달라고 요청하기도 한다.[112] 세월의 흐름 속에서 늙어 가고 결국 죽을 수밖에 없는 인간이라는 이전의 존재가 죽는 과정은 엄청난 고통을 수반하지만, 곧 원래의 인간 존재는 사라지고 노화로부터 자유로운 영생불사의 존재로 새롭게 태어난다. 현대인들이 열광하는 영화나 만화의 주인공 '슈퍼히어로(superhero)'들도 전통 신화의 신이나 영웅들처럼 종종 엄청난 고통과 상징적인 죽음을 경험한 후에 영웅의 지위에 오른다. 평범한 모범생 '피터 파커'는 거미의 유전자가 몸속에 들어와 초능력을 갖게 되자마자 도시의 사람들을 구해 내는 정의의 영웅이 된 것이 아니다. 잡을 수 있었지만 그냥 보내 주었던 악당이 파커를 키워 준 삼촌을 살해한 후에야 고뇌와 괴로움을 극복하고 스파이더맨이 될 수 있었다. 삼촌의 죽음은 '평범한 소년'이라는 옛 존재의 죽음을 상징하는 것으로 해석될 수 있다. 부모의 죽음 앞에서 무기력했던 소년 '브루스 웨인' 역시, 집을 떠나 극심한 고통을 수반한 훈련을 거치고 나서야 배트맨으로 활동할 수 있게 된다.

---

112 스테프니 메이어, 『트와일라잇』, 변용란 역(서울: 북폴리오, 2008[2005]), 29, 95, 160-161, 296, 468쪽; 욘 A. 린드크비스트, 『렛미인』 1, 최세희 역(파주: 문학동네, 2009[2004]), 173, 242-243, 265, 341쪽.

영혜가 새로운 존재가 되는 과정도 극심한 고통을 수반한다. 나무가 되려는 과정의 고통은 말할 것도 없으려니와, 우선 채식주의자 되는 것도 결코 쉽지 않았다. 영혜는 나무가 되고자 하는 노력을 시작하기 전, 마치 계시처럼 꿈을 통해 생명체에서 생명을 박탈하고 그것을 먹는 인간의 폭력성을 적나라하게 인식한다(18-19쪽). 남편과 부모를 비롯한 모든 사람들로부터 고립되고, 일상으로부터 분리된다. 폭력과 살해가 이 세상의 작동 방식의 근간이 된다는 것을 깨닫게 된 후에는 평범해 보이는 일상들이 견딜 수 없도록 혐오스럽게된다. 고기를 먹는 사람의 몸 "땀구멍 하나하나에서" 고기 냄새를 맡고(24쪽), 지금까지 먹어 온 고기 때문에 가슴에 목숨들이 걸려 있는것을 느끼는 등(61쪽), 그녀가 채식을 할 수밖에 없는 조건이 형성된다. 그러나 정육점을 지날 때 입술에 침이 흘러나오고(42쪽) 작은 동박새를 잡아 물어뜯는 행위에서(64-65쪽) 볼 수 있듯이, 채식주의자라는 새로운 존재가 되는 일은 단숨에 이루어지지지 않는다. 젖가슴 외에는 몸의 모든 부분이 폭력과 살해의 도구가 될 수 있다고 생각하며, 눈을 뜰 때는 "내 손톱이 아직 부드러운지, 내 이빨이 아직 온순한지" 계속 확인해야만 한다(43쪽).

새로운 존재가 되는 과정에서 겪는 고통보다 먼저 이루어져야 하는 것은 이전의 존재와의 분리이다. 자신의 현 존재에서 벗어나기 위해서는 우선 현재의 삶의 본질을 제대로 알아야 한다. 영혜는 꿈을 통해 오랜 시간 동안 생명을 죽여서 섭취해 온 자신에게도 폭력의 흔적들이 남아 있다는 것을 깨닫게 된다. 영혜는 "자신의 뱃속 얼굴"이 꿈 속에 보이는데 이것을 "피웅덩이에 비친 얼굴"이라고도 표현하였다(143쪽). 자신의 모습에서 폭력적으로 살인을 저질러 온 인간의 모습을 깨닫는 것이다. 이런 점에서 영혜는 인간의 비참한 모습을 보고 눈을 뜬 사람, 다른 사람의 생명에 의존해 내 생명을 이어 가야 하는 것을 너무 당연하게 생각하고 정당화하는 인간 존재의 폭력성에 눈을 뜬 사람이라고 할 수 있다. 영혜의 꿈은 다른 인간들은 모르는, 감춰진 세계를 계시처럼 보여 주는 역할을 한다. 종교적 성자가 우주와 인간의 본질에 대한 깨달음을 얻듯, 영혜는 꿈을 통해 숨겨지고 무시되어 온 인간의 모습을 자각한다. 영혜의 꿈에서는 삶과 꿈, 삶과 죽음의 경계가 모호하게 그려진다는 점도 주목할 만하다. 영혜가 꿈을 통해 계시를 받은 이후에는 살아 있으면서 식물이 되고자 했고, 그 과정에서 자신의 삶이 절대적인 의미를 지닌 것이 아님을 깨닫게 된다. 꿈이 꿈으로만 끝나는 것이 아니라 꿈을 통해 영혜는 현실에 대한 비전(祕傳)의 지혜를 얻고 현실의 참 모습을 보게 되었다. 감춰진 본질을 보게 만드는 것이 꿈이었던 것이다.

영혜가 계속 옷을 벗는 행위는 이전의 존재와 결별하고 옷을 입지 않았던 태초의 신화적 시간으로 돌아가는 첫걸음이다. 영혜는 브래지어를 착용하지 않은 채 속이 다 비치는 옷을 입는 데에서 시작하여, 종종 사람들 앞에서도 상의를 벗고, 나중에는 가능하면 옷을 입지 않고 지낸다. 새로운 존재가 되기 위해서는 이전에 입던 옷을 벗어서 예전의 모습과 결별을 선언해야 한다. 인도에서는 깨달음을 얻으러 숲에 들어가는 사람들이 속세에서 입었던 옷을 벗어야 했다. 부처는 깨달음을 얻기 위해서 숲으로 들어가기 전에 왕궁에서 입었던 옷부터 벗었다. 스님이 되기 위해서는 속세의 옷을 벗고 승복을 입어야 한다.

　나아가 영혜가 옷을 벗고 젖가슴을 드러내는 것은 그녀가 폭력의 세계에 맞서는 방식이기도 하다. 여기에서 젖가슴은 비폭력의 상징이다. 젖가슴은 주먹이나 팔꿈치처럼 무기로 사용될 수 없는 것이고, 전혀 딱딱하지도 않으며, 사람을 살리고 먹이기 위한 목적, 생명을 키우기 위한 목적으로 존재하는 것이기 때문이다. 영혜는 "내가 믿는 건 내 가슴뿐이야. 난 내 젖가슴이 좋아. 젖가슴으론 아무것도 죽일 수 없으니까"라고 말한다(43쪽). 폭력과 가장 거리가 먼 젖가슴이야말로 생명체의 목숨을 빼앗고 그것을 먹는 것이 일상화된 세상 앞에서 그나마 고개를 들 수 있는 자산이 될 수 있는 것이다.

　다시 말하거니와 이전 존재로부터 벗어나와 새로운 존재가 되기 위해서는 이전의 존재가 죽어야만 한다. 3부 「나무 불꽃」에서 영혜는 죽음을 거부하지 않는다. 이 죽음은 누구로부터도 이해받지 못하는 고독한 과정이다. 새로운 존재가 되기 위해 죽음을 받아들이고자 하는 영혜를 이해하는 사람은 없다. "언니도 똑같구나… 아무도 날 이해 못해… 의사도, 간호사도, 다 똑같아… 이해하려고 하지도 않으면서… 약만 주고, 주사를 찌르는 거지"(190쪽). 언니도 영혜를 이해하지 못한다. 언니는 잎으로 광합성을 하고 뿌리로 물을 흡수하며 샅으로 꽃을 피우는 나무가 된 동생을 떠올리면서도 동생의 죽음을 여전히 받아들일 수 없다.

하늘에서 빛이 내려와 영혜의 몸을 통과해 내려갈 때, 땅에서
솟아나온 물은 거꾸로 헤엄쳐 올라와 영혜의 샅에서 꽃으로

피어났을까… 넌 죽어가고 있잖아… 그 침대에 누워서, 사실
은 죽어가고 있잖아. 그것뿐이잖아. (206-207쪽)

   그러나 영혜는 죽음을 새로운 존재인 나무가 되기 위한 과정
으로 자연스럽게 받아들인다. 자신의 죽음을 염려하는 언니에게 영
혜는 "왜, 죽으면 안 되는 거야?"라고 반문한다(191쪽). 이 죽음은 생물
학적 인간으로 산다는 것에서 벗어나려는 노력으로 해석할 수 있다
(204쪽).
   영혜가 죽음을 받아들이는 과정은 무의미한 삶이 죽음과 다를
바 없다는 것을 깨닫는 과정이기도 하다. 영혜가 나무가 됨으로써 달
성하고자 했던 새로운 존재는 다른 생명을 죽여서 자신의 생명을 유
지해 가는 무의미한 삶의 과정에서 벗어난 존재이다. 영혜가 고기를
거부하고, 나아가 모든 음식을 거부하고 식물이 되고자 한 것은, 삶
속에서 너무나 당연시되어 온 무의미한 폭력과 살해를 거부하는 몸
부림들이다. 동생을 도저히 이해하지 못했던 영혜의 언니 역시 자신
의 삶이 무의미로 가득 차 있었음을, 그래서 살아 있다고 할 수 없다
는 것을 깨닫는다.

이 모든 것은 무의미하다. 더 이상은 견딜 수 없다. 더 앞으로
갈 수 없다. 가고 싶지 않다… 그녀는 이미 깨달았었다. 자신
이 오래전부터 죽어 있었다는 것을. 그녀의 고단한 삶은 연극
이나 유령 같은 것에 지나지 않았다는 것을. (200-201쪽)

영혜와 마찬가지로 언니의 삶도 무의미했다. 그는 생활력 있는 사람으로 살았지만 자신의 삶 속에서 의미를 찾지 못했다. 영혜는 삶의 무의미를 먼저 깨닫고 거기서 벗어나고자 하는, 고독하고도 힘겨운, 그래서 '영웅적'이라고 부를 수 있을 정도의 노력을 기울인 인물이다. 따라서 영혜의 이해받지 못하는 삶의 과정은 태초의 존재, 새로운 존재로 거듭나기 위한 고난의 통과의례 수행 과정이기도 한 것이다.

영혜가 결별하고자 하는 인간의 무의미한 삶은 작품 속에서 "진창의 삶"이라고도 표현된다(173, 204쪽). 신화에서는 "진창의 삶"이라는 한계에 맞서고, 때로는 뛰어넘는 주인공들이 영웅으로 그려진다. 현실의 모든 사람들이 영웅이 될 수는 없지만, 신화 속 주인공들의 모습은 "종교적 인간이 한계를 자각하고 그 너머를 갈망하는 모습"을 표상하는 것이다.[113] 영혜는 진창의 삶을 자각하고 그 너머를 향하는 분투를 경주한다는 점에서 신화 속 영웅의 후예이다. 또한 그녀의 경계 너머에 대한 지향을 통해 언니 역시 자신의 삶을 돌아보고 버텨 낼 수 있었다는 점에서도 그녀의 고독한 투쟁은 영웅적이다. 다른 사람을 진창 속에 두고 한계 너머의 세계로 건너가는 영웅의 행위가 무책임하고 이기적이라고 말할 수도 있겠지만, 한계에 맞서는 영웅은 절망과 무의미의 세계 속 평범한 사람들이 삶을 지탱하도록 해 주는 힘을 제공해 왔다. 『채식주의자』에서 언니가 볼 때 영혜는 "이 진창의 삶을 그녀[언니]에게 남겨두고 혼자서 경계 저편으로" 건너가고자 한

113 유요한, 『종교 상징의 이해』, 313쪽.

셈이다(173쪽). 언니는 동생이 무책임하다고 생각하기도 했지만, 그렇게 영혜가 경계를 뚫고 달려 나갔기 때문에 자신의 삶이 지탱될 수 있었고, 아픈 영혜가 토한 피는 자신의 가슴에서 터져 나와야 했을 것임을 이해하게 된다(220쪽). 경계를 넘는 사람을 통해 경계 내의 사람의 삶이 유지될 수 있는 것이다. 진창의 삶을 벗어나 경계를 넘으려는 영웅의 노력은 누군가의 삶을 지탱하도록 해 준다. 새로운 존재가 되려는 영혜의 시도는 신화 속 주인공들과 다를 바 없이 영웅적인 것이다.

⑤ "누구의 세계도 흉내 내지 않은 새로운 신화적 향기"

지금까지 『채식주의자』에 담긴 원형적인 신화 주제들을, 같은 주제를 공유하는 종교 신화 및 여러 대중문화예술과 비교를 통해 분석했다. 주인공 영혜는 폭력과 억압이 당연하게 여겨지는 일상을 벗어나, 동물과 인간이 평화롭게 공존할 뿐 아니라 식물과 인간의 생명이 유기적으로 연결되어 있던 신화적 태초를 회복하고자 했다. 나는 영혜가 채식주의자가 되고, 나아가 나무가 되고자 하는 처절한 노력을 '이전의 존재 양태는 죽고 새로운 존재로 거듭나고자 하는 시도'로 해석하고, 이는 인간이 오랜 세월 동안 신화를 통해 천착해 왔던 주제라는 것을 밝혔다. 나무가 되고 싶어 하는 영혜의 모습이 낯설어 보일 수도 있으나, 이는 인간의 생명이 초목에서 유래했고 또한 죽어서 초목이 될 수 있다는 신화적 사고를 계승하고 있다는 것도 확인했다.

앞에서 인용한 한승원의 인터뷰 중 『채식주의자』가 "어떤 새로운 신화적인 향기를 풍기고" 있으며 "누구의 세계도 흉내 내지 않고 저 혼자만의 세계를 가지고 있다"는 내용에 대해 다시 생각해 보

자. 한강 자신이 누구의 세계도 흉내 내려 하지 않았던 것은 사실일 것이다. 하지만 이 작품에 담긴 신화적인 향기가 정말 새로운 것이라고 말하기는 어렵다. 현대의 작가들이 이전의 창작자들이 구성해 놓은 세계를 의식적으로 흉내 내지 않더라도, 스탠 리가 말했던 것처럼 많은 사람들은 의도하지 않은 채로도 오랜 세월 반복되어 온 신화의 원형적 주제들을 작품 속에 다시 채용하곤 한다. 이 세상에서 우리가 끊임없이 폭력, 위압, 위선을 반복하며 살아가는 한, 인간이기에 어쩔 수 없는 한계로 제한된 세상에 사는 인간이 그 너머에 대한 갈망을 유지하는 한,『채식주의자』가 공유하는 신화의 주제들은 다시 등장할 수밖에 없다. 작품에서 풍기는 신화적인 향기가 내용과 별 상관이 없는 경우에도 마찬가지다. 책에서 손을 뗄 수 없게 하는 몰입감과 긴장감, 인간 본성을 관통하는 날카로운 통찰과 상상력, 간결하면서 서정적인 문체 등,『채식주의자』가 가진 여러 미덕 덕분에 독자들은 책을 읽는 동안 평범한 일상과 구별된 어딘가로 여행을 다녀오는 듯한 경험을 할 수도 있을 것이다. 그러나 이 경험 역시 새로운 것은 아니다. 위에서 말했듯이, 오랜 세월 동안 신화가 독점해 온 기능을 소설이 제법 효율적으로 감당하고 있는 정도인 셈일 것이다.

7장

결론:
현대사회의 종교와 교육,
그리고 종교학

이 책 맨 첫 장의 첫 단락부터, 나는 현대사회를 살아가는 우리에게도 종교가 여전히 중요하며 종교를 연구하는 종교학은 현대인에게 반드시 필요한 관점을 제공한다고 주장했다. 이는 이 책 전반을 관통하는 중요한 주제였다. 종교와 종교학이 중요하지 않다면, 3장에서 여러 종교들에 대해 설명할 필요가 무엇이었으며, 4장과 5장에서 종교학의 역사와 꽤 어려운 주요 이론들을 다룰 필요가 무엇이었겠는가. 지금까지 논해 온 바와 같이, 현대인들도 여전히 종교적인 속성을 가지고 있고 현대사회에서도 종교가 의미가 있는 것은 분명하다.

그러나 현대사회에서는 성스러움의 경험에 기반한 종교의 논리에 수용할 수 없는 부분이 적지 않은 것도 부인할 수 없는 사실이다. 특히 교육의 영역에서 양자의 갈등은 두드러진다. 우리나라에는 그리스도교나 불교 등 각 종교의 이상을 실현할 목적으로 세워진 종립(宗立) 중고등학교들이 많이 있지만, 각 종교의 성스러운 존재와 교류하는 방식을 따르도록 요구하는 것은 공교육의 원칙에 위배된다. 알랭 드 보통이 주장한 바와 같이, 종교의 기능이 교육의 영역에서 긍정적으로 작용할 수 있는 것은 분명하지만, 종교에 기반한 교육은 현대사회의 정교분리 원칙과 공존하는 것이 어려울 수밖에 없다. 종교적 경험에 기반한 교육이 현대인들에게 제공하는 유익이 크더라도 오늘날 현대의 원칙과 조화를 이루지 않는다면 소용이 없는 것이다. 이제 이 책을 마무리하는 마지막 장에서, 나는 현대사회에서 종교가 교육의 영역에 기여하기 위해서는 종교학의 역할이 분명히 요청된다는 것을 보이고자 한다. 종교가 현대사회의 일원으로서 기여하며 다른 요소들과 조화를 이루는 데 종교학의 중재가 필요하다는 것을 강조할 것이다.

　　이 장에서는 '성스러움의 경험'과 '한계의 자각과 극복'이라는 주제에 천착했던 엘리아데의 이론과 용어를 사용하여 논의를 전개할 것이다. 먼저 인간이 성스러움의 경험을 통해 한계를 극복하고 더 나은 존재가 되기 위해 노력해 온 모습들에 대해 기술하고, 종교와 교육은 둘 다 인간을 새로운 존재, 혹은 더 나은 존재로 만드는 것을 중요한 목표로 삼는다는 점을 보이도록 하겠다. 엘리아데는 종교와 교육의 접점에 대해 몇 차례 언급한 바 있다. 그는 인간이 자신의 한계를 자각하고 이를 극복하여 더 나은 존재가 되도록 하는 종교의 역할을 강조했다. 엘리아데에 따르면, 종교는 모범적인 본보기를 제공하고 이를 현실에서 재현하여 인간 존재를 변화시킨다는 점에서, 교육의 목적을 공유하며 교육과 같은 기능을 수행한다.[01] 그다음으로는 종교와 현대의 교육 사이에 존재하는 좁히기 어려운 간극에 대해 살펴볼 것이다. 종교가 인간을 더 나은 존재로 만들고자 하는 과정에 반드시 수반되는 종교 내부의 전제 때문에, 전통적인 종교의 교육 또는 수행의 이념이 현대사회에 수용될 수는 없다는 것을 설명하겠다. 또한 성스러움과 관련된 경험을 통해서 인간을 변화시키고자 하는 종교의 교육이 그릇된 목적을 가지고 이용될 때 발생할 수 있는 위험성을 다룰 것이다. 인간의 영역을 초월한 성스러움과의 관계를 절대적인 기준으로 삼아 더 나은 존재 여부를 판단한다면, 일상의 삶이 파괴되는 결과로 이어질 수 있다는 것을 지적하고자 한다. 이어서, 현대사회에서 종교의 기능이 긍정적으로 작용하기 위해 '종교학'적 관점이 필요하다는 점을 강조할 것이다. 정교분리를 원칙으로 하는 현대사회의 공교육 장에서는 종교의 가르침을 사실로 받아들이도록 하는 교육은 할 수 없게 되어 있지만, 여러 종교 전통들에 대한 객관적인 지식 함양을 돕는 종교학 교육은 허용된다. 종교학의 역할을 통해서, 종교가 제시해 온 전통적인 교육의 이념들을 현대사회에 적용할 방법이 모색될 수 있을 것이라 기대한다.

① 종교와 교육: 인간 변화의 추구

인간이 자신을 구성하는 조건과 한계 속에서 살아가야만 한다는 것은 너무나 당연한 일이다. 인간의 모든 조건들 중에서도, '시간'

---

01 Mircea Eliade, *A History of Religious Ideas Vol. 1: From the Stone Age to the Eleusinian Mysteries*, translated by Willard R. Trask (Chicago: University of Chicago Press, 1978 [1976]), p.xiii; Mircea Eliade, *Journal II 1957-1969*, translated by Fred H. Johnson Jr. (Chicago: University of Chicago Press. 1989[1973]), p.186.

은 인간이 도저히 넘을 수 없는 한계라 할 수 있다. 영화 《닥터 스트
레인지》(2016)의 주인공들은 엄청난 힘을 가진 초인들이다. 심지어 공
간을 변형하고 원하는 곳으로 순간 이동을 하는 능력도 지녔다. 영화
속에서 그들이 할 수 없는 일은 바로 시간을 초월하고 거스르는 것이
다. '닥터 스트레인지'의 스승인 '에인션트 원'이 늙지 않을 수 있었던
것, 그래서 죽지 않을 수 있었던 것은 우주에서 가장 강력한 초월적
존재인 '도르마무'의 힘을 빌렸기 때문에 가능했던 일이었다. 도교 전
통에서 늙지 않고 죽지 않는 신선은 시간의 흐름을 벗어나 성스러움
의 영역으로 들어간 존재이다. 다시 말해, 시간에서 벗어나는 것은 인
간이 살고 있는 조건하에서는 불가능한 일이라는 의미이기도 하다.

사실 아주 오래전부터 사람들은 자신들이 시간의 흐름 속에
있을 수밖에 없고 이것이 바로 인간의 다른 모든 조건들이 수렴하는
가장 근본적인 조건이라고 인식해 왔다.[02] 시간은 성스러움과 대비되
는 범속한 세상을 지배하는 원리라고 생각되기도 했다. 예를 들어 아
우구스티누스는 『고백록』(*Confessions*, 401)에서 시간의 속성에 대한 성
찰을 보여 준다. 그는 "시간은 존재하는 것이라기보다는, 비존재(非存
在)로 향해 가는 것"이라고 말했다. 그는 인간이 시간 속에 살아가는
반면, '영원'은 시간에 대비되는 것으로 신에게 속한 속성이라고 규정
한다. 아우구스티누스에 따르면, 과거의 시간은 이미 지나가서 존재
하지 않는 것이고, 미래의 시간은 아직 오지 않아서 존재하지 않는 것
이기에, 과거와 미래는 현재의 "기억"과 "미리 생각해 봄" 속에서 존재

---

02 이 절의 내용 중 일부는 유요한, 『종교 상징의 이해』, 193-212쪽에서 다루었던 시간의 종교적
    의미에 대한 내용과 중복된다는 것을 밝힌다.

한다. 그러나 현재는 항상 현재로 머물러 있을 수 없고, 과거가 되는 것을 멈출 수 없다. 그렇게 흐르지 않는 것은 이미 시간이 아니라 '영원'이기 때문이다. 또한 아우구스티누스는 현재가 항상 현재로 있는 영원은 신에게 속한 것이라고 말한다. 신의 날은 지나가는 '나날'이 아니라 항상 '오늘'이라는 것이다.[03]

이렇듯 '흐르는 시간'과 '영원'이라는 두 시간의 개념은 아예 공존할 수 없이 분리되었으나, 종교적 인간들은 '속'의 시간 속에 살면서 시간을 초월한 성스러움을 지향해 왔다. 종교를 통한 성스러움의 경험이 점점 줄어들고 있는 오늘날에도 시간의 초월을 향한 인간의 갈망은 어느 정도 남아 있을 것이다. 밀란 쿤데라(Milan Kundera)는 『느림』(La lenteur, 1995)에서 오토바이 폭주족들이 그토록 두려움 없이 위험한 질주를 하는 것은 바로 그들이 시간을 초월하는 경험을 하기 때문이라고 말한 바 있다.

> 오토바이 위에 몸을 구부리고 있는 사람은 오직 제 현재 순간에만 집중할 수 있을 뿐이다. 그는 과거나 미래로부터 단절된 한 조각 시간에 매달린다. 그는 시간의 연속에서 빠져나와 있다. 그는 시간 바깥에 있다. 달리 말해서 그는 엑스터시 상태에 있다. 그런 상태에서는… 두려울 게 없다. 두려움의 원천은 미래에 있고, 미래로부터 해방된 자는 아무것도 겁날 게

03 성 어거스틴, 『성 어거스틴의 고백록』, 김광채 역(서울: 기독교문서선교회, 2004[401]), 352-363쪽.

없는 까닭이다.[04]

쿤데라는 폭주족들이 죽음을 두려워하지 않고 속도를 내는 것은 잠시나마 "시간 바깥에" 있음으로써 시간을 초월하기 때문이라고 설명한다. 샤먼이 신과 교류하는 상태와 마찬가지인 엑스터시를 통해 잠시나마 맛보는 한계의 초월이라고 할 수 있다.

인간을 제한하는 조건들은 대개 시간에 의해 발생한다. 인간은 신체적이고 유전적인 특성, 사회 환경과 문화 이데올로기, 무의식, 역사, 개인 경험 등으로 조건 지어지는데, 이 모든 조건들을 가능하게 하는 것은 시간의 흐름이다. 그래서 엘리아데는 시간이 인간을 조건화된 존재로 만든다고 표현했다.[05] 하지만 범속한 일상에만 묻혀 사는 인간은 자신의 조건과 한계를 의식하기 어렵다. 인간이 우주 속에서 자신의 위치를 인식하고 그 한계를 절감하게 되는 것은, 시간을 초월하는 경험을 제공하는 신화와 의례를 통해 이루어지는 경우가 많다. 엘리아데에 따르면, 한계 상황은 곧 "우주 속에서 자신의 자리를 인식하게 되면서 인간이 발견하는 상황"인데, "신화와 의례는 항상 한계 상황을 인간에게 보여 준다."[06] 예컨대, 신화에는 인간이 창조된 이야기, 인간이 죽음을 피할 수 없게 된 이야기 등이 포함된다. 신화를 접하는 인간은 자신보다 더 큰 존재가 있다는 것, 그리고 죽음 앞에서 무기력하다는 것을 배우게 된다. 또한 사람들은 신에게 예배하

---

04 밀란 쿤데라, 『느림』, 김병욱 역(서울: 민음사, 2012[1995]), 6쪽.

05 Mircea Eliade, *Yoga: Immortality and Freedom*, translated by Willard R. Trask (Princeton: Princeton University Press, 1990[1954]), p.xvi.

06 Eliade, *Images and Symbols*, p.34.

고 조상을 기리는 의례에 참여할 때에도, 자신보다 더 크고 힘 센 존재를 인정한다. 신화와 의례를 통해 자신의 한계를 인식하고 인정하게 되는 것이다.

종교의 역할이 우리의 한계 상황을 분명히 보여 줄 뿐이라면, 인간에게 절망만을 안겨 주고 마는 셈이다. 종교는 한계 상황을 벗어날 해결책도 제시한다. 엘리아데는 거스를 수 없는 시간 속에 사는 인간은 "역사의 공포" 아래에 놓인다고 말한다. "역사의 공포"는 사람들이 시간이 지배하는 삶 속에서 부조리와 시련을 겪을 때 경험되는 두려움을 말한다.[07] 이때 "역사"는 시간 속에서 일어나는 일, 다시 말해 인간의 다양한 상황들을 가리키며, "역사적 상황"은 곧 "인간 조건 그 자체"라고 할 수 있다.[08] 하지만 인간은 자신의 존재를 규정하는 시간성의 불가항력과 공포를 인식하는 데 그친 것이 아니라, 우리가 '종교'라고 부르는 믿음, 행위, 공동체의 체계를 통해 이에 맞서는 방법들을 발전시켜 왔다.

동서양의 많은 종교들이 시간이라는 인간 조건에 대해 설명하고, 이를 극복하기 위해 노력해 왔다. 예컨대, 요가는 신체 수행, 호흡, 명상 등을 통해 시간 속의 인간이 그 한계를 맞서기 위해 개발해 낸 다양한 방식들을 아우른다. 엘리아데는 『요가』(Yoga)에서 인도인들이 시간성에 의해 구성되고 시간 속에 존재하는 것을 "마야(Maya)", 즉 실재가 아닌 환상이라고 불렀고, 이는 곧 시간과 역사 속에 있는 존재

07 Eliade, *Ordeal by Labyrinth*, pp.126, 128.
08 Mircea Eliade, *Shamanism: Archaic Techniques of Ecstasy*, translated by Willard R. Trask (Princeton: Princeton University Press, 1964[1951]), p.xvi; Eliade, *Images and Symbols*, p.58.

를 의미하기도 한다고 설명했다.[09] 요가 수행자들은 요가라는 창조적인 방법을 이용하여 시간성으로부터 해방되는 절대적인 자유를 달성하려고 한 것이다.[10] 엘리아데는 연금술사와 대장장이 역시 같은 맥락에서 이해해야 한다고 주장한다. 이들을 통해서 과학 기술의 진보가 이루어졌다는 점도 무시할 수 없지만, 그들이 "인간의 조건을 초월"하고자 하는 노력을 통해 "자유를 누리게 되었기" 때문에 더욱 주목할 만한 가치가 있는 것이다.[11]

다시 말하지만, 종교적 인간은 시간의 지배 아래 있는 이 세계 내에서 자신의 한계를 인식하고, 이를 초월한 차원으로 나아가는 길을 모색한다. 약 2,500여 년 전, 인도 북동부에 있었던 나라의 왕자였던 고타마 싯다르타라는 젊은이는, 경제적 조건은 물론 명예와 권력도 충분히 누릴 수 있는 지위에 있었지만 거기에 만족할 수 없었다. 시간 속의 존재인 인간들은 태어나면 늙어 가고 병에 시달리다가 결국 죽을 수밖에 없다는 것을 관찰했기 때문이다. 그는 시간 속의 세상에서는 모든 것이 고통이며, 변하지 않는 것이 없고, 본질이라고 할 수 있을 실체도 없다는 깨달음을 얻게 된다. 불교인들은 싯다르타가 시간의 원리를 초월한 존재인 부처님이 되어, 인간들이 고통과 무의미에서 벗어나 이상향인 열반에 이르는 길을 제시했다고 믿는다. 또한 자신들도 인간 세계의 원리를 초월한 열반에 이를 수 있을 것이라 생각한다. 엘리아데의 표현을 사용하면, 이들은 불교의 가르침과 신

09 Eliade, *Yoga*, p.xviii.
10 Eliade, *Yoga*, p.xix.
11 Mircea Eliade, *The Forge and the Crucible: The Origins and Structures of Alchemy*, translated by Stephen Corrin (Chicago: University of Chicago Press, 1978[1956]), pp.80, 129.

깨달음을 얻기 위해 수행하는 고타마 싯다르타

행(信行)을 통해 "특정한 상황들을 잊고 더 이상 일상의 초라하고 작은 우주가 아닌 다른 우주로" 들어가게 된 것이다.[12] 이것이 성스러움의 경험을 통해 시간을 초월하는 것, 더 나은 존재가 되는 것의 한 예라고 할 수 있다.

　　종교들은 인간이 성스러움의 경험을 통해 범속한 세계의 한계에 맞설 수 있도록 하는 다양한 방법들을 발전시켜 왔다. 그중에서도 신화와 의례는 종교적 인간이 성스러움을 경험하기 위해 가장 체계적으로 반복하고 효율적으로 이용하는 수단이라고 할 수 있을 것이

12　Eliade, *Images and Symbols*, p.59.

다.[13] 여기서는 종교가 신화와 의례를 통해 담당해 온 교육의 기능을 간략히 살펴보도록 하겠다.

첫째, "모범적인 본보기"를 제공하고 이를 "반복"하도록 하는 신화의 특징이 현대 교육의 장으로 연장되어 들어왔다는 점에서, "신화들은 어느 정도 현대사회의 공식적인 '교육(education)'에 필적"한다고 말할 수 있다.[14] 다음 세대를 교육할 때 제시되는 "모범적인 본보기"는 현재의 학생들이 따라야 한다고 사회 구성원들이 동의하는 과거의 인물인 경우가 많다. 이는 종교 공동체 구성원들이 따라야 할 모범이 신이나 영웅 등 신화의 주인공으로 설정되는 것과 마찬가지다. 신화의 역할 중 가장 핵심적인 것은 인간의 중요한 행위들에 본보기를 제공한다는 것이다. 2007년 KBS에서 방영되었던 다큐멘터리 프로그램 《차마고도》에 중국과 티베트를 오가며 차마고도를 따라 마방 교역을 하는 사람들이 소개되었다. 이들은 이동할 때 수십 마리의 말들 중 선두에 있는 두 마리의 말에 방울을 다는데, 그 이유는 멀고 먼 옛날, 처음으로 마방 교역을 시도했던 '노부상부'가 여러 번의 실패 후 신선의 계시를 받아 말에 방울을 달고 나서 교역에 성공했기 때문이라고 말한다. 이들은 처음 교역에 성공한 신화의 본보기를 반복하는 셈이다. 종교적 인간들은 신화 속 주인공의 행위를 재현함으로써 자신의 삶 속에서 성스러움을 반복하여 경험할 수 있다. 미사 중 성체를 받는 가톨릭 신자들은, 십자가형을 받기 전날 밤 제자들에게 "이것은 내 몸이다"라고 말하며 빵을 떼어 주던 예수 그리스도를 반복해서 경

13　신화와 의례의 속성에 대해서는 『종교 상징의 이해』의 4장을 참조할 것.
14　Eliade, *Myths, Dreams and Mysteries*, p.32.

험하며, 석가탄신일에 불교 사찰에서 행하는 관불(灌佛) 의식은, 붓다가 탄생할 때 아홉 마리의 용이 나타나서 아이를 목욕시켰다는 『보요경』(普曜經) 등의 경전에 나오는 신화를 재현하는 것이다. 신화 속의 이야기가 멀고 먼 과거 속의 이야기가 아니라 지금 현재 내 삶 속에서 경험되고 반복된다는 점에서, 신화 속 본보기의 재현은 종교적 인간이 시간의 흐름을 극복하는 방법이기도 하다.

교육의 장에서도 본보기가 되는 인물이나 사례를 설정하고, 이를 '반복', 또는 모방하고 재현하도록 하는데, 이는 시간의 흐름이라는 인간 조건을 극복해 온 종교적 인간의 유산이라고 할 수 있다. 종교적 인간이 신화 속 태초의 시간을 반복하여 영원히 '현재화'하는 것, 다시 말해 신화의 모범을 현재의 삶에 재현하며 역사 이전의 태초를 자신의 일상에 불러오는 것은 곧 시간의 흐름을 극복하는 일이기도 하다. 과거를 살았던 인간의 모습 속에서 학생들이 따라야 할 모범적 본보기를 찾아 제시하고 이를 현재에 지향하도록 하는 현대 교육은, 신화 속에서 인성의 기준을 찾고 이를 현재화하여 시간을 극복하고자 한 종교적 인간의 흔적을 담고 있는 것이다.

둘째, 종교는 인간이 새롭게 태어나 다른 존재가 되는 경험을 하는 여러 방식들을 발전시켜 왔다. 그중에서도 통과의례는 오랜 세월 동안 사람들이 가장 극적으로 새로운 존재가 되는 경험을 하도록 도왔다고 할 수 있다. 전통사회에서 통과의례는 종교에 의해 주도되었고 종교 상징적 의미를 지닌 행위들로 구성되었다. 통과의례는 인생의 과정에서 일정한 지위나 상태에서 다른 지위나 상태로 넘어갈 때 행하는 체계적 행위이다. 앞에서 설명했듯이, 방 주네프는 통과의례가 과거의 상태에서 '분리'되는 단계, 혼란과 고난을 통해 새로운 힘과 지위를 부여받는 '전이' 단계, 그리고 새로운 공동체나 단계에 '통합'되는 축제의 3단계로 구성된다고 분석했다. 통과의례를 거치는 사람은 이전의 삶의 지위나 속성을 벗어나 고난을 경험한 후 새로운 영역으로 들어가는 것이다. 흔히 통과의례는 탄생식, 성년식, 결혼식, 장례식 등 인생 주기에 따른 의례와 어떤 집단이나 사회의 일원이 될 때 거쳐야 하는 입문의례로 구별된다. 아무리 권력이 강해도 대관식을 거쳐야 왕으로 인정받을 수 있는 데에서 알 수 있듯이, 입사식은 의례 참여자의 신분을 바꾸는 힘이 있다. 오늘날 종교의 맥락에서 이루어지는 입문의례로는 특정 종교 공동체의 공식 일원이 되는 세례나 수계(受戒), 성직자가 되기 위해 거쳐야 하는 서품식(敍品式), 안수식(按手式), 구족계(具足戒) 등이 있다. 여러 전통사회에서 성년식은 나이가 되면 당연히 하는 의례이기도 하지만, 성년식을 거쳐야 민회에 참여할 자격이 주어지거나 전사로 대우를 받게 되는 등, 입문의례로서의 성격도 지니고 있다. 결혼식도 이전까지 남남이던 두 사람을 새로운 가정의 구성원으로 만들어 준다는 점에서 입문의례의 속성을 포함한다.

인간이 새로운 존재가 되는 경험을 하는 수단 중 엘리아데가 가장 주목한 것이 바로 이 입문의례이다.[15] 그는 입문의례를 "가장 일반적인 의미에서 입문하는 개인의 종교적, 사회적인 지위의 결정적

---

15 Mircea Eliade, *Rites and Symbols of Initiation: The Mysteries of Birth and Rebirth*, translated by Willard R. Trask (Putnam, CT: Spring Publications, 2005[1958]); Eliade, *The Sacred and the Profane*, pp.182–185; *Myths, Dreams and Mysteries*, pp.190–228 등.

인 변화를 도출하는 것을 목표로 하는 일련의 제의들"이라고 정의했다.[16] 엘리아데는 이 입문의례가 효력을 발휘할 수 있는 근거가 바로 성스러움의 경험에 있다고 말한다. 엘리아데의 표현을 빌리자면, "입문의례의 의미는 항상 종교적"인데, 이는 "입문자의 존재론적 지위의 변화는 종교경험에 의해 만들어지기 때문"이다.[17] 성스러움의 경험을 통해서 과거의 일과 이전까지의 존재를 무화(無化)하는 동시에, 새로운 존재의 지위를 부여하여 새로운 시작을 열어 준다는 점에서, 입문의례 역시 시간성이라는 인간 조건을 극복하도록 하는 주요한 종교적 수단일 것이다. 또한 의례 과정을 거치면서 입문자는 지금까지 알지 못했던 세상과 삶에 대한 지식을 전수받게 된다. 따라서 입문의례는 매우 중요한 교육의 과정이라고도 할 수 있다.

　　종교적 입문의례는 인간을 현재보다 더 나은 존재로 만드는 것을 목적으로 한다는 점에서 교육과 지향하는 바가 같다. 『브리태니커 세계대백과사전』은 교육의 주요한 정의 중 하나가 "인간 행동의 계획적 변화"라고 소개하며, "교육의 양태는 시대나 장소에 따라 다르게 나타나지만 어느 경우에나 인간을 인간답게 만드는 중요한 활동"이라고 설명한다.[18] 종종 고통스러운 시련의 과정과 상징적인 죽음을 거쳐 새롭게 태어나도록 하는 입문의례의 구조 역시, 인간을 계획적으로 변화시키고 인간을 인간답게 만들고자 하는 많은 교육과정의 구조와 유사하다. 근대 이전의 많은 전통사회에서 입문의례는 공

16　Eliade, *Rites and Symbols of Initiation*, p.x.
17　Eliade, *Rites and Symbols of Initiation*, p.1.
18　윤여각, 「교육」, 한국 브리태니커 회사(편), 『브리태니커 세계대백과사전』(서울: 한국 브리태니커 회사, 1992), 281–282쪽.

동체 차원에서 이루어지는 교육과정의 일부였고, 현대사회의 여러 집단에도 남아서 교육의 기능을 담당한다.

　　현대사회에서 입문의례는 점점 약해져 간다. 공동체의식이 약해질 뿐 아니라, 새로운 단계의 삶을 살아가는 것도 어려워졌다. 성년이 되어도 많은 젊은이들이 아직 마음은 어린 상태로 있는 이유 중 하나로 입문의례가 상실되었다는 것을 꼽을 수 있을 것이다. 우리나라 군대에서 신병들을 힘들게 해 온 신고식과 같이 부정적인 면이 많은 입문의례는 당연히 없어져야 한다. 하지만 결혼식이 새로운 존재가 되도록 하는 경험을 더 이상 제공하지 못하게 되면, 결혼한 부부가 자신이 이전과 다른 지위를 가졌다는 마땅한 의식을 갖는 데 오랜 시간이 걸릴 수도 있다.

　　그런데 오늘날에도 영화나 문학작품 등의 다양한 문화 속에 남아 있는 입문의례의 형태를 찾을 수 있다. 바로 앞 장에서, 수많은 슈퍼히어로 만화나 영화로부터, 한강의 『채식주의자』 등 여러 현대소설에 이르기까지, 이전의 존재와 결별하고 시련과 고난의 시기를 거쳐 새로운 존재로 거듭나는 인물들이 주인공으로 등장하는 현대의 예술작품들이 많다고 지적했다. 엘리아데는 참된 인간 삶의 중심에 입문의례가 있어 왔기 때문에 세속화의 영향이 지배적인 현대에도 입문의례가 쉽게 사라질 수 없다고 말한다.[19] 여전히 시련과 고통의 상황에 처할 수밖에 없는 현대인들이 이러한 위기를 극복하고 새롭게 태어나기를 소망할 때, 또한 지금까지의 삶이 실패했다고 낙담하

19　Eliade, *Rites and Symbols of Initiation*, p.135.

는 사람들이 다시 시작할 수 있는 희망을 품을 때, 이들의 삶의 변화는 입문의례의 구조를 통해 이루어진다. 이런 면에서 입문의례의 교육적 기능은 계속 이어지고 있다고 할 수 있을 것이다.

② 성스러움의 경험에 기반한 교육의 한계와 극복 가능성

여러 문화에서 오랜 세월 동안 종교가 교육을 담당해 온 것은 분명하지만, 현대사회에서 종교의 교육적 기능은 제한될 수밖에 없다는 점 역시 지적되어야 할 것이다. 무엇보다, 종교의 교육이 공동체 구성원들이 받아들이는 '전제'에 기반을 두고 있다는 점에서, 사회 구성원 전체가 공유하는 교육과정에는 적용될 수 없다. 성스러움의 경험은 개인적 차원에서 일어나지만, 각 종교에는 이러한 경험을 위해 요구되는 공동체 차원의 '전제'들이 있다. 갑작스럽게 신의 계시를 받거나 우주를 변화시킬 새로운 깨달음을 얻는 종교 창시자들의 예외적인 경우가 아니라면, 대부분의 신자들은 성스러움의 경험을 통해 종교 공동체에서 신앙의 대상으로 받아들이는 초월적 존재와 교류한다고 믿는다. 그리스도교의 하느님, 불교의 부처님과 보살, 이슬람교의 알라, 힌두교의 시바나 비슈누 등은 해당 문화의 종교인들이 범속한 일상을 초월하는 경험의 중심에 있다. 공동체에서 공유되는 성스러운 존재가 이들의 성스러움 경험의 '전제'인 셈이다.

또한 각 종교는 공동체 구성원들이 반드시 믿어야 할 내용을 규정한다. 그리스도교인이라면 전지전능한 하느님이 세상을 창조했다는 것과 하느님의 아들 예수가 이 세상에 인간으로 내려와 모든 인간의 죄를 짊어지고 십자가에서 죽고 부활하여 구원을 이루었다는 것을 믿어야 한다. 단 한 분인 창조주 알라의 마지막 예언자가 무함마드라는 것을 믿지 않으면 무슬림으로 인정받지 못한다. 불교의 수행자들에는 타자인 초월적 존재에 대한 믿음이 유대-그리스도교나 이슬람교에 비해 상대적으로 덜 중요한 것이 사실이지만, 불법승(佛法僧) 삼보(三寶)에 귀의하는 믿음이 있어야 불교인이 될 수 있고, 깨달음의 이치가 존재한다는 것과 수행을 통해 여기에 이를 수 있다는 믿음이 있어야만 승려가 될 수 있다.

신화와 의례를 통해 이루어지는 종교의 교육과정에서는 이러한 전제의 수용이 필수적이다. 요즘도 많은 그리스도교인들이 "나는 이해하기 위해 믿는다"는 안셀무스(Anselm of Canterbury)의 말에 동의한다. 그리스도교의 가르침을 지적으로 수용하고 이해하기 위해서는 먼저 신앙의 전제를 받아들여야만 한다는 것이다. 다른 종교에서도 크게 다르지 않다. 공동체에서 공유하는 전제를 수용하지 않으면 종교 내부의 교육이 이루어질 수 없다. 최근 교육학에서 학습자가 좋은 태도로 교육을 받기 위해서는 지식의 확실성과 학습 방법 등에 대한 "인식론적 신념"이라는 일종의 믿음을 학습자가 가지고 있어야 한다는 이론이 제기되고 있다.[20] 하지만 이는 일반적인 인식 과정에 대한 이론이지, 공동체 구성원들이 학습하고 수용해야 하는 전제라고는 할 수 없다. 이렇게 전제를 기반으로 하는 종교의 교육과정은 다른 종교 공동체의 사람들과 종교 신앙을 가지고 있지 않은 사람들에

---

20 Marlene Schommer, "Effects of Beliefs about the Nature of Knowledge on Comprehension", *Journal of Educational Psychology* 82.3 (1990), pp.498–504; 양미경, 「학습자의 인식론적 신념: 연구의 동향과 과제」, 『열린교육연구』 14(2006), 1–25쪽 등 참조.

게는 적용될 수 없다. 전제의 수용이 필수적으로 요구되기 때문이다.

특정 공동체의 전제에 기반한 교육은 어떻게든 누군가의 배제를 수반할 수밖에 없고, 따라서 종교와 공적 영역의 구별이 요구되는 현대사회의 일반적인 교육과정에 맞지 않는다. 여러 종교들이 공통적으로 믿는 요소를 바탕으로 교육이 이루어진다면 현대에도 성스러움의 경험을 통해 더 나은 존재가 되도록 하는 교육을 시행할 수 있지 않을까 생각할 수도 있을 것이다. 4장에서 언급했던 16세기 프랑스의 사상가 장 보댕과 17세기 영국의 에드워드 허버트 이후, 서양의 여러 지식인들은 "세계의 여러 종교들이 사실은 같은 본질을 가지고 있는 것"이라는 주장을 제기해 왔다. 이렇게 여러 종교를 아우르는 신념에 바탕을 둔 성스러움의 경험이라 해도 배타성을 벗어날 수는 없다. 몇 가지 이유를 생각해 보자. 첫째, 특정 종교의 신앙을 고수하는 사람에게 여러 종교의 공통적 요소에 대한 믿음을 수용하라고 요구한다면, 이 역시 전제를 강요하는 일이 된다. 둘째, 어떤 공통 요소이건 모두의 공통 요소가 될 수는 없으며, 누군가는 반드시 배제될 수밖에 없다. 예를 들어, 소위 이신론 주창자들은 '인간 영역 외부에 있는 가장 높은 신의 존재에 대한 신앙'을 모든 종교의 공통 요소라고 꼽았지만, 내면에 있는 불성을 발견하려 노력하는 선불교 수행자들은 이런 주장에 동의하지 않을 게 분명하다. 셋째, 오늘날 우리나라 인구의 절반을 구성하는 비종교인들 역시 이러한 공통 요소에 동의하지 않는다. 결국, 공동체의 믿음을 출발점으로 삼는 교육은 현대사회의 보편적 교육이 될 수 없는 것이다.

인간은 아직 새로운 존재가 되는 경험을 제공하는 기능을 종교만큼 효율적으로 제공할 수 있는 체제를 만들어 내지 못했다. 이는 종교학자만의 생각이 아니다. 6장에서 다룬 무신론자 지식인 알랭 드 보통과 유발 하라리의 주장에서 볼 수 있었듯이, 사실 종교는 지금까지 문명을 발전시킬 수 있었던 가장 큰 동력이었고, 인간이 사회적 삶을 살아가는 데 대체할 수 없는 기능을 가지고 있다. 그러나 현대사회에서 성스러움의 경험을 통해 인간이 더 나은 존재가 되도록 하는 교육은 각 종교 공동체 내부에서만 가능한 일일지도 모른다. 물론 드 보통은 현대의 무신론자들이 종교로부터 더 많이 배워야 한다고 말한다. 현대인들의 삶을 더 풍요롭게 하는 교육의 내용과 방법을 모색하기 위해서 종교가 담당해 온 기능을 어떻게든 메꿔야 한다는 드 보통의 주장에는 많은 사람이 동의할 수 있을 것이다. 하지만, 종교가 담당해 온 방식의 교육이 다시 이루어질 필요가 있다고 하더라도, 현대사회의 공적인 교육의 장에서 초월적 존재에 대한 신앙이 수용될 수는 없다. 그래서 종교가 교육을 비롯한 현대사회의 여러 영역에 유용하게 적용될 수 있기 위해서는 현대의 원칙을 충족하는 장치가 필요한 것이다.

③ 성스러움의 경험에 근거한 교육의 위험성

드 보통은 종교의 긍정적인 기능을 강조했지만, 종교의 교육은 매우 부정적인 결과를 유발할 수도 있다는 점을 간과해서는 안 된다. 성스러움의 경험은 인간성을 파괴하는 방식으로 강제되기도 한다. 종교의 전제들의 진위에 대한 판단을 보류하는 학자들의 문제 중 하나는, 때때로 종교와 관련된 명백한 옳고 그름의 문제에 대해서도

판단을 주저한다는 것이다. 반사회적이고 부도덕한 종교 신화 및 의
례의 사례들은 얼마든지 언급할 수 있을 것이다. 어린 시절 읽어 보
았을 『80일간의 세계일주』(Le Tour du monde en quatre-vingts jours, 1873)에도
나오듯이, 인도에서는 남편이 죽으면 아내를 같이 화장하는 사티(Sati)
의례가 행해졌다. 이 풍습은 1829년 영국 식민 정부에 의해 금지되었
고 현 인도 정부도 엄격히 금지하고 있지만, 21세기에도 시골 마을에
서 몰래 사티가 행해졌다는 소식이 가끔 언론을 통해 전해지기도 한
다. 이 의례는 사티 여신이 남편 시바를 모욕한 아버지 닥샤(Daksha)에

사티가 벌어지는 모습

게 항의하여 불 속으로 들어가 자살했다는 신화를 근거로 이루어진다. 죽은 남편을 따라 산 채로 화장되는 아내는 사티 여신과 동일시되지만, 그 성스러운 의미에 대해 설명하는 것보다 더 중요한 일은 이 행위가 잘못된 것임을 지적하는 일일 것이다.

엘리아데 역시 종교가 인간성을 억압하거나 파괴하고, 인간을 부정적으로 변화시키는 교육을 했던 사례들에 대해서는 별 관심을 기울이지 않았다는 비판에서 자유롭지 못하다. 엘리아데가 종교적 인간의 결정이 비극적인 결과를 낳을 수 있다는 것을 간혹 언급하기는 하지만,[21] 엘리아데의 초점은 역사적 상황보다는 역사적 상황을 초월한 의미의 이해에 있었다. 시간과 역사를 초월하려는 종교의 시도가 끔찍한 비극으로 이어질 수도 있다는 것은, 1978년 900여 명의 신자들이 목숨을 잃었던 인민사원의 참극이나 1997년 39명의 구성원들이 숨진 '천국의 문(Heaven's Gate)' 집단 자살 사건 등에서 이미 명확히 드러났다. 종교적 가치와 의미가 부여된 행동이나 사상이 끔찍한 결과를 유발할 수 있는 것이다. 종교 교육 역시 성스러움을 근거로 사람들을 통제하고 억압하는 효율적 수단에 머물 수 있다. 종교가 인간을 변화시키는 교육적 과정에는 역사적 상황 속에서도 올바른 방향 설정이 수반되어야 한다.

물론 엘리아데가 성스러움의 경험을 강조하면서 일상의 영역은 완전히 무시했다고 볼 수는 없다. 그는 종교 자료에서 시간을 초월한 의미를 찾으려 하기는 했지만, 그렇다고 이 세상의 가치를 부정

---

21 Eliade, *Ordeal by Labyrinth*, p.120.

하는 경험에만 관심을 기울인 것은 아니다. 엘리아데는 종교적 인간이 쌓아 온 자유를 위한 노력은, 사람들이 그 노력의 결과를 이 세상에서 향유하기 때문에 가치가 있다고 보았다. 엘리아데 종교 이론의 핵심인 성스러움의 경험 역시, 범속한 인간 삶의 영역인 범속한 세상에서 범속한 대상을 통해서 발생하는 것이다. 그는 "시간의 역전 불가능"이라는 인간 존재의 제한을 벗어나고자 하는 종교적 인간의 꿈은, 이 세상에서 벗어나 이루어지는 것이 아니라, 이 세상에서, 지상에서 지금 이루어지는 것이라고 강조했다.[22] 엘리아데는 자신이 젊은 시절 인도에서 공부하는 동안 세 가지 교훈을 얻었다고 말했다. 그 첫째가 바로, 인도인들이 인간, 세계, 삶을 환영이 아니라 실재라고 여기며, 삶을 향유하고 통제하는 기술을 발전시켰다는 것이다. 종교적 인간이 신화와 의례를 통해 변형된 삶을 살게 되는 것은 바로 이 세상 속이다.[23] 엘리아데가 말하는 종교적 교육을 통한 인간의 변화 역시 이 세상에서 일어나는 일이기에 더욱 의미가 있을 것이다.

그러나 역사를 초월한 의미와 가치에 주된 관심을 기울이면 구체적인 역사적 상황이 상대적으로 무시되는 결과가 생긴다는 것도 부정할 수 없다. 이 세상 너머의 의미를 추구하는 일이 이 세상 속에서 일어난다고 해도, 현실 상황과 그 초월적 의미의 괴리는 수반될 수밖에 없다. 엘리아데는 이 "불일치"의 지점에는 별 관심이 없었다.[24]

---

22 Eliade, *Patterns*, p.408.
23 Eliade, *Ordeal by Labyrinth*, pp.54-56. 나머지 둘은 "상징의 의미"와 "농경에 기반을 둔 신석기 문명의 유물인 문화적 동질성"이다.
24 이 불일치의 지점에 주목한 학자로는 조나단 스미스를 꼽을 수 있다. 4장에서 설명했듯이, 스미스는 종교 자료들에 나타나는 이상적인 것과 실제 현실 사이의 차이라는 불일치를 인지하는 것이 종교 연구에 매우 중요하다고 주장했다. Smith, *To Take Place*, pp.40-42 참조. 스

엘리아데가 역사에 대응하는 수단이었던 종교학은 역설적으로 역사와 시간을 초월한 경험들에 초점을 맞춘 것이었다. 종교적 인간이 이 세상에서 획득하고자 한 변형된 삶 역시, 종종 이 세상 너머의 의미와 가치를 통해 추구되었다. 이런 관점에서는 역사 속의 문제들과 사건들이 일차적 중요성을 잃어버릴 수 있다. 그래서 인신공희(human sacrifice)와 성적 난행(性的亂行: orgy) 등 매우 비도덕적이거나 성기분할(subincision)과 같이 극단적인 종교의례들을 설명할 때도 엘리아데는 그 우주적이고 성스러움과 연관된 의미를 설명하는 데 집중한 반면, 사회적이고 비인간적 문제점들을 제대로 논하지 않았던 것이다.[25] 조나단 스미스는 엘리아데의 학문에 "존재론적인 것을 옹호하여 인간론적인 것이 축소"되는 모습이 나타난다고 지적한 바 있다.[26] 다시 말하자면, 엘리아데의 학문에는 '인간의 초월적 지향에 초점을 맞추어 인간의 현실 상황이 가볍게 여겨지는 모습'이 나타난다고 표현할 수 있을 것이다.[27]

엘리아데의 이론에 따르면, 인간은 성스러움의 경험을 통해 역사를 초월한 의미와 가치를 추구한다. 이 세상 속의 모든 물질적 요소는 물론, 인간의 마음과 생각도 시간 속에서 결국 변해 버린다는 것을 절감하는 사람들은 변하지 않는 존재, 의미, 진리를 갈망하는

미스가 지적한 대로, 종교 자료들은 있는 그대로의 사실을 보여 주는 것이 아니라 종교인의 이데올로기적 관점을 거쳐 진술되는 것이며, 따라서 이들의 진술 내용과 현실 속에서 나타나는 결과가 일치하지 않을 수 있다는 점에 주의해야 한다.

25 Eliade, *Patterns*, pp.345–347, 356–359; *The Forge and the Crucible*, pp.63–70; *Rites and Symbols of Initiation*, pp.25–28.
26 Smith, *Relating Religion*, p.103.
27 엘리아데의 교육과 종교의 공통점에 대한 주장 및 성스러움의 지향을 현실보다 우위에 둔 이론 등에 대해서는 유효한, 「인간을 변화시키는 종교와 종교학」에서 다루었던 내용이다.

것이다. 이러한 갈망과 지향은 한편으로 인간이 역사의 무게를 버틸 수 있는 힘이 되기도 하지만, 인간의 삶의 자리를 무너뜨리는 결과를 낳을 수도 있다. 성스러움의 경험에 초점을 맞춘 종교 연구 역시 현실 속 삶의 문제를 배제하지 않도록 주의를 기울여야 할 것이다. 현실 너머를 지향하는 인간의 성스러움 경험과 더불어, 종교와 관련된 역사적 상황에도 세심한 주의를 기울이는 종교학 연구가 이루어져야 한다. 예컨대 성스러움의 경험을 진술하는 사람의 정치적 의도, 사회적 배경, 경제적 이해관계 등이 점검되어야 할 것이다. 종교와 교육이 인간을 변화시키는 힘은 인간을 억압하고 파괴하는 데도 사용될 수 있으며, 이는 종교와 교육이 추구하는 의미와 가치보다는 실제적 상황 속에서 더 잘 드러나기 때문이다.

④ 현대사회의 교육과 종교학

지금까지 엘리아데의 주장을 통해 종교적 인간은 시간과 역사라는 불가항력적 조건을 자각해 왔다는 것과, 이를 극복하기 위해 종교적 신화와 의례에 의존해 왔다는 것을 살펴보았다. 종교는 본보기를 제공하고 이를 재현하여 인간 존재를 변화시킨다는 점에서, 교육의 목적을 공유하며 교육과 같은 기능을 수행한다는 것도 설명했다. 이어서 성스러움의 경험을 통해 더 나은 존재가 되도록 하는 종교의 교육은 특정 공동체의 전제를 수용하지 않으면 이루어질 수 없기 때문에 현대사회에서 보편적으로 수용될 수 없다는 점을 지적했다. 또한 성스러운 존재의 본보기가 사회 구성원들에게 강요될 경우 인간성을 파괴하는 폭력적인 결과를 유발할 수 있다는 것도 다루었다.

마지막으로, 현대사회의 교육에 '종교학'이 기여할 수 있는 지점에 대해 생각하는 것으로 이 책을 마무리하고자 한다. 현대사회와 종교의 간극에 대해서만 이야기하고 끝낸다면, 종교의 교육이 과거에는 효율적이었지만 오늘날에는 사용되기 어렵다는 식의 결론이 될 수밖에 없을 것이다. 그러나 나는 종교학의 시각을 충분히 활용한다면 종교의 교육에서 배운 것을 현대의 공적 교육에도 활용할 수 있을 것이라고 생각한다. 종교학은 성스러움의 경험을 하는 '사람'들을 연구대상으로 삼아서, 어떤 전제가 없어도 수용할 수 있는 객관적인 연구 결과를 도출하고자 하는 학문이다. 종교학은 성스러움의 경험을 통해 역사와 시간 너머를 현실에 회복했던 종교적 인간의 모습을 학문적으로 서술하고 설명함으로써, 한계상황 속의 인간이 무기력하기만 해서는 안 된다는 것을 자각하게 할 수 있다.

엘리아데는 '종교학'이 인간의 이해를 위해 반드시 필요할 뿐 아니라 인간을 변화시키는 힘이 있는 학문이라고 주장했고, 이런 의미에서 종교학이 곧 '교육학(pedagogy)'이라고 말하기도 했다.[28] 달리 말해, 종교학이 교육적인 속성을 지니고 있다고 규정하고 또 그렇게 되기를 기대한 것이다. 나 역시 종교학이 과학자들은 보지 못하는 인간의 변화를 볼 수 있게 하고, 인간의 총체적 이해를 통해 인간을 변화시키는 데 기여할 수 있을 것이라는 엘리아데의 견해에 동의한다. 그렇다고 종교학자들이 인간이 나아갈 길을 밝히는 현자 또는 '구루(Guru)'와 같은 역할을 해야 한다는 말은 아니다. 성스러움의 경험을

28 Eliade, *The Quest*, p.66.

상실한 현대인들이 보지 못하는 인간의 종교적인 면을 학문적으로 보여 주는 종교학자의 직무를 충실하게 감당한다면, 인간의 시야를 넓히고 그 삶을 풍요롭게 하는 데 기여할 수 있다는 것이다.

근대 이전과 같은 방식으로 종교를 받아들이지 않는 현대인들은 시간성을 비롯한 인간 조건에 대해 종교를 통해 저항하는 방법을 제대로 사용하지 않게 되었다. 탈신성화(desacralization)가 현대의 종교적이지 않은 사람들의 모든 경험에 침투하면서, 고대사회의 종교적 인간이 역사에 저항하기 위해 만들어 냈던 수단들은 더 이상 유용하지 않다. 엘리아데의 표현을 빌리면, 시간을 극복했던 옛 기억은 상실한 채, 세속화된 일들 속에서 공허하게 사는 "시간적인 존재"가 되어 버린 것이다.[29] 세계 여러 종교 전통에서 "무지"와 "망각"은 인간의 조건과 한계에 갇혀 있는 상태로 간주되고, "기억을 상실한 자는 죽은 자"와 동일시된다. 『구약성서』의 「전도서」에는, "지혜자도 우매자와 함께 영원하도록 기억함을 얻지 못하나니, 후일에는 모두 다 잊어버린 지 오랠 것임이라. 오호라! 지혜자의 죽음이 우매자의 죽음과 일반이로다"라는 구절이 있다.[30] 망각되는 것이야말로 진정한 죽음이고, 모든 인간은 이로부터 자유로울 수 없다는 것이다. 이에 반해, 기억하는 것은 시간의 흐름에 따라 망각하게 되어 있는 인간 조건을 극복하는 일이라고 할 수 있다. 얼마 전에 인기리에 방영된 미국 드라마 《왕좌의 게임》 시즌 8(2019)의 2화에는 모든 살아 있는 것을 죽음으로 몰고 가려는 '나이트 킹'이 '기억자'이자 '예지자'인 '브랜'을 죽이려

---

29 Eliade, *The Forge and the Crucible*, pp.80, 176; *The Sacred and the Profane*, p.13.
30 [개역개정] 「전도서」 2:16.

는 이유가 설명된다. 나이트 킹은 이 세상을 지우려고 하는데, 세상에 대한 기억인 브랜을 죽이지 않고서는 진정한 죽음이 완성될 수 없기 때문이라는 것이다. 나이트 킹의 목적을 이해한 '샘웰 탈리'는 "죽음이 그것이지. 그렇지 않아? 잊어버리기, 잊혀지기. 우리가 어디에 있어 왔는지, 무엇을 했는지를 잊어버린다면, 우리는 더 이상 인간이 아닐 거야"라고 정리한다. 이런 측면에서 본다면, 《왕좌의 게임》은 망각으로부터 인간을 지켜 내기 위한 몸부림을 그려 낸 작품이라고도 할 수 있을 것이다.

요컨대, 종교학의 사명 중 하나는 인간과 문화의 본질을 이해하고 이를 이해하도록 만드는 일, 달리 말해 반드시 알아야 하지만 망각하여 모르게 되어 버린 것을 깨우쳐 주는 일일 것이다. 종교학자들은 옛 종교적 인간들이 시간에 저항했던 방식들을 밝히고, 나아가 탈신성화된 세속적인 인간에게 종교적 인간의 자질과 속성이 남아 있다는 것을 보여 주는 연구를 수행한다. 다른 학문 분야가 주목하지 않는 인간성의 중요한 면을 설명하고, 개별적인 현대인들이 인간 존재에 대해 더 깊이 이해하도록 돕는다. 계속 언급해 왔듯이, 현대 문화의 다양한 영역 속에서 종교적 인간의 신화 및 의례의 흔적들을 분명히 찾을 수 있다. 스스로 비종교적이라고 생각하는 현대인들의 무의식 속에는 종교적인 면이 숨어 있고, 현대인들이 향유하는 문화 뒤에는 인간 조건을 자각하고 이를 극복하려는 종교적 인간들의 시도가 남아 있는 것이다. 여러 현대문화 창작자들은 종교 신화를 염두에 두지 않아도, 사람들이 좋아하는 이야기를 만들다 보면 자신도 모르게 신화적 주제로 돌아가고 있다고 말한다. 종교학은 잘 드러나지 않는 이 지점을 밝힘으로써, 여전히 종교적인 면을 가지고 있지만 이를 인지하지 못하는 현대인들이 자신을, 나아가 인간을 더 잘 이해할 수 있도록 돕는다.

이러한 종교학의 사명은 학자가 자신의 입장을 배제하고 객관적으로 현상에 접근하는 엄밀한 학문적 태도를 유지할 때 완수될 수 있다. 종교학자들은 사람들의 종교적인 경험에 주목하지만, 종교경험의 대상인 성스러움의 실재를 전제로 하는 신비적 태도를 지니고 있지 않다. 성스러움의 경험이 인간에게 부정적인 영향을 끼칠 수 있음을 간과하지 않으며, 성스러움의 경험이라고 진술되는 것 배후에 있을 수 있는 다양한 상황을 주시한다. 동시에, 종교학자는 성스러움 그 자체가 아닌, 성스러움을 경험하는 '인간'을 깊이 있게 이해하기 위해 학문적인 노력을 기울이는 사람들이다. 종교적 인간을 더 깊이 이해하기 위해 때로는 그들의 입장에 감정이입하는 방법을 사용하기도 한다. 인문학의 한 분야인 종교학 연구자들은 종교 자료에 묻혀서 인간을 배제하지 말아야 한다는 점을 늘 곱씹는다. 그래서 신화와 의례 등 종교 자료를 마치 비문(碑文)을 해독하듯이 외부적 대상으로만 대하면 종교적 인간의 경험을 제대로 이해할 수 없다고 말하는 것이다.

여러 차례 언급했듯이, 종교적 인간에 감정이입하고 그들을 깊이 이해해야 한다는 말이 그들의 신앙적 전제를 수용해야 한다는 뜻은 아니다. 엘리아데 역시, 종교학자들이 인간의 존재를 제한하는 조건들을 극복하고자 하는 종교적 인간을, 가능한 한 깊이 이해하면서도 그들과 같아지고자 하는 유혹에 빠지지 말아야 한다는 것을 강조했다.[31] 그는 종교학이 다른 학문으로는 불가능한 인간과 문화에 대한 이해를 가능하게 하며, 따라서 현대인들에게 새로운 지적 지평을 열어 줄 수 있다고 생각했다. 이를 위해서는 종교학자들이 인간의 한계, 조건을 드러내는 현상에 관심을 기울이고, 그 상황의 의미를 파악하여 다른 사람들이 이를 이해하도록 만들기 위해 노력해야 한다고 주장하기도 했다.[32]

종교학은 인간 자체에 대한 이해에 도움을 주는 동시에, 특정 집단의 사람들이 다른 집단의 사람을 이해하는 데에도 도움을 줄 수 있다. 19세기 후반 유럽에서 종교학을 독립된 학문 분야로 정립했던 초기 종교학자들은, 서양 지성인들이 종교학을 통해 '타자'인 비서구인을 이해하며, 나아가 타자를 인정하고 존중하는 능력을 함양할 수 있을 것이라고 생각했다. 오늘날에도 다양한 종교 전통에 대한 지식을 확장하면 서로 다른 종교를 신봉하는 사람들이 서로에 대한 이해의 폭을 넓힐 수 있다. 다른 사람들에 대한 이해는 자신을 더 잘 이해하는 데에도 도움이 될 것이다. 합리적인 사고방식에 젖어 있는 현대인들은 '타자'로 여겨질 수 있는 종교적인 인간들에 대해 공부함으로써 결국 자신들이 잊고 있는 인간의 종교적 속성을 자각하고, 다른 사람들과 평화로운 공존을 이룰 수 있는 성품을 발전시킬 수 있다. 잊고 있던 것을 상기시키고, 모르는 것을 알도록 하며, 편협한 시각을 확장시키는 것이 바로 인간을 풍요롭게 하고 변화시키는 교육학으로서 종교학이 현대사회에서 담당해야 할 역할일 것이다.[33]

31 Eliade, *Ordeal by Labyrinth*, pp.120, 123.
32 Eliade, *Shamanism*, p.xv.
33 Eliade, *The Quest*, pp.62, 66, 69.

구형찬. 「민속신앙의 인지적 기반에 관한 연구: 강우의례를 중심으로」, 서울대학교 대학원 종교학과 박사학위논문, 2017.

그로스, 리타. 『페미니즘과 종교』, 김윤성·이유나 역, 파주: 청년사, 1999[1996].

그림, 존 A. 「토착 북아메리카의 세계관과 생태학」, 메리 이블린 터커·존 A. 그림 편. 『세계관과 생태학: 종교, 철학, 그리고 환경』, 유기쁨 역, 성남: 민들레책방, 2004[1994], 37-53쪽.

김재선. 「한승원, "딸 한강은 나를 넘었다… 어린 시절 책에 묻혀 살아"」, 『연합뉴스』, 2016년 5월 17일.

김종서. 「현대 종교학의 비교방법론: '신 비교주의(New Comparativism)'을 중심으로」, 『한국의 종교사상』(2002), 15-50쪽.

김훈. 『칼의 노래』, 서울: 생각의 나무, 2007[2001].

____. 『바다의 기별』, 서울: 생각의 나무, 2008.

____. 『라면을 끓이며』, 파주: 문학동네, 2015.

끌라스트르, 삐에르. 『폭력의 고고학: 정치 인류학 연구』, 변지현·이종영 역, 서울: 울력, 2002[1980].

드 보통, 알랭. 『여행의 기술』, 정영목 역, 파주: 이레, 2004[2002].

_____. 『무신론자를 위한 종교』, 박중서 역, 서울: 청미래, 2011.

레비스트로스, C. 『야생의 사고』, 안정남 역, 파주: 한길사, 2005[1962].

_____. 『신화학 1: 날것과 익힌 것』, 임봉길 역, 파주: 한길사, 2005[1964].

_____. 『슬픈 열대』, 박옥줄 역, 파주: 한길사, 2006[1955].

반 델 레에우, 게라르두스. 『종교현상학 입문』, 손봉호·길희성 역, 왜관: 분도출판사, 1995[1924].

루이스, C. S. 『나니아 연대기』, 햇살과나무꾼 역, 서울: 시공주니어, 2005[1950-1956].

루크만, 토마스. 『보이지 않는 종교』, 이원규 역, 서울: 기독교문사, 1982[1974].

롭슨, 로이. 『세계 종교 산책』, 윤원철·유요한 역, 서울: 시그마프레스, 2013[2010].

린드크비스트, 욘 A. 『렛미인』 1, 최세희 역, 파주: 문학동네, 2009[2004].

마틴, 데이비드. 『현대 세속화 이론』, 김승호 외 역, 파주: 한울, 2008[2005].

맥다니엘, 제이. 「에덴 동산, 타락, 그리고 그리스도 안에서의 삶」, 메리 이블린 터커·존 A. 그
　　림 편, 『세계관과 생태학: 종교, 철학, 그리고 환경』, 유기쁨 역, 성남: 민들레책방,
　　2004[1994], 73-87쪽.

맥커천, 러셀 T. 『종교연구 길잡이』, 김윤성 역, 오산: 한신대학교출판부, 2015[2007].

메이어, 스테프니. 『트와일라잇』, 변용란 역, 서울: 북폴리오, 2008[2005].

뮐러, 막스. 『종교학 입문』, 김구산 역, 서울: 동문선, 1997[1873].

버거, 피터. 『종교와 사회』, 이양구 역, 서울: 종로서적, 1981[1967].

베버, 막스. 『프로테스탄티즘의 윤리와 자본주의 정신』, 박성수 역, 서울: 문예출판사, 1990[1905].

보이어, 파스칼. 『종교, 설명하기: 종교적 사유의 진화론적 기원』, 이창익 역, 파주: 동녘사이언스,
　　2015[2001].

성 어거스틴. 『성 어거스틴의 고백록』, 김광채 역, 서울: 기독교문서선교회, 2004[401].

세션스, 죠지. 「세계관으로 본 근본 생태론」, 메리 이블린 터커·존 A. 그림 편, 『세계관과 생태
　　학: 종교, 철학, 그리고 환경』, 유기쁨 역, 성남: 민들레책방, 2004[1994], 238-264쪽.

슐라이어마허, F. D. E. 『종교론: 종교를 멸시하는 교양인을 위한 강연』, 최신한 역, 서울: 대한
　　기독교서회, 2002[1799].

스마트, 니니안. 『종교와 세계관』, 김윤성 역, 서울: 이학사, 2000[1983].

　　　　　　. 『세계의 종교: 동굴벽화에서 현대의 다원주의까지』, 윤원철 역, 서울: 예경,
　　2004[1998].

스타크, 로드니·로저 핑키. 『종교경제행위론』, 유광석 역, 성남: 북코리아, 2016[2000].

스페르베, 당. 『문화 설명하기: 자연주의적 접근』, 김윤성·구형찬 역, 서울: 이학사, 2022[1996].

신경숙. 『엄마를 부탁해』, 파주: 창비, 2008.

신준봉. 「한강 아버지 한승원씨, "딸이 나를 능가, 최고의 효도"」, 『중앙일보』, 2018년 3월 13일.

알렌, 더글라스. 『엘리아데의 신화와 종교』, 유요한 역, 서울: 이학사, 2008[2002].

양미경. 「학습자의 인식론적 신념: 연구의 동향과 과제」, 『열린교육연구』 14(2006), 1-25쪽

엘리아데, 미르체아. 『종교형태론』, 이은봉 역, 파주: 한길사, 1996[1949].

　　　　　　　　. 『신화, 꿈, 신비』, 강응섭 역, 고양: 숲, 2006[1957].

오토, 루돌프. 『성스러움의 의미』, 길희성 역, 왜관: 분도출판사, 1987[1917].

유광석. 『종교시장의 이해』, 서울: 다산출판사, 2014.

유기쁨. 『생태학적 시선으로 만나는 종교』, 오산: 한신대학교출판부, 2013.

유요한. 「비교종교학 연구의 최근 동향: 학문적 엄밀성이 요구되는 비교종교연구와 종교학」,
　　『종교문화연구』 8(2006), 23-39쪽.

_____. 「새로운 비교종교방법론의 발전 가능성과 그 방향: 조나단 스미스의 "같은 지점"의 확인을 통해」, 『종교와 문화』 13(2007), 89-115쪽.

_____. 「종교학의 비교방법론: 공동작업에 근거한 비교철학 연구를 위한 제언」, 『종교와 문화』 14(2008), 144-177쪽.

_____. 「거인 엘리아데의 어깨 위에서: 엘리아데 비판에 대한 엘리아데 관점의 답변」, 『종교학연구』 30(2012), 55-74쪽.

_____. 「내 엄마 이야기, 우리 모두의 어머니 신화: 신경숙의 『엄마를 부탁해』」, 『문학의 오늘』 3(2012), 287-292쪽.

_____. 「신들 사이의 영역 구별, 신과 인간의 영역 구별: 제주 토착종교의 정결 개념에 관한 연구」, 『종교와 문화』 25(2013), 27-65쪽.

_____. 『종교 상징의 이해』, 서울: 세창출판사, 2021.

_____. 「한국 현대소설에서 찾는 신화의 유산: 황석영의 『바리데기』와 신경숙의 『엄마를 부탁해』를 중심으로」, 『종교학연구』 32(2014), 23-48쪽.

_____. 「고전문학을 넘어 신화로 회귀하기: 『연인심청』에 나타난 종교적 인간」, 『문학과 종교』 21/1(2016), 109-128쪽.

_____. 「인간을 변화시키는 종교와 종교학: 엘리아데의 인간론과 교육론」, 『종교연구』 76/1(2016), 1-22쪽.

_____. 「죽음을 성찰하고 그 너머를 바라보다」, 배철현 외 저, 『낮은 인문학: 서울대 교수 8인의 특별한 인생수업』, 파주: 21세기북스, 2016.

_____. 「고전소설 『숙향전』에 나타난 천인(天人) 관계: 하늘의 주도와 인간 역할의 상호주체적 작용」, 『문학과 종교』 22/2(2017), 19-40쪽.

_____. 「다시 태어나 태초로 돌아가기: 소설 『채식주의자』의 원형적 신화 주제 분석」, 『문학과 종교』 24(2019), 157-177쪽.

윤대녕. 『은어낚시통신』, 파주: 문학동네, 2010[1994].

윤여각. 「교육」, 한국 브리태니커 회사 편, 『브리태니커 세계대백과사전』, 서울: 한국 브리태니커 회사, 1992.

융, C. G. 『심리학과 종교』, 이은봉 역, 서울: 창, 2001[1938].

정진호. 「약사, 병원장도 속았다」, 『중앙일보』, 2019년 12월 7일.

정진홍. 「종교현상학의 전개: 1950년 이후를 중심으로」, 『종교연구』 3(1987), 31-82쪽.

최재봉. 「"내 문학 주제는 '백성과 나라'였어요": 이청준 인터뷰」, 『한겨레』, 2007년 11월 27일.

지라르, 르네. 『문화의 기원』, 김진식 역, 서울: 기파랑, 2006[2004].

지젝, 슬라보예. 『죽은 신을 위하여: 기독교 비판 및 유물론과 신학의 문제』, 김정아 역, 서울: 도서출판 길, 2007[2003].

카뮈, 알베르. 『페스트』, 유호식 역, 파주: 문학동네, 2015[1947].

카츠, 에릭. 「유대교와 생태학의 위기」, 메리 이블린 터커·존 A. 그림 편, 『세계관과 생태학: 종교, 철학, 그리고 환경』, 유기쁨 역, 성남: 민들레책방, 2004[1994], 54-72쪽.

캘리콧, J. 베이어드. 「지구 환경 윤리를 향하여」, 메리 이블린 터커·존 A. 그림 편, 『세계관과 생태학: 종교, 철학, 그리고 환경』, 유기쁨 역, 성남: 민들레책방, 2004[1994], 25-36쪽.

컴스탁, 리차드. 『종교의 이해: 종교학 방법론과 원시종교 연구』, 윤원철 역, 서울: 지식과 교양, 2017[1971].

쿤데라, 밀란. 『느림』, 김병욱 역, 서울: 민음사, 2012[1995].

포이어바흐, 루트비히. 『종교의 본질에 대하여』, 강대석 역, 서울: 한길사, 2006[1851].

프라이, 폴. 『문학이론』, 정영목 역, 파주: 문학동네, 2019[2012].

플라톤. 『파이돈』, 전헌상 역, 서울: 이제이북스, 2013.

하라리, 유발. 『사피엔스: 유인원에서 사이보그까지, 인간 역사의 대담하고 위대한 질문』, 조현욱 역, 파주: 김영사, 2015[2011].

_____. 『호모 데우스: 미래의 역사』, 김명주 역, 파주: 김영사, 2017[2015].

헌팅턴, 새뮤얼. 『문명의 충돌』, 이희재 역, 파주: 김영사, 2016[1996].

현용준. 『제주도 신화』, 서울: 서문당, 1976.

흄, 데이비드. 『종교의 자연사』, 이태하 역, 서울: 아카넷, 2004[1757].

히데오, 오쿠다. 『면장 선거』, 이영미 역, 서울: 은행나무, 2007[2006].

『개역개정 성경』(1998).

『개역한글 성경』(1952).

Allen, Charlotte. "Is Nothing Sacred? Casting out the Gods from Religious Studies", *Lingua Franca* 6(7) (1996): pp.30-40.

Allen, Douglas. *Myth and Religion in Mircea Eliade*, New York: Routledge, 2002. (『엘리아데의 신화와 종교』, 유요한 역, 서울: 이학사, 2008.)

Asad, Talal. *Genealogies of Religion: Discipline and Reasons of Power in Christianity and Islam*, Baltimore: Johns Hopkins University Press, 1993.

_____. "Reading a Modern Classic: W. C. Smith's *The Meaning and End of Religion.*" *History of Religions* 40(3) (2001): pp.205-222.

Berger, Peter. "Epistemological Modesty: An Interview with Peter Berger", *The Christian Century* 114(30) (October 29, 1997): pp.972-976.

Beyer, Peter, "Privatization and the Public Influence of Religion in Global Society", *Theory, Culture & Society* 7(2-3) (1990): pp.373-395.

Bowker, John. *World Religions: The Great Faiths Explored & Explained*, New York: DK Publishing, 2009[1997].

Capps, Walter. *Religious Studies: The Making of a Discipline*, Minneapolis: Fortress Press, 1995. (『현대 종교학 담론』, 김종서 외 역, 서울: 까치, 1999.)

Carter, Jeffrey. "Comparison in the History of Religions: Reflections and Critiques", *Method and Theory in the Study of Religion* 16(1) (2004): pp.3-11.

Casanova, José. *Public Religions in the Modern World*, Chicago: The University of Chicago Press, 1994.

_____. "Rethinking Secularization: A Global Comparative Perspective", *The Hedgehog Review* 8(1-2) (2006): pp.7-22.

Castells, Manuel. *The Power of Identity*, Malden: Blackwell, 1997. (『정체성 권력』, 정병순 역, 파주: 한울, 2008.)

Cave, David. *Mircea Eliade's Vision for a New Humanism*, New York: Oxford University Press, 1993.

Dodds, E. Robinson. *The Greeks and the Irrational*, Berkeley: University of California Press, 1951.

Doniger, Wendy. *The Implied Spider: Politics and Theology in Myth*, New York: Columbia University Press, 1998. (『암시된 거미: 신화 속의 정치와 신학』, 최화선 역, 서울: 이학사, 2020.)

_____. *Splitting the Difference: Gender and Myth in Ancient Greece and India*, Chicago: University of Chicago Press, 1999.

_____. "Post-Modern and -Colonial -Structural Comparisons", Kimberley C. Patton & Benjamin C. Ray, eds. *A Magic Still Dwells: Comparative Religion in the Postmodern Age*, Berkeley: University of California Press (2000): pp.63-76.

Douglas, Mary. *Purity and Danger: An Analysis of the Concept of Pollution and Taboo*, London: Routledge, 2004[1966]. (『순수와 위험: 오염과 금기 개념의 분석』, 유제분·이훈상 역, 서울: 현대미학사, 1997.)

Dupré, Louis. *Symbols of the Sacred*, Grand Rapids: Eerdmans Publishing, 2000.

참고문헌

Durkheim, Émile. *The Elementary Forms of Religious Life*, Carol Cosman, trans. Oxford: Oxford University Press, 2001[1912]. (『종교 생활의 원초적 형태』, 노치준·민혜숙 역, 서울: 민영사, 2017[1992].)

Eck, Diana L. "Dialogue and Method: Reconstructing the Study of Religion", Kimberley C. Patton & Benjamin C. Ray, eds. *A Magic Still Dwells: Comparative Religion in the Postmodern Age*, Berkeley: University of California Press (2000): pp.131-150.

_____. *A New Religious America: How a "Christian Country" Has Become the World's Most Religiously Diverse Nation*, New York: HarperCollins, 2001.

Eliade, Mircea. *The Sacred and the Profane: The Nature of Religion*, Willard Trask, trans. New York: Harvest, 1957. (『성과 속』, 이은봉 역, 서울: 한길사, 1998.)

_____. *Patterns in Comparative Religion*, New York: Sheed & Ward, 1958[1949]. (『종교 형태론』, 이은봉 역, 서울: 한길사, 1996.)

_____. "Methodological Remarks on the Study of Religious Symbolism", Mircea Eliade & Joseph M. Kitagawa, eds. *The History of Religions: Essays in Methodology*, Chicago: University of Chicago Press, 1959.

_____. *Myths, Dreams and Mysteries*, Philip Mairet, trans. New York: Harper & Row, 1960[1957].

_____. *Shamanism: Archaic Techniques of Ecstasy*, Willard R. Trask, trans. Princeton: Princeton University Press, 1964[1951]. (『샤마니즘: 고대적 접신술』, 이윤기 역, 서울: 까치, 1992.)

_____. *The Quest: History and Meaning in Religion*, Chicago: University of Chicago Press, 1969.

_____. *The Forge and the Crucible: The Origins and Structures of Alchemy*, Stephen Corrin, trans. Chicago: University of Chicago Press, 1978[1956]. (『대장장이와 연금술사』, 이재실 역, 서울: 문학동네, 1999.)

_____. *A History of Religious Ideas Vol. 1: From the Stone Age to the Eleusinian Mysteries*, Willard R. Trask, trans. Chicago: University of Chicago Press, 1978[1976]. (『세계종교사상사』, 이용주 역, 서울: 이학사, 2011.)

_____. *Ordeal by Labyrinth: Conversation with Claude-Henri Rocquet*, Derek Coltman, trans. Chicago: University of Chicago Press, 1982[1978]. (『미로의 시련: 엘리아데 입문』, 김종서 역, 성남: 북코리아, 2005.)

_____. *Journal II 1957-1969*, Fred H. Johnson Jr., trans. Chicago: University of

Chicago Press. 1989[1973].

_____. *Yoga: Immortality and Freedom*, Willard R. Trask, trans. Princeton: Princeton University Press, 1990[1954]. (『요가』, 김병욱 역, 서울: 이학사, 2015.)

_____. *Images and Symbols: Studies in Religious Symbolism*, Philip Mairet, trans. Princeton: Princeton University Press, 1991[1952]. (『이미지와 상징: 주술적·종교적 상징체계에 관한 시론』, 이재실 역, 서울: 까치, 1998.)

_____. *Myth and Reality*, Willard R. Trask, trans. New York: Harper, 1998[1963]. (『신화와 현실』, 이은봉 역, 파주: 한길사, 2011.)

_____. *Rites and Symbols of Initiation: The Mysteries of Birth and Rebirth*, Willard R. Trask, trans. Putnam, CT: Spring Publications, 2005[1958].

Ellwood, Robert. *Introducing Religion: Religious Studies for the Twenty-First Century*, 5th edition. New York: Routledge, 2019.

Ellwood, Robert & Barbara Mcgraw. *Many Peoples, Many Faiths: Women and Men in the World Religions*, New York: Routledge, 2013[1976].

Esposito, John L., Darrell J. Fasching, and Todd Lewis. *World Religions Today*, 5th edition. Oxford: Oxford University Press, 2014.

Fenton, John Y. "Reductionism in the Study of Religions", *Soundings* 53 (1970): pp.62-71.

Fitzgerald, Timothy. *The Ideology of Religious Studies*, New York: Oxford University Press, 2000.

Frazer, James George. "Preface to the Second Edition, September 1900, *The Golden Bough*", Jacques Waardenburg, ed. *Classical Approaches to the Study of Religion: Aims, Methods and Theories of Research* vol.1, The Hague: Netherlands (1973[1900]): pp.247-253.

Freud, Sigmund. *Totem and Taboo*, A. A. Brill, trans. Mineola, New York: Dover Publications, 1988[1913].

Geertz, Clifford. *The Interpretation of Cultures*, New York: Basic Books, 1973. (『문화의 해석』, 문옥표 역, 서울: 까치, 2009[1998].)

Gennep, Arnold Van. *The Rites of Passage*, Monika B. Vizedom & Gabrielle L. Caffee, trans. Chicago: University of Chicago Press, 1960[1909]. (『통과의례』, 전경수 역, 서울: 을유문화사, 2000[1985].)

Gold, Daniel. *Aesthetics and Analysis in Writing on Religion: Modern Fascinations*, Berkeley:

University of California Press, 2003.

Graham, William. *Beyond the Written Word: Oral Aspects of Scripture in the History of Religion*, Cambridge: Cambridge University Press, 1987.

Hall, Stuart. "Old and New Identities, Old and New Ethnicities" Anthony King, ed., *Culture, Globalization, and the World-System*, Minneapolis: University of Minnesota Press (1997): pp.41-68.

Hamer, Dean. *The God Gene: How Faith Is Hardwired into Our Genes*, New York: Doubleday, 2004. (『신의 유전자』, 신용협 역, 서울: 씨앗을뿌리는사람, 2011.)

Harbermas, Jürgen. *The Structural Transformation of the Public Sphere*, Cambridge, MA: The MIT Press, 1991[1962]. (『공론장의 구조변동: 부르주아 사회의 한 범주에 관한 연구』, 한승완 역, 서울: 나남, 2001.)

Hassan, Ihap. *The Postmodern Turn: Essay in Postmodern Theory and Culture*, Columbus, OH: Ohio State University Press, 1987.

James, William. *The Varieties of Religious Experience: A Study in Human Nature*, Charleston, SC: BiblioBazaar, 2007[1902].

King, Winston L. *Introduction to Religion: A Phenomenological Approach*, New York: Harper & Row, 1954.

Lee, Stan. "Foreword." B. J. Oropeza, ed. *The Gospel According to Superheroes: Religions and Popular Culture*, New York: Peter Lang (2005): pp.xi-xii.

Levering, Miriam, ed. *Rethinking Scripture: Essays from a Comparative Perspective*, Albany: SUNY Press, 1989.

Lévi-Strauss, Claude. *The Naked Man*, John & Doreen Weightman, trans. Chicago: University of Chicago Press, 1990[1971].

Malinowski, Bronislaw. *Magic, Science and Religion and Other Essays*, Prospect Heights, IL: Waveland Press, 1992[1925].

Martin, David. "Secularization: An International Debate from a British Perspective", *Society* 51(5) (2014): pp.464-471.

McCutcheon, Russell T. *Manufacturing Religion: The Discourse on Sui Generis Religion and the Politics of Nostalgia*, New York: Oxford University Press, 1997.

_____. *Critics Not Caretakers: Redescribing the Public Study of Religion*, New York: SUNY Press, 2001.

Montgomery, L. M. *Anne of the Green Gables*, New York: Bantam Books, 1998[1908].

Morgan, David. *The Sacred Gaze: Religious Visual Culture in Theory and Practice*, Berkeley: University of California Press. 2005.

Müller, F. Max. *Natural Religion: The Gifford Lectures Delivered before the University of Glasgow in 1888*, London: Longmans, 1889.

Neusner, Jacob, ed. *Introduction to World Religions: Communities and Cultures*, Nashville: Abindon Press, 2010.

Newberg, Andrew. & Mark Robert Waldman, *Why We Believe What We Believe*, New York: Free Press, 2006.

Orsi, Robert A. *History and Presence*, Cambridge, MA: Harvard University Press, 2016.

Oxtoby, Willard G. "Religionswissenschaft Revisited", Jacob Neusner, ed. *Religions in Antiquity: Essays in Memory of Erwin Ramsdell Goodenough*, Leiden: E. J. Brill (1968): pp.590-608.

Paden, William E. *Religious Worlds: The Comparative Study of Religion*, Boston: Beacon Press, 1988. (『종교의 세계』, 이진구 역, 파주: 청년사, 2004.)

_____. "Elements of a New Comparativism", *Method and Theory in the Study of Religion* 8(1) (1996): pp.5-14.

_____. "Elements of a New Comparativism", Kimberley C. Patton & Benjamin C. Ray, eds. *A Magic Still Dwells: Comparative Religion in the Postmodern Age*, Berkeley: University of California Press (2000): pp.182-192.

_____. *Interpreting the Sacred: Ways of Viewing Religion*, Boston: Beacon Press, 2003[1992]. (『성스러움의 해석』, 이민용 역, 파주: 청년사, 2005.)

Pals, Daniel. *Eight Theories of Religion*, New York: Oxford University Press, 2006. (『종교에 대한 여덟 가지 이론들』, 조병련·전중현 역, 고양: 한국기독교연구소, 2013.)

Pargament, Kenneth I. *Spiritually Integrated Psychotherapy: Understanding and Addressing the Sacred*, New York: Guilford, 2013.

Parsons, Talcott. "Christianity", in David Sills ed. *The International Encyclopedia of Social Sciences*, New York: Macmillan and Free Press, 1968.

Patton, Kimberley C. "Juggling Torches: Why We Still Need Comparative Religion", Kimberley C. Patton & Benjamin C. Ray, eds. *A Magic Still Dwells: Comparative Religion in the Postmodern Age*, Berkeley: University of California Press (2000): pp.153-171.

참고문헌

_____. *The Sea Can Wash Away All Evils*, New York: Columbia University Press, 2007.

_____. *Religion of the Gods: Ritual, Paradox, and Reflexivity*, Oxford: Oxford University Press, 2009.

Patton, Kimberley C. & Benjamin C Ray. "Introduction", Kimberley C. Patton & Benjamin C. Ray, eds. *A Magic Still Dwells: Comparative Religion in the Postmodern Age*, Berkeley: University of California Press (2000): pp.1-22.

Pew Research Center. "The Changing Global Religious Landscape", *Religion & Public Life*. April 5, 2017. (https://www.pewforum.org/2017/04/05/the-changing-global-religious-landscape/)

Plate, S. Brent. *A History of Religion 5 1/2 Objects: Bringing the Spiritual to its Senses*, Boston: Beacon Press, 2014.

Preus, James Samuel. *Explaining Religion*, Atlanta: Scholars Press, 1996[1987].

Puhvel, Jaan. *Comparative Mythology*, Baltimore: The Johns Hopkins University Press, 1987.

Ramachandran, Vilayanur S. & Sandra Blakeslee. *Phantoms in the Brain: Probing the Mysteries of the Human Mind*, New York: HarperCollins, 1998.

Rennie, Brian. *Reconstructing Eliade: Making Sense of Religion*, Albany: SUNY Press, 1996.

_____, ed. *Changing Religious Worlds: The Meaning and End of Mircea Eliade*, Albany: State University of New York Press, 2001.

Rudolph, Susanne Hoeber. "Dehomogenizing Religious Formations", Susanne Hoeber Rudolph and James Piscatori, eds., *Transnational Religion and Fading States*, Boulder: Westview Press (1997): pp.243-261.

Schaefer, Donovan O. *Religious Affects: Animality, Evolution, and Power*, Durham: Duke University Press, 2015.

Schommer, Marlene. "Effects of Beliefs about the Nature of Knowledge on Comprehension", *Journal of Educational Psychology* 82(3) (1990): pp.498-504.

Segal, Robert A. "In Defense of Reductionism", *Journal of the American Academy of Religion* 51 (1983): pp.97-124.

_____. "All Generalizations Are Bad: Postmodernism on Theories", *Journal of the American Academy of Religion* 74(1) (2006): pp.157-171.

Sharpe, Eric J. *Comparative Religion: A History*, London: Duckworth, 1986[1975].

Smart, Ninian. *Dimensions of the Sacred: An Anatomy or the World's Religions*, London:

Harper Collins, 1996.

_____. *Worldviews: Crosscultural Explorations of Human Beliefs*, Upper Saddle River: Prentice Hall, 2000[1983]. (『종교와 세계관』, 김윤성 역, 서울: 이학사, 2000.)

Smith, Huston. *The World's Religions: Our Great Wisdom Traditions*, New York: HarperSanFrancisco, 1991[1958]. (『세계의 종교』, 이종찬 역, 서울: 은성, 2005[1993].)

Smith, Jonathan Z. *Map is Not Territory*, Chicago: University of Chicago Press, 1978.

_____. *Imagining Religion: From Babylon to Jonestown*, Chicago: University of Chicago Press, 1982. (『종교 상상하기: 바빌론에서 존스타운까지』, 장석만 역, 파주: 청년사, 2013.)

_____. "The Domestication of Sacrifice: Discussion", Robert Hamerton-Kelly, ed. *Violent Origins: Walter Burkert, Rene Girard, and Jonathan Z. Smith on Ritual Killing and Cultural Formation*, Stanford: Stanford University Press (1987): pp.191-238.

_____. *To Take Place: Toward Theory in Ritual*, Chicago: University of Chicago Press, 1987. (『자리잡기: 의례 내의 이론을 찾아서』, 방원일 역, 서울: 이학사, 2009.)

_____. *Drudgery Divine: On the Comparison of Early Christianities and the Religions of Late Antiquity*, Chicago: University of Chicago Press, 1990.

_____. "Afterword: Religious Studies: Whiter (wither) and Why?", *Method and Theory in the Study of Religion* 7(4) (1995): pp.407-414.

_____. "The 'End' of Comparison: Redescription and Rectification", Kimberley C. Patton & Benjamin C. Ray, eds. *A Magic Still Dwells: Comparative Religion in the Postmodern Age*, Berkeley: University of California Press (2000): pp.237-242.

_____. *Relating Religion: Essays in the Study of Religion*, Chicago: University of Chicago Press, 2004.

_____, ed. *The HarperCollins Dictionary of Religion*, New York: HarperCollins, 1995.

Smith, Wilfred Cantwell. *The Meaning and End of Religion*, Minneapolis: Fortress Press, 1991[1962]. (『종교의 의미와 목적』, 길희성 역, 왜관: 분도출판사, 1991.)

_____. "The Study of Religion and the Study of the Bible", *Journal of American Academy of Religion* 39(2) (1971): pp.131-140.

Spiro, Melford E. "Religion: Problems of Definition and Explanation", Michael Banton, ed. *Anthropological Approaches to the Study of Religion*, London: Tavistock, 1966.

Stark, Rodney & William Sims Bainbridge. *A Theory of Religion*, New Brunswick, N.J: Rutgers

University Press, 1996[1987].

Strenski, Ivan. *Thinking about Religion: An Historical Introduction to Theories of Religion*, Malden, MA: Blackwell, 2006.

Tylor, Edward Burnett. *Primitive Culture: Researches into the Development of Mythology, Philosophy, Religion, Art, and Custom* vol.1. London: John Murray, 1871. (『원시문화: 신화, 철학, 종교, 언어, 기술, 그리고 관습의 발달에 관한 연구』, 유기쁨 역, 파주: 아카넷, 2018.)

Vásquez, Manuel A. *More Than Belief: A Materialist Theory of Religion*, New York: Oxford University Press, 2010.

Vásquez, Manuel A. & Marie Friedmann Marquardt. *Globalizing the Sacred: Religion across the Americas*, New Brunswick: Rutgers University Press, 2003.

Wach, Joachim. *The Comparative Study of Religions*, New York: Columbia University Press, 1969[1958]. (『비교종교학』, 김종서 역, 서울: 민음사, 2004[1988].)

Waghorne, Joanne Punzo. "Moving Comparison out of the Scholars Laboratory", *Method and Theory in the Study of Religion* 16(1) (2004): pp.72-79.

Wasserstrom, Steven M. *Religion after Religion: Gershom Scholem, Mircea Eliade, and Henry Corbin at Eranos*, Princeton: Princeton University Press, 1999.

Watts, James W. "The Three Dimensions of Scriptures", *Postscripts* 2(3) (2006): pp.135-159.

_____, ed. *Iconic Books and Texts*, Sheffield, UK: Equinox, 2013.

_____, ed. *Sensing Sacred Texts*, Sheffield, UK: Equinox, 2018.

Watts, James W. & Yohan Yoo, eds. *Books as Bodies and as Sacred Beings*, Sheffield, UK: Equinox, 2020.

White, David Gordon. "The Scholar as Mythographer: Comparative Indo-European Myth and Postmodern Concerns", Kimberley C. Patton & Benjamin C. Ray, eds. *A Magic Still Dwells: Comparative Religion in the Postmodern Age*, Berkeley: University of California Press (2000): pp.47-54.

Wiebe, Donald. *The Politics of Religious Studies: The Continuing Conflict with Theology in the Academy*, New York: Palgrave, 2000.

Wilson, Bryan R. *Religion in Secular Society: Fifty Years On*, Oxford: Oxford University Press, 2016[1966].

Wilson, David Sloan. *Darwin's Cathedral: Evolution, Religion, and the Nature of Society*, Chicago: The University of Chicago Press, 2002.

Wilson, Edward O. *On Human Nature*, Cambridge, MA: Harvard University Press, 1978. (『인간 본성에 대하여』, 이한음 역, 서울: 사이언스북스, 2011.)

Yoo, Yohan. "View of the Soul in Jeju Shamanistic Religion as Found in Neokdeurim Ritual", *Seoul Journal of Korean Studies* 31(2) (2018): pp.219-234.

_____. "Performing Scriptures: Ritualizing Written Texts in *Seolwi-seolgyeong*, the Korean Shamanistic Recitation of Scriptures", *Postscripts* 10(1-2) (2019): pp.9-25.

_____. "Material God: Jeju Shamans' Instrument and Tutelary Deity, *Mengdu*", S. Brent Rodriguez-Plate, Pooyan Tamimi Arab, and Jennifer Scheper Hughes, eds. *The Routledge Handbook of Material Religion* (forthcoming).

Yoo, Yohan & Song-Chong Lee, eds. *Religious Conflict and Coexistence: The Korean Context and Beyond*, A special issue of *Religions* (2020). (https://www.mdpi.com/journal/religions/special_issues/Korean_Religion)

참고문헌

사진출처

1. 괴베클리 테페 유적지(https://commons.wikimedia.org/wiki/File:G%C3%B6bekli_Tepe,_Urfa.jpg)

2. 루돌프 오토(https://alchetron.com/Rudolf-Otto#rudolf-otto-0de71629-8d61-4eb3-b2e8-e4172eaf8be-resize-750.jpg)

3. 에밀 뒤르켐(https://commons.wikimedia.org/wiki/File:%C3%89mile_Durkheim.jpg)

4. 사슴 형상의 옷을 입은 시베리아 샤먼(https://en.wikipedia.org/wiki/Reindeer_in_Siberian_shamanism)

5. 벤쿠버 스탠리 공원 안에 있는 토템(https://commons.wikimedia.org/wiki/File:Totem_poles.jpg)

6. 태양춤을 추는 북미 원주민(https://commons.wikimedia.org/wiki/File:Fort_Hall_Reservation,_Shoshone_Indian_Sun_Dance_-_NARA_-_298649.jpg)

7. 유령춤을 추는 북미 원주민(https://commons.wikimedia.org/wiki/File:Ghost_dance.jpg)

8. 니네베 유적, 센나케리브 궁전의 부조 중 마르둑과 티아마트의 싸움을 묘사한 부조(https://upload.wikimedia.org/wikipedia/commons/6/63/Marduk_Tiamat_Battle_from_Enuma_Elish_-_repaired_version.png)

9. 『이집트 사자의 서』(https://upload.wikimedia.org/wikipedia/commons/d/d7/BD_Hunefer.jpg)

10. 페리세폴리스 유적지에 남아 있는 아후라 마즈다의 상징(https://commons.wikimedia.org/wiki/File:AhuraMazda-Relief.jpg)

11. 마하 쿰브멜라에 참여하는 힌두교인들(https://commons.wikimedia.org/wiki/File:Kumbh_Mela_2019_-_Crowd_Near_Shastri_Bridge_-_Prayagraj,_India.jpg)

12. 명상 중인 승려들(https://www.pxfuel.com/en/free-photo-xixxd)

13. 공자(https://commons.wikimedia.org/wiki/File:Konfuzius-1770.jpg)

14. 도교의 내단 수행법을 묘사한 그림(https://commons.wikimedia.org/wiki/File:The_Immortal_Soul_of_the_Taoist_Adept.PNG)

15. 예루살렘 서쪽 성벽 앞에 모인 유대교인들(https://pxhere.com/ko/photo/849597)

16. 레오나르도 다 빈치, 《최후의 만찬》(https://commons.wikimedia.org/wiki/File:The_Last_Supper_-_Leonardo_Da_Vinci_-_High_Resolution_32x16.jpg)

17. 메카 카바 신전을 돌며 기도 중인 무슬림들(https://en.wikipedia.org/wiki/File:Supplicating_Pilgrim_at_Masjid_Al_Haram._Mecca,_Saudi_Arabia.jpg)

18. 에드워드 허버트(https://commons.wikimedia.org/wiki/File:Edward_Herbert,_1st_Baron_Herbert_of_Cherbury_by_

Isaac_Oliver.jpg)

19. 데이비드 흄(https://en.wikipedia.org/wiki/File:Allan_Ramsay_-_David_Hume,_1711_-_1776._Historian_and_
philosopher_-_Google_Art_Project.jpg)

20. 루트비히 포이어바흐(https://commons.wikimedia.org/wiki/File:Ludwig_Andreas_Feuerbach.jpg)

21. 프리드리히 슐라이어마허(https://upload.wikimedia.org/wikipedia/commons/9/9f/Friedrich_Daniel_Ernst_
Schleiermacher.jpg)

22. 프리드리히 막스 뮐러(https://commons.wikimedia.org/wiki/File:Portrait_of_Friedrich_Max_M%C3%BCller.jpg)

23. 에드워드 버넷 타일러(https://upload.wikimedia.org/wikipedia/commons/d/d6/PSM_V26_D156_Edward_
Burnett_Tylor.jpg)

24. 앤드류 랭(https://upload.wikimedia.org/wikipedia/commons/9/9a/Andrew_Lang.jpg)

25. 막스 베버(https://commons.wikimedia.org/wiki/File:Max_Weber,_1918.jpg)

26. 지크문트 프로이트(https://commons.wikimedia.org/wiki/File:Sigmund_Freud,_by_Max_Halberstadt_(cropped).jpg)

27. 카를 융(https://commons.wikimedia.org/wiki/File:CGJung.jpg)

28. 헤라르뒤스 반 데르 레이우(https://commons.wikimedia.org/wiki/File:Ministerraad,_Vlnr_secretaris_van_de_
ministerraad_P._Sanders_,_W._Schermerhorn_,_Bestanddeelnr_900-8597.jpg)

29. 미르체아 엘리아데(https://upload.wikimedia.org/wikipedia/commons/f/fe/Mircea_Eliade2.jpg)

30. 클로드 레비스트로스(https://commons.wikimedia.org/wiki/File:Claude_L%C3%A9vi-Strauss_(1973).jpg)

31. 루르드 동굴의 성모상(https://commons.wikimedia.org/wiki/File:Our_Lady_of_Lourdes_-_Grotto_of_Lourdes_-_
Lourdes_2014.JPG)

32. 그린피스의 범선 "무지개 전사"(https://commons.wikimedia.org/wiki/File:RainbowWarriorAmsterdam1981.jpg)

33. 스탠 리(https://commons.wikimedia.org/wiki/File:Stan_Lee_(5774466204).jpg)

34. 레 트루아 프레르 벽화의 일부(https://commons.wikimedia.org/wiki/File:Grotte_des_Trois-Fr%C3%A8res–
Montesquieu-Avant%C3%A8s–Ari%C3%A8ge–petit_sorcier_%C3%A0_la_fl%C3%BBte_01.png)

35. 깨달음을 얻기 위해 수행하는 고타마 싯다르타(https://commons.wikimedia.org/wiki/File:Ascetic_
Bodhisatta_Gotama_with_the_Group_of_Five.jpg)

36. 사티가 벌어지는 모습(https://commons.wikimedia.org/wiki/File:The_Sati_of_Ramabai.jpg)

사진출처

찾아보기

민간신앙 84, 85

찾
아
보
기

358

학문의 이해
6